学校と日本社会と「休むこと」

「不登校問題」から「働き方改革」まで

保坂 亨

東京大学出版会

The Way to Have an Absence in Japan:
Considering from Non-Attendance at School to *Karoshi*
Toru Hosaka
University of Tokyo Press, 2024
ISBN 978-4-13-053097-2

学校と日本社会と「休むこと」——「不登校問題」から「働き方改革」まで・目次

第IV部　「休むこと」について考える

序章　「休むこと」についての意識は変わってきたのか？

日本社会において現在、「学校を休むこと」、そして「仕事を休むこと」についての意識が変わりつつある状況が生まれていると私は考えています。今まで日本社会は、具合が悪くてもがんばって休まないことを美徳としてきました。ところが、新型コロナウィルス感染症によるパンデミック（以下コロナ禍）によって、具合が悪いとき、例えば三七・五度以上の熱があれば、休むことが求められるようになりました。こうした生活が二〇二〇年当初から続いてきたことが大きな契機になったように思います。そして、ようやく二〇二三年五月に新型コロナウィルスもインフルエンザと同じ感染症法上五類へと移行し、パンデミック収束後の生活が始まりました。「アフターコロナ」と言われるこれからも、具合が悪いときにはきちんと「休むこと」が当たり前の社会になってほしいとの願いから本書執筆を思い立ちました。

私は、これまで学校の「欠席」にこだわり続けて調査研究(注1)をしてきたものです。それをふまえて、コロナ禍によって「学校を休むこと」についての私たちの意識が変わらざるを得ないのではないか、と考えていました。これまでの学校教育は、一日も休まないことを賞賛する皆勤賞(注2)をはじめとして「具合が悪くてもがんばって休まないこと」を奨励してきました。それが、先に述べたように一転してコロナ禍では「具合が悪いときはちゃんと休むこと」を求めるようになったからです。新型コロナウイルス感染症への対策として、発熱など具合が悪いときには会社を休むこと、そして学校を休むことが新たなルールとなりました。私はコロナ禍当初、こうした行動様式が続くのか、あるいは元に戻ってしまうのかは、私たち次第かもしれないと書き記しました。(注3)

しかし、その後コロナ禍の三年間を経験して、そう簡単には変わらない日本社会のあり様にも驚いています。例えば、私は当然なくなるだろうと考えた皆勤賞はコロナ禍でも残り続けています。新聞への投書などを見ても、皆勤賞がなくなることへの反対意見も目につきます。(注4)「休むこと」についての意識も行動も、そう簡単には変わりそうもないと考えを変え始めたところです。

一方、日本社会ではコロナ禍前から「働き方改革」が叫ばれていました。しかし、過労死・過労自殺が喫緊の課題と認識されるようになってから約三〇年、遅々として進まないようにも見えてしまいます。日本社会の働き方、特に長時間労働を変えるのにどうしてこれほど時間がかかるのかという疑問と、コロナ禍を経験しても「休むこと」についての意識・行動が変わらないことが私の中で結びついていきました。わかりやすく言えば、学校教育に原因があるのではないかということです。本書は、日本社会の長時間労働と学校教育の「欠席」を結びつけて考えるようになった道筋を記すことになります。

以下の第Ⅰ部では、日本社会の働きすぎ（長時間労働）と、そこから起きてしまう過労死・過労自殺の実態から始めます。

（注1） 保坂　亨『学校を欠席する子どもたち』東京大学出版会（二〇〇〇年）、『〝学校を休む〟児童生徒の欠席と

教員の休職』学事出版（二〇〇九年）、『学校を長期欠席する子どもたち』明石書店（二〇一九年）など。

（注2） 広辞苑によれば、「皆勤」とは「一定の期間内、休日以外に一日も欠かさず出席・出勤すること」を意味する。従って、「皆勤賞」は、「一定の期間内、休日以外に一日も欠かさず出席・出勤すること」に対する賞である。加えて、それぞれの学校の規定で「遅刻、早退もなし」とする学校が多いので、遅刻や早退をしてしまうと皆勤賞にはならない。また、体育を見学したり、授業中に保健室にいったりすると皆勤賞とならないなど学校により細かい規定は異なる。さらに、欠席日数が学校の規定以内（例えば欠席三日など）であれば、皆勤賞に準ずる「精勤賞」の対象となる場合もある。なお、学校によっては「皆勤賞」と同じ意味で「精勤賞」としていることもあるが、本書ではそれも含めて「皆勤賞」と統一して使用する。

（注3） 保坂　亨（二〇二一年）「連載『休むことをめぐって』」学事出版月刊生徒指導四月号、四〇―四四頁。

（注4） 二〇二三年六月二九日付朝日新聞「声：皆勤賞の廃止　必要だろうか？」、同七月一四日付「声：褒めて育てる　皆勤賞も大切」、同八月二三日付「声：どう思いますか　皆勤賞の廃止」（六月二九日及び七月二四日の投書を受けて「オピニオン＆フォーラム」で八人の投書が紹介された）。

第Ⅰ部　日本社会と「休むこと」

第1章　「休むこと」についての意識変化

1　「休むこと」は悪いこと？

コロナ禍の真最中二〇二一年八月に行われた調査[注1]では、かぜ症状がある場合に学校や職場を「休む」と答えた人が増えたそうです。新型コロナウィルス感染症の流行によって、体調が悪い場合には休むという意識が社会全体に広がったと分析されています。一方で、この状況でも、「休みたいが休めない」と答えた人が四分の一、「休まない」と答えた人も四分の一と、合わせて半数にも及ぶことが明らかになっています。

私は、このデータを分析するにあたっては、回答者の労働条件を勘案する必要があると考えています。社会学者の落合恵美子氏らの調査によれば、正規雇用か非正規雇用かによってコロナ禍の休みの扱いが違うことが明らかになっているからです。非正規雇用でも公務員には法で定められた有給の「病気休暇」がありますが、義務ではない民間企業すべてに導入されているわけではありません（コラム1参照）。つまり、新型コロナウイルス感染症に罹患しても、あるいは濃厚接触者になっても有給で休めた人がいた一方で、そうではない人もいたことになります。さらに非正規雇用の人たちは、もっと「病気になっても休める制度」から遠いところにいることになります。（注2）したがって、「休みたいが休めない」と「休まない」と回答した人がどういう雇用形態なのかを確認する必要があるでしょう。加えて、感染拡大を避けるために職場に行くことを控えようとしても、会社が認めない例が相次ぎ、厚生労働省の相談窓口などに多くの相談が寄せられた事実を付記しておきます。（注3）

それにしてもこの調査を担当した方の、次のような言葉が私には印象的でした。

「コロナの影響で会社や学校の理解も進んできた。ただ、休めないという人はまだ多い。自分の療養のためにも、感染症を周りに広げないためにも休むことが当たり前になってほしい」。

もしかしたら第何波と言われる感染の拡大も、コロナ禍以前に毎年のようにインフルエンザが流行したのも、こうした具合が悪いときに休まなかったことが影響していたのではないかと考えたくなります。

2 「過労死」は日本特有？

私は、具合が悪くても休まないという選択と、日本特有と言われる過労死はつながっていると考えています。実際、「過労死」は、そのまま英語（karoshi）になっているのをご存知でしょうか。オックスフォード辞典には、起源は日本と明記された上で、次のように記載されています。

「In Japan: death brought on by overwork or job exhaustion.」（働きすぎや仕事による極度の疲労がもたらす死）

なお、二〇一四年から施行された「過労死等防止対策推進法」では、第二条で過労死を次のように定義しています。

この法律において「過労死等」とは、業務における過重な負荷による脳血管疾患若しくは心臓疾患を原因とする死亡若しくは業務における強い心理的負荷による精神障害を原因とする自殺による死亡又はこれらの脳血管疾患若しくは心臓疾患若しくは精神障害をいう。

二〇一五年、広告大手の電通に勤める新入社員が自死（自殺）しました。後に会社は違法な長時間労働を問われて書類送検され、社長が責任を取って辞任するに至ります。この事件では、この年に設置されたばかりの特別チーム「過重労働撲滅特別対策班」が、電通に対して強制捜査に入る場面がテレビ各社のニュースで繰り返し流されたことを思いだす人もいるのではないでしょうか。労働基準法（一九四七年制定）史上、労働基準監督官による企業への調査がこれほど注目されたことはないとまで言われています（澤路他、二〇一九年）。

時代を遡ると、この電通では一九九一年にも入社二年目の社員が自死しています。その遺族は電通の責任を問う訴訟を起こしました。その後争われた裁判の結果、二〇〇〇年に最高裁判所が電通に安全配慮義務があったことを認定しました。その結果、会社は責任を認めて遺族と和解し、再発防止を誓ったはずでした。この電通第一事件の最高裁判決は「過労死事件のバイブル」とされ、人事・労務の専門家でこの事件を知らない人はいないと言われているほどです（澤路他、二〇一九年）。こうして日本社会全体に警鐘が鳴らされたにもかかわらず、また同じ電通で悲劇が繰り返されたのです。（注4）

また、日本を代表する企業であるトヨタ自動車でも、二〇一七年入社三年目の若手社員がパワーハラスメントにより自死し、二〇一九年に労務災害（以下労災）認定されました。ところが、それ以前の二〇一〇年にも若手社員の自死があり、裁判で争った結果、ようやく二〇二二年九月にパワーハラスメントと過重労働による労災認定を認めた判決が確定したところです。この事件の遺族側代理人である梅村浩司弁護士は、「対策が整えられていたら、次のパワハラ自殺［引用者注：二〇一七年事件］は防げていたかもしれない」と話しています。(注5)

さらに、ＮＨＫでも二〇一三年に自死した記者の事案が、翌年の二〇一四年に労災認定されました。その後再び、二〇一九年に同じ職場で管理職が亡くなり、二〇二二年に労災認定されました。これを受けてＮＨＫは、当時の上司たちを懲戒処分（減給等）にしました。ここでもまた悲劇は繰り返されたわけです。過労死問題に詳しい川人博弁護士は、このＮＨＫの同じ職場で起きた事案について「首都圏で働き、選挙があった年という点で背景は共通している。構造的な分析ができていないために同じ問題が発生した」とみています。(注6)

先にふれた二〇一四年制定の「過労死等防止対策推進法」は、その目的（第一条）を次のように宣言しています。

この法律は、近年、我が国において過労死等が多発し大きな社会問題となっていること及び過労死等が、本人はもとより、その遺族又は家族のみならず社会にとっても大きな損失であることに鑑み、過労死等に関する調査研究等について定めることにより、過労死等の防止のための対策を推進し、もって過労死等がなく、仕事と生活を調和させ、健康で充実して働き続けることのできる社会の実現に寄与することを目的とする。

また、この法律に基づき、二〇一五年には「過労死等の防止のための対策に関する大綱」、続いて二〇一六年には「過労死防止白書」が閣議決定されていますが、この大綱の副題は「過労死をゼロにし、健康で充実して働き続ける社会へ」となっているのです。それにもかかわらず、こうした悲劇が繰り返されています。

3 「働き方改革」が始まる

これに対して、ようやく日本政府は安倍晋三首相（当時）が議長となって、労働界・産業界のトップと有識者を集めた「働き方改革実現会議」を二〇一六年に発足させました。そして、「働き方改革を推進するための関係法律の整備のための法律」が公布（二〇一八年）され、日本経済の再生に向けて「最大のチャレンジは働き方改革」と宣言されたのです。繰り返しになりますが、先に引用した「過労死等防止対策推進法」の目的でいえば、「仕事と生活を調和させ、健康で充実して働き続けることのできる社会の実現」に他なりません。

この「働き方改革」の「一丁目一番地」とされているのが、長時間労働の是正と残業規制であることは間違いありません。そして、この背景には少子高齢化による労働力不足という問題が潜んでいます。『残業学』を著した中原淳氏（二〇一八年）は、働き方改革の「背景にある根本的な問い」は、「少子高齢化が進む日本において「誰が働き、どのように社会を支えていくのか」だと主張していますが、まったく同感です。そのためには「働く人」を増やしていく必要があり、「誰もが働ける社会へのシフト」こそが目指すべき目標となります（中原、二〇一八年三〇頁）。

ちなみに、自衛隊の護衛艦にも働き方改革が及んで、乗組員を従来の半数にして休養期間を増やすクルーズ制が採用されたとの報道もありました（注7）。二〇二一年六月には民間出身の川本裕子氏が人事院総裁に登用され、長時間労働の是正など国家公務員の働き方改革も注目を集めるようになりました。そして、人事院の勧告として職場環境の改善が求められ、各省に超過勤務手当を適正に支給するよう指導がなされました。その結果が、翌二〇二二年度予算の残業代要求額の激増となり、かえって「長時間労働」が浮き彫りになったと報道されました。二〇二二年四月には、川本総裁が集めた若手官僚チームが、国家公務員の働き方改革についての提言を発表し、業務を勤務時間内で行える人材配置や国会対応のあり方をさらに見直す内容になっています（注8）。

この後日談としては、次のようなエピソードがニュースになっています。二〇二二年一二月一五日付で外務省の人事課長が懲戒処分（戒告）を受けました。超過勤務手当の未払いを認識しながら対応しなかったことが処分理由ですが、他に官房長など五人が厳重訓戒、大臣と事務次官も給与の一部を自主返納したそうです。外務省は、システム上で超過勤務の実績が確認できる二〇二一年一〇月に遡って未払を支給しましたが、それより前の勤務実態は把握できないとのことです（注9）。外務省以外の他の省庁には、こうした問題はなかったのでしょうか。

4　有給休暇の取得義務

この「働き方改革を推進するための関係法律の整備のための法律」（二〇一八年）をふまえて二〇一九年四月一日から、新たに労働基準法三九条で、最低でも有給休暇（年休）を五日間取ることが義務付けられました。すべての企業に、年に五日間の有給休暇を取得させることが義務となり、違反した場合には罰金が科されます。条文は以下の通りです。

（年次有給休暇）
第三十九条　①使用者は、その雇入れの日から起算して六箇月間継続勤務し全労働日の八割以上出勤した労働者に対して、継続し、又は分割した十労働日の有給休暇を与えなければならない。（中略）
⑦使用者は、第一項から第三項までの規定による有給休暇（これらの規定により使用者が与えなければならない有給休暇の日数が十労働日以上である労働者に係るものに限る。以下この項及び次項において同じ。）の日数のうち五日については、基準日（継続勤務した期間を六箇月経過日から一年ごとに区分した各期間（最後に一年未満の期間を生じたときは、当該期間）の初日をいう。以下この項において同じ。）から一年以内の期間に、労働者ごとにその時季を定めることにより与えなければならない。（後略）

その周知のために厚生労働省がパンフレット（注10）も出しましたが、気づかない人も多かったようです。初年度には、私の周りでも有給休暇を五日間取っていない人に担当者から連絡が入り、慌てて遡って消化（取得）したということがありました。なお、パートタイム労働者でも、年一〇日以上の年次有給休暇が付与

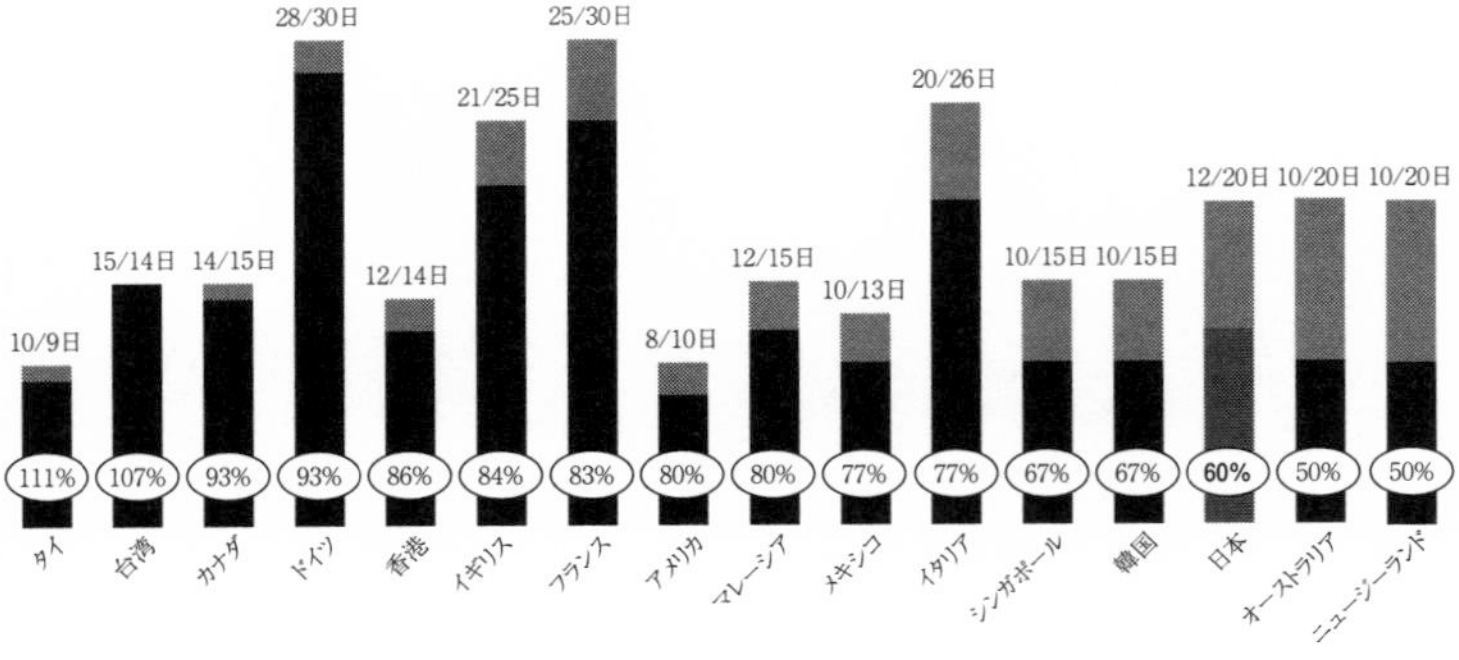

図1－1　有給休暇取得率

（出典：Expedia）

される労働者は対象となります。パートタイム・有期雇用労働法が二〇二〇年四月から順次施行され、正社員（正規・無期雇用）との待遇差が禁止されているからです。ただし、この時点の厚生労働省の調査では「待遇差はない」企業が約三割、「見直しを行った」企業は約三割でした。それゆえ第1節で紹介したアンケート時点では、「病気になっても休める制度」が、パートタイム・有期雇用の人たちに適用されない企業が多数あったようです。

そして、これに違反した際には、労働者一人に対して上限三〇万円の罰金が科せられます。その後実際に、労働基準監督署に複数の労働者から有給休暇を取得できないという相談が寄せられ、上記の労働基準法三九条違反の疑いで給食管理業の会社が書類送検（二〇二一年七月八日）されるという事件が愛知県で起きています。(注11)

これも働き方改革関連法による一連の改正の一つで、有給休暇を取ろうとしない日本人の働きすぎが目に余ったからこそ取られた措置です。図1－1に示した通り、欧米先進諸国と比較すると一目瞭然で、日本の国内産業全体の有給休暇取得率は低いことがわかっています。これでもまだこの公表されている数値（取得率）は過大に表示されているという指摘もあります。データが示すように、多くの労働者は有給休暇をすべて使い切っていませんが、使わなかった有給休暇の日数は翌年に繰り越すことができます。従って、有給休暇はその年に付与された日数にこの繰り越し日数を加える必要がありますが、公表された数値は、その年に付与された日数だけを分母にしています。繰り越した日数を含めると有給休暇の取得率はさらに低くなるわけです（野村、二〇一八年）。

こうした現状から、二〇二〇年中に取得率七〇％を目標として有給休暇の五日取得が「義務化」されることになりました。厚生労働省が新設した「働き方・休み方改善ポータルサイト」でも、以下のように記されています。

> 同僚への気兼ねや年次有給休暇を請求することへのためらい等の理由により、年次有給休暇の取得率が低調な現状があり、今般の労働基準法の改正となったものです。そのため、「毎年五日間、年次有給休暇を取得すればいい」ということではありません。付与された年次有給休暇は本来、すべて取得されるべきものです。[注12] 土日や休日に年次有給休暇を組み合わせて連続休暇にする「プラスワン休暇」の実施や年次有給休暇の計画的付与制度の導入等により、より多くの年次有給休暇を取得しましょう。

このように有給休暇の取得が義務付けられ、罰則も設けられて、実際に違反した会社が書類送検されたことから見ても、ようやく日本社会はその働き方を見直す方向に踏み出したと言えるのではないでしょうか。

5　勤務間インターバルの努力義務化

こうした中で、働きすぎの結果として生じる長時間労働を防止する制度として「勤務間インターバル」が注目されるようになりました。この制度は、「過労死防止の切り札」とも言われています。「一日の勤務終了後、翌日の出社までの間に、一定時間以上の休息時間（インターバル時間）を確保する仕組みで、労働者の生活時間や睡眠時間を確保するうえで重要な制度」（厚生労働省、二〇二〇年）です。欧州連合（EU）の労働時間指令では、「最低でも一一時間の休息時間を確保するために必要な措置を採るもの」とされており、イギリス・ドイツ・フランスでは公務においてもこの確保が原則として義務付けられています（高崎、二〇二三年）。日本の企業でも、KDDIが安全管理規程に一一時間の勤務間インターバルを設定しています（北、二〇一七年）。

この制度について厚生労働省は、図1－2を使って「前日の終業時刻から翌日の始業時刻の間に一定期間の休息を確保することが事業主の努力義務として規定された」と説明しています。しかし、この図には通勤時間が含まれていません。EU諸国では、働く人の通勤にはそれほど時間がかからないということもあるのでしょう。しかし、日本のように通勤にかなりの時間（中には一時間以上）かかる人がいることを考えれば、この勤務時間インターバルを調査するときには注意が必要でしょう。例えば、全日本教職員連盟が教員の勤務時間調査の中で「勤務間インターバル」についても調査することを要望していますが、通勤時間については意識されていません。(注13) ある調査によれば、都心部の平均通勤時間は、往復で約二時間もかかります（中原、二〇一八年）。同じ調査の平均残業時間四時間を考えると、往復の通勤時間を含めて一

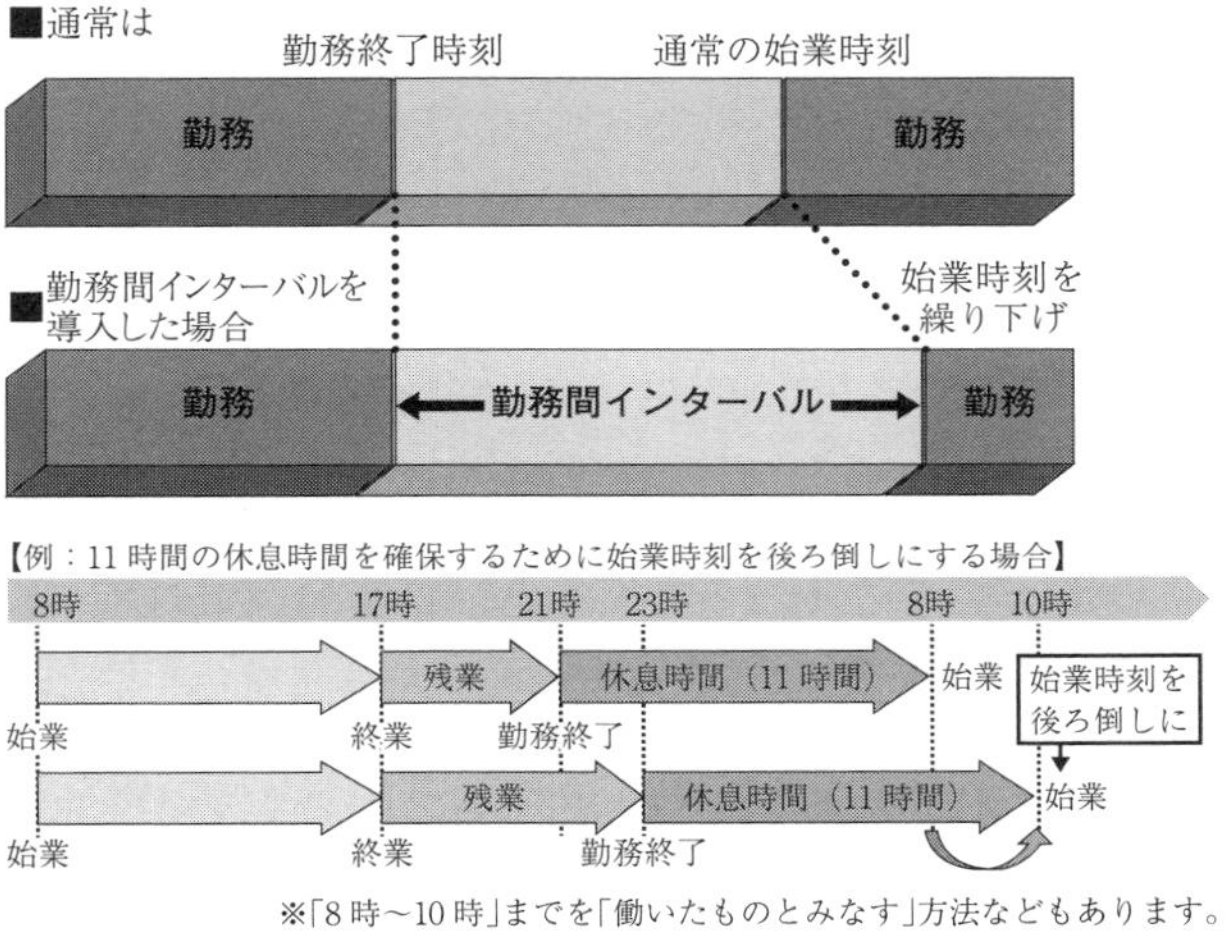

図1－2　勤務間インターバル

（出典：厚生労働省、2020年）

日一四時間が「仕事」に取られ、実際の「勤務間インターバル」は一〇時間にも届かないことになってしまいます。ただし、残念ながら労働基準監督署は、過労死・過労自殺の認定にあたり、通勤による負荷を業務の「過重性判断」の対象としない考え方を採用しています（大阪過労死問題連絡会、二〇二二年）。

二〇二〇年一月時点でこの制度を導入した企業はわずかに四・二％（図1－3）、その一年後（二〇二一年一月）でも四・六％にすぎませんでした。そこで、日本政府は過労死等防止対策法に基づき定められている「過労死等の防止のための対策に関する大綱」（二〇二一年七月改訂）において、二〇二五年までにこの制度を導入する企業割合を一五％以上に引き上げる目標を掲げたところです(注14)。

先の有給休暇の五日取得義務化も、この勤務間インターバルの努力義務化も同じ二〇一九年四月スタートです。こうして働きすぎの日本社会は、

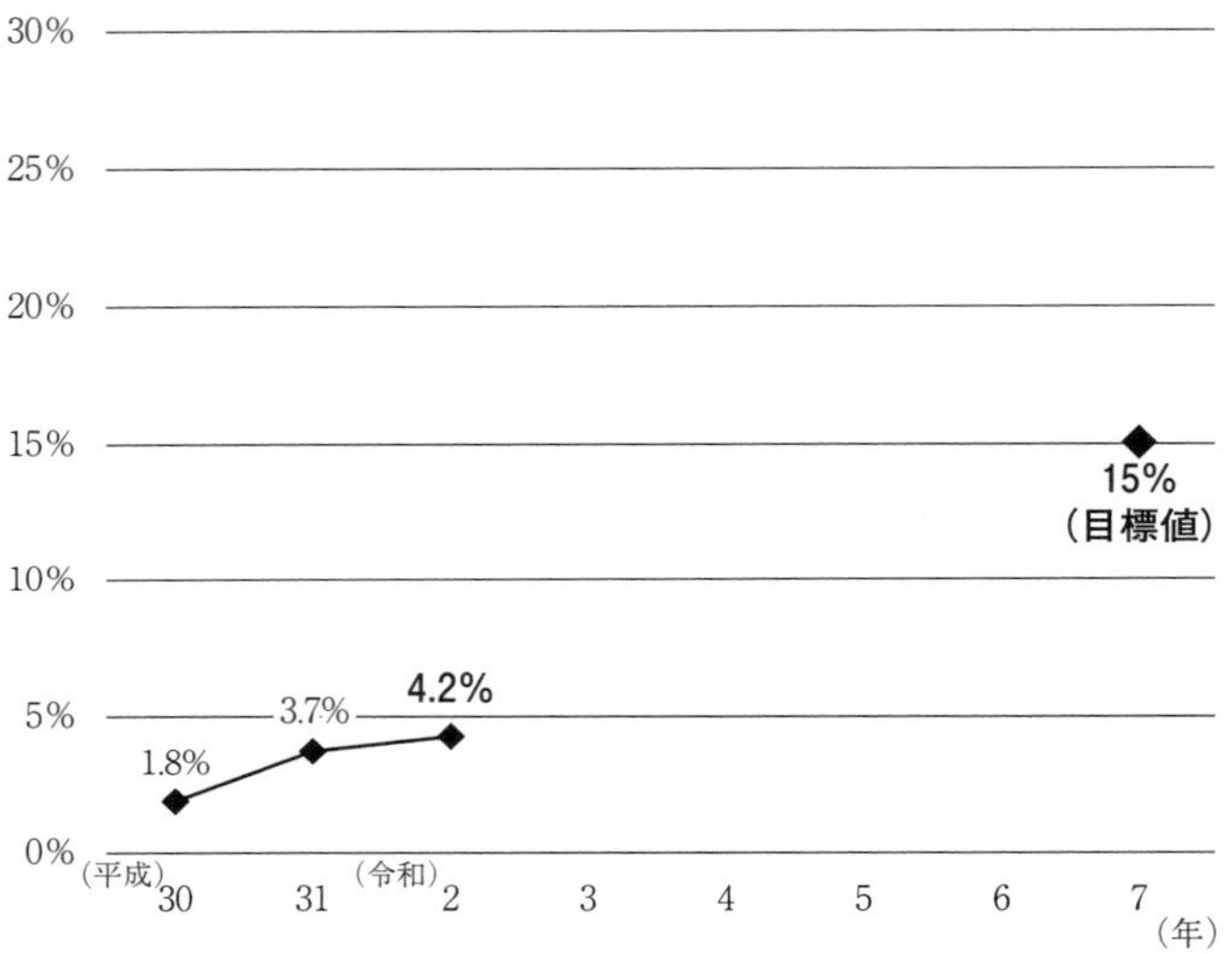

図１－３　勤務間インターバル制度の導入企業割合の推移
（出典：厚生労働省「就労条件総合調査」「過労死等の防止のための対策に関する大綱」の変更の見直しの経緯等６頁より転載）

ようやく「休むこと」に目を向けるようになりました。しかし、改訂された大綱の中でも示されている働きすぎの人たち（週六〇時間以上）は、驚くべきことに全体の約一割、三〇〇万人近い数字になっています（図１‐４）。この図が示す法定の労働時間である週四〇時間を二〇時間超えると一月の時間外労働時間が過労死ラインとされる八〇時間を超えることになります（二〇÷七×三〇＝八五・七）。このような過労死ラインを超える長時間労働を続ける人たちはどうしてこれほどいるのでしょうか。

6　男性の育児休業取得

いまだコロナ禍ではありましたが、二〇二二年度から育児・介護休業法も改正されました。これまで社員が申し出ていた育児休業の

週労働時間60時間以上の雇用者の割合の状況

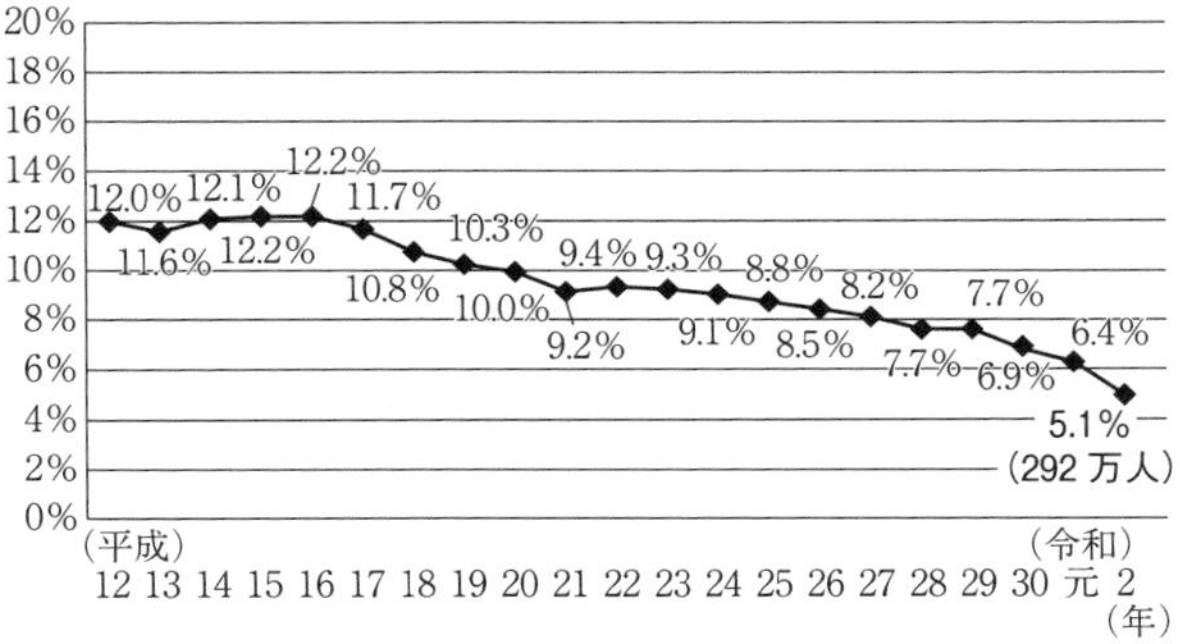

週労働時間60時間以上の雇用者の割合（週労働時間40時間以上の雇用者に占める割合）の状況

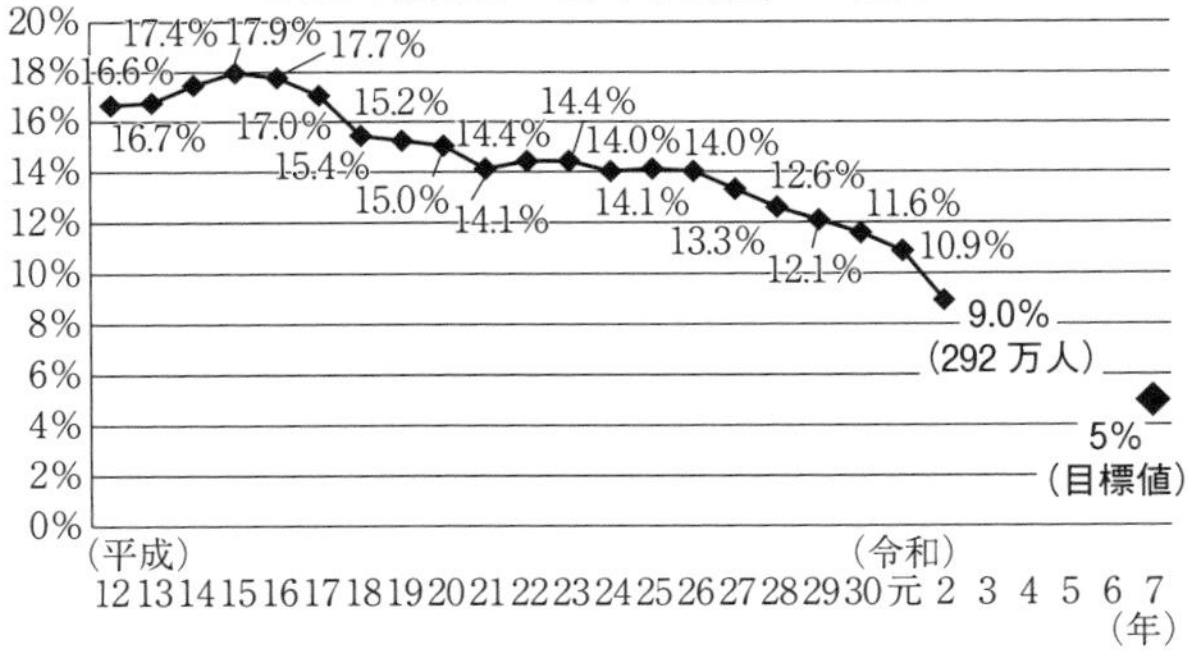

図1－4　週労働時間60時間以上の雇用者の割合

（出典：「過労死等の防止のための対策に関する大綱」の変更の見直しの経緯等5頁より転載）

取り方が、会社から促される方式に変わったのです。まず四月から、育児休業等の申し出が円滑になるように雇用環境を整備し、個別の周知・意向確認が義務化されました。また一〇月からは、「産後パパ育休（出産時育児休業）」が創設され、最長四週間の育休を二回まで分けて取得することが可能になります。これまでの育休制度でも、子どもが一歳になるまで育休は取れましたが、分割はできませんでした。そのため「連続して長く休むのが難しい」との声が上がっていたのです。通常の育休制度も二回まで分割できるようになったため、この「産後パパ育休」と併用すれば、子どもが一歳になるまで育休を最大四回に分けて取ることができるようになりました。

さらに二〇二三年度からは大企業（従業員一〇〇〇人以上）は、これらの育児休業の取得状況を年一回公表することが義務付けられました。同時に、育児休業等を理由とする不利益な取り扱いやハラスメント（例えば「男のくせに育休を取るなんてあり得ない」といった発言）を防止することも義務付けられたのです。

こうした改正が行われたのは、これまで男性が育休を取るのが難しかったからです。調査でもその取得率が一〇〇％と回答した企業は六社にすぎませんでした。その一つ、三年連続一〇〇％という丸井グループでは、子どもが生まれることを報告にきた男性社員に対して上司が、「それで育休はいつ取るの？」という声かけが徹底されてきたそうです。そうした努力の結果が連続取得率一〇〇％だとすれば、今般の育児・介護休業法は期待できるということになります。（注15） 実際のところ、二〇二二年度男性の育休取得率は一七・三％、前年度からは三％以上の上昇です。しかし、当初の政府目標「二〇二五年の取得率三〇％」を、さらに「二〇二五年五〇％、二〇三〇年八〇％」まで引き上げたので、むしろ目標は遠くなっています。（注16）

社会学者のブリントン（二〇二二年）は、この改正以前から「手厚い男性育休制度[注17]」があったにもかかわらず、実際には取れなかったのは「男性は育児休業をとるべきではないという強力な社会規範」が要因であると分析しています。そして、単身赴任をはじめとして、日本の職場慣行の問題点を指摘し、OECD加盟国の中でも長時間労働をしている人の割合が高い日本のデータを示して、「いつでも会社の求めに応じるのが当たり前だという規範」を厳しく批判しています。「仕事の構造や文化を通じて強化されてきた社会規範」に「縛られた日本人」がそう簡単に変わるでしょうか。

（注1）国立国際医療研究センター病院が二〇二一年八月に実施した調査（二〇二一年一〇月二九日付朝日新聞記事「かぜ症状　あっても『休めない』が大幅減」）。
（注2）落合恵美子（二〇二二年）「男女でこうも違った『コロナ自宅療養』の収入影響――非正規ほど無給で年収四〇〇万未満の四割が収入減」一一月二七日付東洋経済ＯＮＬＩＮＥ記事。
（注3）二〇二〇年四月二七日付朝日新聞記事「派遣・契約社員『やむなく出社』」。
（注4）北健一（二〇一七年）『電通事件――なぜ死ぬまで働かなければならないのか』（旬報社）、高橋幸美・川人博（二〇一七年）『過労死ゼロの社会を――高橋まつりさんはなぜ亡くなったのか』連合出版など。
（注5）二〇二一年一〇月二日付朝日新聞記事「トヨタのパワハラ　情報共有が不足か――社員自殺　労災認定が確定」。
（注6）二〇二三年九月五日付朝日新聞記事「ＮＨＫ管理職死亡　労災認定――同職場で過去に記者過労死」、二〇二三年一〇月一日付朝日新聞記事「ＮＨＫ職員労災死　上司処分――『業務量調整せず』三人処分」。
（注7）二〇二〇年一一月二一日付朝日新聞記事「護衛艦にも働き方改革――小さな船体・乗組員　従来の半数」。

（注8） 二〇二一年一〇月八日付朝日新聞記事「省庁の残業代一八％増要求――環境省四三％増・厚労省三四％増 来年度予算　長時間労働浮き彫り」、二〇二二年四月二九日付朝日新聞記事「多様な働き方を若手官僚ら提言　人事院総裁らに」など。

（注9） 二〇二二年一二月一六日付朝日新聞記事「外務省前人事課長を処分――手当未払い把握したのに対応せず」。

（注10） 厚生労働省HP「事業主の皆様へ『働き方』が変わります!!　二〇一九年四月一日から働き方改革関連法が順次施行されます」。

（注11） 二〇二一年七月二一日付労働新聞ニュース「年休五日の時季指定怠り送検　取得に応じず」。

（注12） 年次有給休暇の付与日数のうち五日を除いた残りの日数について、労使協定を締結する等により、計画的に休暇取得日を割り振ることができる。

（注13） 二〇二三年四月一〇日付全日教連教育新聞記事「今年度の教員勤務実態調査に向けて」。

（注14） 二〇二三年一月一〇日付朝日新聞記事「勤務間インターバル制度　導入まだ4・6％」。

（注15） 二〇二一年一二月二四日付朝日新聞デジタル記事「男性育休　四二％が取得率三〇％超」。同二〇二一年六月二日付記事「男性の育休、増やす鍵は『雰囲気』　背中押した声かけ」。同二〇二二年九月二七日付記事「『産後パパ育休』来月から始まるね」。

（注16） 二〇二三年三月一八日付朝日新聞記事「男性育休「三〇年度八五％」――首相、目標大幅上げ」。同二〇二三年八月一日付記事「男性の育休最高一七％でも国目標『五〇％』遠く――昨年度　人手不足？　女性は低下」など。なお、この目標をクリアしている中央官庁として公正取引委員会（二〇二一年度八七・五％）が注目されたが、その理由として職員が多くあげたのが「国会対応」の少なさであった（二〇二三年一〇月二日付『朝日新聞』記事「公務員男性育休『二五年に八五％』中央官庁は――公取委だけクリア」）。

（注17） 満額支給換算で三〇週間の育児休業を取得でき、これは北欧諸国で認められている期間の約三倍に相当す

る（二〇一六年データ）。満額支給換算の育児休業期間とは、雇用が保証された状態で育児休業を取得できる期間の長さに、育児休業開始前の給与の何％の給与を受けられるかという割合を掛け合わせた値のこと（ブリントン、二〇二二年六二頁）。

コラム1　病気休暇と休職制度

民業では、病気休暇を取得できる要件や期間は、労使の協議あるいは休暇を与える使用者が決定するのが一般的で、法律上の義務ではありません。つまり、病気休暇と休職制度は、日本社会全体に導入されているわけではありません。

本章で述べた通り、日本では有給休暇の取得率が低いのですが、「いざというとき（例えば病気）のために取っておく」という理由があがるので、病気休暇制度があれば療養等に備えた年次有給休暇の取り控えが減少することが期待できます。しかし、厚生労働省の調査（二〇二二年）によれば、就業規則でこの病気休暇を認めている企業は二二・七％にすぎません。なお、表C－1に示した通り、この病気休暇を含めた特別休暇制度がある企業はおよそ六割、残り約四割の会社にはこうした休暇制度がありません。また、休職制度も会社によっては就業規則で定めていますが、病気休暇以上にその条件も期間も様々なようです（荘司、二〇二三年、労務リスクソリューションズ、二〇二〇年）。

当然、今回のコロナ禍において感染症などの突発的な体調不良時に取得できる病気のための休暇を、有給休暇と別に設けておくことは、万一に備えたセーフティネットとなり、働く人の安心につながります。しかし、非正規雇用で働く人も含めてすべての労働者が利用できる状態にはなっていないため、本章1で注目し

表 C-1　特別休暇[1]制度の有無、種類別企業割合

（単位：%）

企業規模・年	全企業[2]	特別休暇制度がある企業	特別休暇制度の種類（複数回答）						特別休暇制度がない企業
			夏季休暇	病気休暇	リフレッシュ休暇	ボランティア休暇	教育訓練休暇	左記以外の1週間以上の長期の休暇[3]	
令和4年調査計	100.0	58.9	41.5	22.7	11.8	4.2	4.0	15.1	39.8
1,000 人以上	100.0	72.3	35.7	36.5	41.4	21.6	3.6	28.9	27.2
300 〜 999 人	100.0	66.8	40.1	30.2	28.9	10.2	2.7	20.8	33.0
100 〜 299 人	100.0	61.1	37.5	22.8	16.2	3.9	2.8	16.4	37.7
30 〜 99 人	100.0	57.0	43.0	21.5	8.0	3.2	4.5	13.8	41.5
令和3年調査計	100.0	59.9	42.0	23.8	13.9	4.5	3.2	16.0	40.1

注：1)「特別休暇」とは、法定休暇（年次有給休暇、産前・産後休暇、育児休業、介護休業、子の看護のための休暇等）以外に付与される休暇で、就業規則等で制度（慣行も含む。）として認められている休暇をいう。
2)「全企業」には、特別休暇制度の有無が「不明」の企業を含む。
3)「1週間以上の長期の休暇」には、法定休暇で法律の規定よりも労働者を優遇している場合の上積分は含まない。

た調査結果（休みたいが休めない）の解釈が難しかったのも、厚生労働省の相談窓口などに「会社が認めない」と多くの相談が寄せられたのも当然です。

なお、厚生労働省HP「労働時間の設定の改善」では、「労働者が発熱等の風邪症状により安心して休めるよう有給の特別休暇制度を設けましょう」と就業規則の例（表C－2）をあげて事業主に以下のように呼びかけています。

「引き続き新型コロナウイルス感染拡大防止に向けた取組をお願いします。労使の話し合いによって、各事業場において、有給の特別休暇制度を設けることができます。発熱等の風邪症状がある労働者が安心して休めるよう、有給の病気休暇の内容を就業規則に定めるなどにより、労働者に周知していただくことが重要となります。」

また近年、民間企業では失効した年次有給休暇を別途積み立てる制度（失効年次有

表C-2　就業規則　規定例

（病気休暇）
第●条　労働者が私的な負傷又は疾病のため療養する必要があり、その勤務しないことがやむを得ないと認められる場合に、病気休暇を＿＿＿日与える。
（休暇等の賃金）
第〇条　病気休暇の期間は、（通常の賃金を支払うこと／無給）とする。

給休暇の積立制度）が広がっています。正式な用語ではありませんが、「復活有給」という通称も使われています。有給休暇は、付与から二年経過すると時効が到来し消滅してしまいますが、それを積み立て（復活させて）、病気療養や育児等の決められた目的に対して利用できるようにしようというものです。三菱UFJリサーチ&コンサルティング（二〇二一年）「令和三年度『仕事と生活の調和』の実現及び特別な休暇制度の普及促進に関する意識調査報告書」によると、この制度は全体で一四・五％の企業で導入され、企業規模でみると一〇〇〇人以上の企業では半数以上（五三・一％）が導入しています。

なお、今から二〇年以上前に発表された「休暇制度のあり方と経済社会への影響に関する調査研究委員会報告書」（二〇〇二年）において、「病気休暇への先進的な取り組み」としてこの復活有給制度が紹介されています。それによって、有給休暇を病気のときのために取っておかなくてはならないという不安が軽減され、有給休暇取得促進を支援する取り組みの一つとされています。一方で、この報告書では政策的アプローチとして、「不測の病気や怪我などに備えて有休を取り残しておく必要が無いよう」に「病気療養休暇の新設」が提案されています（二四—二五頁）。しかし、それから二〇年以上たった現在でも、病気休暇制度も復活有給制度も導入が進んでいるとは言えないのが実態です。本章4で注目した有給休暇の取得義務（五日間）より先に、病気（療養）休暇制度を整えるべきではないでしょうか。

一方で、病気の療養のために年次有給休暇以外で利用できる病気休暇制度は、国家公務員と地方公務員には認められています（第4章参照）。森部（二〇〇七年）

によれば、群馬県教育委員会の規定では、「病気休暇」はその期間が「必要とされる最小限度」とされ、「一八〇日を超えない範囲において、医師の証明等に基づき必要と認める期間」となっています。そして、その給与は一八〇日まで全額支給、その後一年間八割支給の休職、二年間を上限とする無給の休職となり、その休職の上限三年を経過したのちは復職か退職となります。これらは地方公務員法に基づいているため、各都道府県教育委員会も同じような制度になっています。例えば、私が担当してきた授業「教員のメンタルヘルス」に千葉県教育委員会の担当者を特別講師として招いて説明をしてもらったときの内容もほぼ同じでした。ですが、この内容について、受講している現職教員（院生）はほとんど知識を持っていなかったことが印象的でした（第15章参照）。

また、地方公務員法第二八条（降任、免職、休職等）第二項には、「心身の故障のため、長期の休養を要する場合」と「刑事事件に関し起訴された場合」、「その意に反して」休職できるとなっています。この条文の「その意に反して」については、休暇が申請者の「権利性」が強いのに対して、休職は任命権者側の「処分性」の色彩が強いと言われています（森部、二〇〇七年）。また、この起訴された場合の休職としては、村木厚子氏（元厚生労働事務次官）の例が有名です。心身障害者用の郵便制度を悪用する事件で、二〇〇九年大阪地方検察庁特別捜査部が村木氏（当時厚生労働省局長）を逮捕しました（一六四日後に保釈）。一年三ヶ月後、大阪地方裁判所は無罪判決を言い渡しましたが、この間村木氏は「起訴休職」でした。この事件では、驚くべきことに検察による証拠捏造等があり、主任検事・特別捜査部長・副部長が逮捕起訴され、有罪判決を受けています（「日本弁護士会：郵政不正・厚生労働省元局長事件（村木事件）」より内容要約）。

第2章　日本社会の働き方

1　半ドン？

本章では、第1章でみてきた「働き方改革」に至るまでの日本社会全体の働き方について、もう少し長いスパンで概観しておきます。

さて、今や「半ドン」という意味を知っている人はどれほどいるのでしょうか。かつて日本の学校・官公庁・企業の多くは土曜日も半日働く形でした。半分が休日（オランダ語でゾ［ド］ンタク）なので、半ドンと言われていたそうです。

それが一九六〇年代から土曜日を全日（八時間）労働にして、日曜日ともう一日平日を休みにする週休二日制とする自治体が現れました。その後一九八〇年代以降、週休二日制（土日）を採用する企業が増え始め、国家公務員も一九八一年四週五休から始まって一九八八年四週六休を経て一九九二年には完全週休二日制が実施されました。こうした動向もあって、労働基準法の改正により、一九八八年四月からそれまでの「一日八時間・週四八時間」から「週四〇時間・一日八時間」への移行が始まり、一九九七年には全面移行となりました。

ちなみに、この週休二日制の国家公務員への完全実施と同じ一九九二年度から、全国の公立学校で学校週五日制が始まりました。当初は月一回の土曜日休みでしたが、一九九五年度から月二回。そして二〇〇二年度から完全実施、つまり現在と同じ形になりました。一方で、私立学校では、現在でも土曜日が授業のところもあります。

やがて日本社会では、こうした週休二日制の定着につれて、この「半ドン」は使われなくなりました。

2 「二四時間戦えますか?」

日本の戦後復興期から高度経済成長期(一九五五~七五年)までは、この半ドンという言葉が普通に使われていました。そして、この時代の日本人は、土曜日も含めてほとんど休むことなく働いていました。その結果、日本は奇跡的とも評される急速な戦後復興を成し遂げただけでなく、高度経済成長を経て経済大国へと駆け上がっていきました。

一方で、この週休二日制が定着していった時代(一九八〇~九〇年代)に、時間外・休日労働が長くなって労働時間は増えていきます。その結果、一九七五年から一九八八年の間には、男性の年間労働時間が二五〇一時間から二六七三時間へと増加してしまいました。しかも、この一九八八年には週労働時間が六〇時間を超える超・長時間労働者はおよそ二五%(四人に一人)を占めていたのです。(なお、この週六〇時間という働き方は、第1章5で計算した通り現在の認定基準では過労死ラインにあたります。)

一方、一九八〇年代後半から九〇年代にかけて、銀行や企業の膨大な資金が土地や株の購入にまわり、地価・株価は泡（バブル）のように膨らみました。これがバブル経済で、一九八〇年代後半は、このバブル経済がピークを迎えます。「二四時間戦えますか？」をキャッチフレーズとする栄養ドリンクのテレビコマーシャルが、世間で評判となったのがまさにこの頃です。それが一九九〇年代以降、日本銀行による金融引き締め（公定歩合の引き上げ）により地価・株価は暴落し、バブル経済は崩壊します。これによって、日本を代表する企業（山一證券・北海道拓殖銀行等）が倒産し、日本経済は長い低迷期へと入っていきます。当初は「失われた一〇年」と言われましたが、この低成長時代は、二〇二〇年代のコロナ禍まで続き、今や「失われた三〇年」とまで言われています。

今では、このバブル経済とその崩壊の中で、長時間労働が常態化したと分析されています。その背景として、一九七〇年代後半から労働組合運動が下火になったことや、バブル崩壊による人員削減、事務作業・生産技術の自動化などがあげられています。また、週休二日制で減少した土曜日の労働時間が平日に上乗せされたという興味深い指摘もあります。皮肉なことに、週休二日が定着し、「一日八時間・週四八時間」から「週四〇時間・一日八時間」へ移行したにもかかわらず、それまで以上に長く働くことが当たり前になっていったわけです（森岡、二〇一三年）。

ちなみに、コンビニエンスストアのセブンイレブン一号店（豊洲）が、年中無休・朝九時から夜一一時までの一六時間営業で開業したのが一九七四年です。翌一九七五年に二四時間営業を始めると、瞬く間に店舗が増加していきました。一九九三年には国内で五〇〇〇店、二〇〇三年には一万店に達します。（注1）日本人の働き方が長時間化・多様化したことの象徴が、この二四時間営業店の増加と、それを利用する人の増加かもしれません。

3 「過労死」への注目

同時に、第1章でも取り上げた「過労死」が多発するようになり、社会問題として注目されるようになっていきます。まず大阪過労死問題連絡会が、関西地方の弁護士を中心として過労死・過労自殺の遺族・医師・研究者・労働組合・労働団体等によるゆるやかなネットワークとして一九八一年六月に結成されました。そして、一九八八年四月には、この大阪過労死問題連絡会が「過労死シンポジウム」を開催するに至ります（大阪過労死問題連絡会、二〇二二年）。これを受けて同年六月には、「過労死一一〇番全国ネットワーク」による一斉相談が行われ、マスコミが大きく取り上げて世間の注目を集めました。

この「過労死一一〇番全国ネットワーク」のホームページでは「過労死」について、次のように説明しています。「仕事による過労・ストレスが原因の一つとなって、脳・心臓疾患、呼吸器疾患、精神疾患等を発病し、死亡または重度の障害を残すに至ること」。また、第1章で過労死とともに取り上げた「過労自殺（自死）」は、「過労により大きなストレスを受け、疲労がたまり、場合によっては「うつ病」など精神疾患を発症し、自殺してしまうこと」と説明されています。当然、「過労死」及び「過労自殺」の原因が、一つに限定されるということはないでしょう。が、その要因として働きすぎ、つまりは「休み」のない長時間労働があることは間違いありません。ここで本書の主題である「休むこと」に関わるわけです。

こうして産業医が、以前からあった労働者の過労が原因と思われる「急性死」や「突然死」を、「過労死」と呼び始めたのは一九七〇年代半ばからです。つまり、高度経済成長期（一九五五〜七五年）の終焉と一致します。先に述べた通り、時間外・休日労働が長くなって労働時間が増えた時代に多発し、目立つようになったわけです（森岡、二〇一三年）。

そしてようやく一九八七年、厚生省（現厚生労働省）が、労働災害に関する認定基準を二六年ぶりに改定しました。労働災害とは働いている人が仕事中に怪我などをした場合をさし、労働災害保険（強制加入の労働者災害保険法）からの補償があります。所轄の労働基準監督署に請求書を提出すると、必要な調査が行われて保険給付となります。その際の認定基準が改定されたわけですが、時代がそれを必要としたということでしょう。この大きな改正点は以下の二点です。

①それまで「脳卒中・急性心臓死等」としか記載されていなかった対象疾病が、「（一）脳血管疾患：脳出血、くも膜下出血、硬膜上出血、硬膜下出血、脳梗塞、高血圧症脳症、（二）虚血性心疾患等：一次性心停止、狭心症、心筋梗塞症、解離性大動脈瘤、二次性循環不全」と細かに明記されたこと。

②それまで、発症直前か前日に限定されていた認定判断の期間が、一週間まで拡大されたこと。

現在の「過労死」の認定基準では、直近一ケ月からさらに広がり、直近二～六ケ月まで考慮するようになっていることを考えると、この「一週間まで拡大」したのがたった三五年前というのには驚いてしまいます（コラム2参照）。

こうして「過労死」が社会問題化していたこともあって、当然マスコミもこの改定を大きく取り上げました。[注2] そして、一九九〇年一二月、「過労死一一〇番」を通じて、労務災害の申請に踏み切った家族の方々が、「大阪過労死を考える家族の会」を結成します。続いて、翌一九九一年一月には「全国過労死を考える家族の会」が結成されました。そして、この会が編集した『日本は幸福か――過労死・残された五〇人の妻たちの手記』（教育史料出版会、一九九一年）が出版されます。また、その後『死ぬほど大切な仕事ってなんですか――リストラ・職場いじめ時代に過労死を考える』（同一九九七年）も続きます。

国語辞典や時事用語辞典にも掲載されるようになった「過労死」という言葉は、一九九一年には広辞苑（第四版）に収録されました。そして、第1章で述べた通り、そのまま英語（karoshi）として通じることになってしまったわけです。こうして「過労死」は、一九九〇年代を通じて日本社会全体にとって、重要かつ喫緊の課題となっていったわけです。

4　首相も「過労死」

二〇〇〇年四月二日、小渕恵三首相（内閣総理大臣：当時）が脳梗塞で倒れました。その前日に、自由党の小沢一郎党首（当時）との会談が決裂、連立解消が決定して政局が混乱する最中のことでした。このため小渕内閣は四月四日に総辞職、自民党は話し合いで森喜朗幹事長（当時）を後継者とし、翌五日森内閣を発足させました。その一ケ月後、小渕首相はそのまま帰らぬ人となりました。

これを「過労死」と断じた大野正和氏は、自らの専攻を「日本的経営論、仕事心理学」としています。彼は、その著書（大野、二〇〇三年）の冒頭のこのエピソードに続けて、日本債権信用銀行の本間忠世社長の「過労自殺」もあげています。日本銀行出身の本間氏は、一九九〇年に金融システム安定を担うために創設された初代信用機構局長として、バブル経済崩壊後の陣頭指揮をとることになります。その金融破綻処理の一つとして民営化されたのが新生日本債権信用銀行でした。その後、この社長を引き受けさせられる形となった本間氏が、会社の民営化による再スタートの矢先に自死してしまいました。小渕首相が過労死したのと同じ二〇〇〇年の秋のことです。

これをもって大野氏は、「労働者」も「役員」も、はたまた首相までもが「過労死」するのは、雇われた労働者の働きすぎだけではなく、働くすべての日本人の問題ではないかと述べています。そして、死に至るまで働いてしまう日本人の働き方そのものが問われているのだと主張しました。こうした議論の中で、この過労死問題に取り組む川人博弁護士が指摘した、「休暇を何か罪悪視する風潮」に注目したいと思います。「利潤追求のため」の仕事では「休暇が尊重される」のに対して、「世のため人のため」の仕事では「休暇を何か罪悪視する風潮」があると論じているのです。大野・川人両氏とも日本独特の「仕事のあり方」に問題があることを見出し、そのあり方とは「世のため人のため」の仕事だと喝破しています。後に第4章で詳述しますが、教員の「仕事のあり方」も同じように、「児童生徒（子ども）のため」となっていると私も強く感じています。こうした「仕事のあり方」においては、労働における「権利」としての「休むこと」（休息）が見えなくなり、あたかもそれが悪いことのように感じる心理と罪悪視する傾向が生じていることを危惧します。

5　自殺の増加と「過労自殺」への注目

日本経済の低迷と関わりがあると考えられますが、一九九七年から二〇一一年まで日本の自殺者は三万

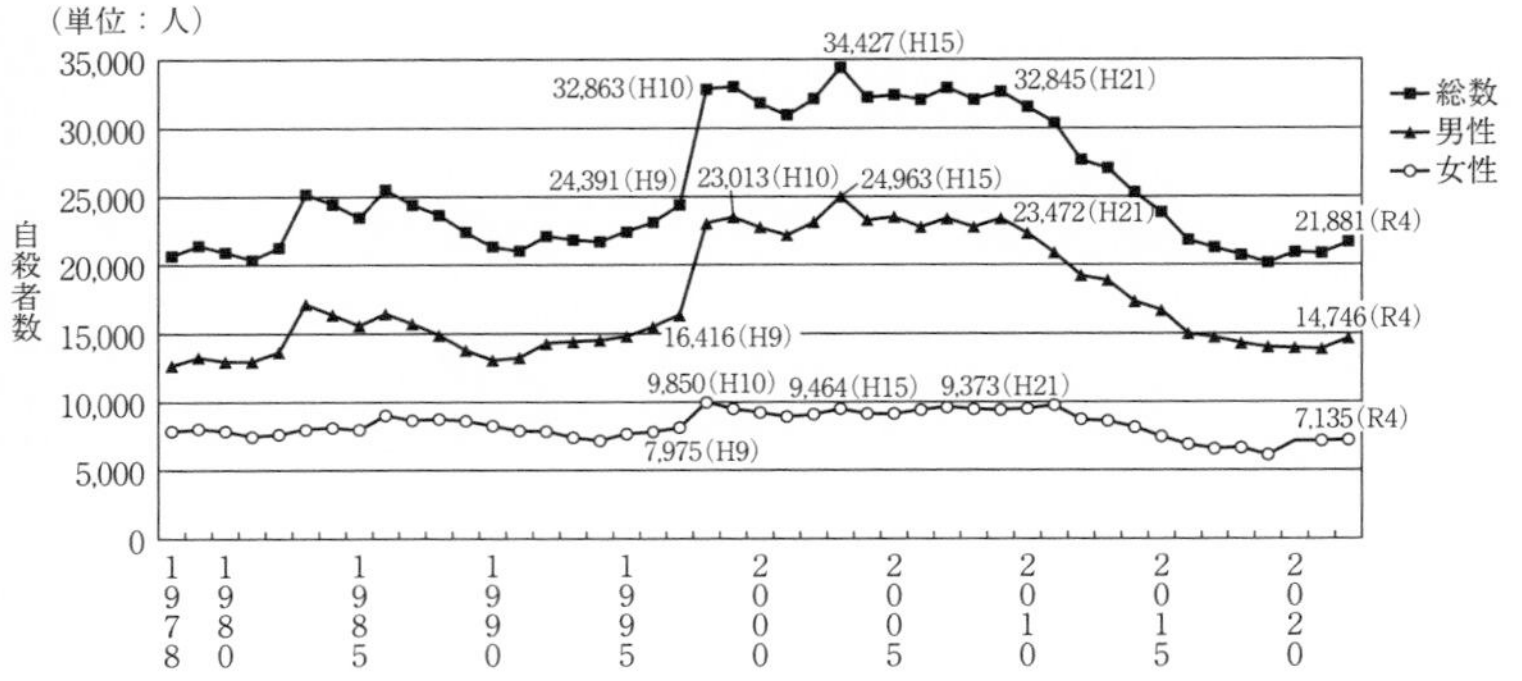

図2－1　自殺者数の年次推移

（出典：「令和4年中における自殺の状況」厚生労働省／警察庁渋井（2022）8頁より転載）

人を超え続けます（渋井、二〇二二年）。政府による自殺総合対策大綱など様々な対策がとられた結果、二〇一二年以降は三万人を下回るようになりました。が、図2‐1に示す通り、そのまま高水準で推移していました。そして、このコロナ禍で、再び増加（とりわけ女性と子どもの自殺）と報じられています[注3]。

同時期に、「過労自殺」が職場に広がり、深刻な社会問題となります。すでにその定義は上記3に記しましたが、先の川人氏は、「仕事による過労・ストレスが原因となって自殺に至ること」と説明しています（川人、二〇〇六年五頁）。そして、その三大原因をあげ、実際の事例では、このうち二つ以上が重なることを指摘しています。

①過酷な労働環境（深夜勤務等を含む長時間労働）
②業務上の精神的なストレス（課題の未達成など）
③ハラスメント（いじめ）

この「過労自殺」で最高裁判所まで争うことになった事案が、第1章2でもふれた電通第一事件です。一九九一年八月、入社二年目の大嶋一郎氏（当時二四歳）が、「三日に一度は徹夜という常軌を逸した長時間労働の結果」、自死に至ります。その後、遺族である両親は、東京地方裁判所に電通を提訴（第一審）。訴訟代理人である藤本正弁護士が、高等裁判所判決（第二審）後に急逝するという事態を経て、ようやく二〇〇〇年三月に画期的な最高裁判決となります。これによって、長時間労働などの過重な業務と自死との因果関係が認められ、電通には注意（安全配慮）義務違反による賠償責任が科せられました。これに先立つ一九九八年には、中央労働基準監督署が労災と認定し、労災保険金を遺族に支給していました。

亡くなった藤本弁護士の後を受け継いだ川人博弁護士は、この裁判が行政に与えた影響を以下のようにあげています。

①労働省（当時）労働基準監督局から経済団体連盟（当時）に適正な労働管理を要請（所定労働時間の削減・サービス残業の廃止）。同じく労働基準監督局から都道府県労働基準監督局長宛「所定外労働の削減及び適正な労働時間管理の徹底について」通達の発出（一九九六年）。
②労働省「事業上における労働者の心の健康づくりのための指針」作成（二〇〇〇年）。
③厚生労働省パンフレット「職場における自殺の予防と対応」発行（二〇〇一年）。

このパンフレットでは、使用者の安全配慮義務として、「恒常的な長時間労働、協力支援体制のない状況の中での業務など著しい肉体的精神的な過重負担等に起因した精神疾患や身体疾患が発生しないように配慮しなければならない契約上の義務」が明記されました。

また、「過労自殺」についての労災認定基準として一九九九年には「心理的負担による精神障害等に係る業務上外の判断指針について」が作成されました。これによって、「精神障害等」の労災、つまりは過労自殺の請求件数が急増します。続いて「過労死」についても、二〇〇一年「脳血管疾患及び虚血性心疾患の認定基準について」が新たに作られ、一月平均八〇時間を超える時間外労働（残業）があった場合には原則として労災認定する方向性が示されました。

6　労働時間の減少とサービス残業

この間（一九八七年から二〇一二年の二五年）、働く人の年間労働時間は、およそ二一〇〇時間から政府が目標とする一八〇〇時間まで減少していきます。しかし、この減少は、非正規雇用という形で働く人の増加によるところが大きいとされています。一方で、男性正社員（正規雇用）の年間労働時間は、二七五六時間にもなっているという調査結果があります（森岡、二〇一三年）。これは、週労働時間にすると五三時間となり、所定の週四〇時間を大きく超えています。それでも実際は、もっと働いている時間は長かったのではないかと考えられます。

それは、日本社会に広く「サービス残業」と称される「賃金不払い残業」が横行しているからです。政府文書でさえ、このサービス残業を「従業員が賃金を要求しない、もしくは要求できない残業」と認めていました。さらに、会社側が到底達成できない仕事を課すことに対して、働く側が「自らの意思であるないにかかわらず」無報酬で応える形とまで認識しているほどでした（経済企画庁、一九九一年「個人生活優先社会を目指して」)。

そもそも一日八時間（週四〇時間）労働が原則であり、残業等でそれを超える場合は割増賃金（基本二五%、休日手当三五%など）を支払うことになります。が、国際的に比較すると、日本の割増率は低いため、長時間労働に対するブレーキ、つまり残業させると割増賃金でコストがかさむため長時間労働が抑え込まれる機能が弱いとされています。ブラック企業被害対策弁護団事務局長の明石順平氏（二〇一九年）は、この割増賃金は「使用者に対する罰金のようなもの」で、「実際に残業代がきっちり支払われる企業では、異常な長時間労働が発生する可能性は少ない」と指摘しています（二七頁）。この明石氏は、「ブラック企業」を「残業代を払わないで長時間労働させる企業」と定義しています。

現在、このサービス残業に対しては、労働基準監督署が監督指導を行った賃金不払い残業の是正結果を公表しています。それによると、二〇二一年度の調査でサービス残業が発覚して指導を受け、未払いだった残業代を一社で一〇〇万円以上支払った企業は一〇六九社と公表されました。中には、合計で三億七一〇〇万円にものぼる企業もあります(注4)。また、JR西日本は、二〇二〇年四月から二〇二一年一月までで五五人に計約一三〇〇万円の賃金未払いがあり、うち八人は労使協定を超えて月八〇時間以上の時間外労働（残業）をしていたことを明らかにしました(注5)。民間企業におけるサービス残業の実態が、その一部にしてもこうして明らかになってきていますが、「氷山の一角」にすぎないという指摘もあります。先の明石氏（二〇一九年）は、この状況をたとえて「みんなが制限速度を破って車の運転をしているような状態」と述べて、「だから事故（過労死・過労うつ）が発生し続ける」と警告しています（二九―三一頁）。

またエリート官僚と言われる国家公務員のキャリア組の(注6)「サービス残業」も当たり前になっています。

ＮＨＫ取材班（二〇二一年）によれば、厚生労働省の内部資料には「時間外の在庁時間」が月一〇〇時間を超える職員三七四人（全職員の約一割）と記されているそうです。これはパソコンのログイン・ログオフで管理された時間外労働（残業時間）にあたります。直接の取材では、前月の残業時間が一二〇時間、三ケ月の平均が一〇〇時間を超える事例が登場します。当然、この残業のすべてがサービス残業というわけではありません。しかし、年間予算を考えれば、支払われる残業代には上限があります。従って、実働時間すべての残業代が支払われることはなく、少なく見積もられるのが「暗黙の了解」となっているそうです。

それゆえ第1章3で紹介した「働き方改革」の推進から川本人事院総裁の登場、そして二〇二二年度予算の残業代要求額の激増とつながるわけです。これによって、実働時間通りすべての残業代が支払われていなかった「長時間労働」、つまりは「サービス残業」が浮き彫りになりました。なお、このＮＨＫ取材班（二〇二一年）は、くも膜下出血での病死（二〇一五年）や、自死した事例（二〇一四年）を報告しています。あえてその言葉は使われていませんが、「過労死」と「過労自殺」にあたるでしょう。厚生労働省のキャリア官僚だった千正康裕氏（二〇二〇年）も、「サービス残業が横行しており、本当の残業時間を公表できない」（三五頁）、「誰もが長期休職のリスクを抱え」（六四頁）、「石を投げれば長期休職者に当たる」（六二頁）とまで述べています。(注7)

7　電通第二事件の衝撃

二〇一五年、電通の新入社員だった高橋まつり氏の自死が発見されます。クリスマスの朝のことでした。彼女は奇しくも、先の大嶋氏が過労死した一九九一年生まれで、亡くなったのも大嶋氏と同じ二四歳。つまり、わずか二四年で悲劇は繰り返されたことになります。この後、この事件でも遺族代理人となる川人博弁護士が、この第二事件を「『働きすぎの国』を問う試金石」とまで記したのは、次のような経過をたどったからでしょう。

事件直後から、電通は遺族との話し合いの中で、「労務管理上、特段の問題はない」としていました。しかし、三田労働基準監督署は、二〇一六年四月の申請に基づき、九月には労務災害と認定します。異例とも言うべき、認定まで六ケ月未満という短期間での決定でした。さらに、二〇一六年一〇月一四日には東京労働局が電通本社を抜き打ち調査しました。第1章2でも述べたように、過重労働が疑われる企業を集中的に調べるために二〇一五年に発足した「過重労働撲滅特別対策室」が加わった大規模な調査として注目されました。この調査前日（一〇月一三日）には、安倍首相（当時）が働き方改革に関連した会議で、次のように言及しています。

「先般、電通の高橋さんが長時間労働によって過酷な状況の中で自ら命を絶つという悲しい出来事がありました。このようなことは二度と起こしてはならない。やはり働き方改革を進めていかなければならないと、こう思っております。」

首相自らが、企業名・個人名をあげてこうした発言をするのは異例です。また、日本経済団体連合会

（経団連）の榊原会長（当時）が定例会見（一一月七日）でこの事件を取り上げました。これを受けて、経団連もトップが率先して過重労働防止の取り組みを徹底するよう、会員企業約一三〇〇社に文書で要請しています。これもまたきわめて異例の対応と言えます（北、二〇一七年）。

やがて三田労基署が、高橋さんの自死直前（二〇一五年八月）に、違法な長時間労働をさせたとして電通に是正勧告を出していたことも明らかになります。入社一年目である彼女の試用期間は六ケ月、それまで勤務時間は午後一〇時までに制限されていましたが、一〇月一日に本採用となったわけです。その直前に労基署からの是正勧告があったにもかかわらず、この一〇月半ばから考えられないような長時間労働が始まります。後に労基署から月一〇〇時間を超えていたと認定されますが、その自己申告は上司によって七〇時間に修正されてしまいます。会社が記録した残業時間（一月）には、「六九・九」「六九・五」「六九・八」などの数字が並んでいましたが、これに基づき会社側は「労務管理上、特段の問題はない」と主張したわけです。しかし、電通の労使が結んでいた協定（後述：第3章2(1)）の上限は七〇時間であることを考えれば極めて不自然です。川人弁護士が代理人となって、会社建物への入退室記録や、パソコンの記録（ログイン・ログオフ時刻など）の資料開示を求めました。これによって、彼女の深夜勤務や徹夜など実際の労働時間は、具合が悪くなって自死に至るほどの異常な長さであったことが明らかになります。そして、ついに会社側もその事実を認めることになります（澤路他、二〇一九年）。

ちなみに、電通は国が働きやすい企業と認める「くるみん」マークを東京労働局に返上し、後にこの認定制度が見直されるきっかけになりました（澤路他、二〇一九年）。また、ジャーナリスト・弁護士らで構成される「ブラック企業大賞企画委員会」は、二〇一六年の大賞をこの電通に授与しました（野村、二〇一八年)。

事件から一年後の二〇一六年一二月に電通は労働基準法違反で書類送検となり、同日社長は引責辞任を発表しました。この事件は検察官によって起訴処分(略式起訴)となりますが、それを受理した東京簡易裁判所は、裁判を開くこと(公開法廷)を決定します。そして、この裁判に社長が出廷し、求刑通りの罰金五〇万円の刑が宣告されました(双方が控訴せずに確定)。川人弁護士は、社長が反省・謝罪したことの社会的意義は大きいと述べていますが、まさに「『働きすぎの国』を問う試金石」となりました(高橋・川人、二〇一七年)。

その後、電通と遺族の合意に基づき、川人弁護士を講師とする研修会(二〇一七年四月)が、電通社内で開かれました。その中で、「健康管理の抜本的改善」の具体策として、第1章5で注目した「勤務間インターバル」をあげて以下のように述べています。「私のこれまでの過労死事件の担当経験では、過労死の大半はこの規制[引用者注:勤務間インターバル]でなくなる」(高橋・川人、二〇一七年一四六頁)。

第1章で二〇一九年からの働き方改革関連法によって、この「勤務間インターバル」の努力義務化や有給休暇の五日取得義務化、そして男性の育児休業への注目など、働きすぎの日本社会がようやく「休むこと」に目を向けたと述べました。しかしながら、有給休暇が五日以上取得されるようになり、男性の育児休業取得率が上昇しても、日本社会の「悪癖」とも言うべきサービス残業が解消されなければ意味がありません。有給休暇や育児休業を無理に取ったために残業が増え、それが「サービス残業」となってしまうような事態は避けなければなりません。また、実際電通であったような残業時間を短くするような書き換え(不正行為)など許されることではありません。しかし、最近の過労自殺の事例(二〇二一年八月自死、二〇二三年五月労災認定された清水建設社員）でも、勤務時間記録を改竄して長時間労働を過小に自己申告させていたことが報じられています。(注9)

こうした事案や先のようなサービス残業の実態がある以上、「勤務間インターバル」を努力義務にとどめるのではなく、さらに進めて義務化する必要があるのではないでしょうか。しかし、安倍首相（当時）の強い意向で労働者側・使用者側の合意形成が求められた際に、労働者側（連合）が労働基準法に盛り込むことを主張するも、使用者側（経団連）は強く反対したことが伝わっています。結局、労働時間等設定改善法（労働時間等の設定の改善に関する特別措置法改正）(注10)に努力義務として盛り込むことになってしまいました（澤路他、二〇一九年）。しかし、私がここで「勤務間インターバル」の義務化を強調するのは、この電通事件をはじめ過労死・過労自殺が続き、かつサービス残業という「悪癖」が解消されていない現状があるからです。なお以前から、明石氏（ブラック企業被害対策弁護団事務局長）も、ＥＵに倣って一一時間の「勤務間インターバル」を罰則付きで義務化することを提言しています。(注11)

（注1）　セブンイレブンＨＰ「最初から二四時間営業でしたか?」など。
（注2）　一九八七年一〇月九日付朝日新聞記事「過労死の労災認定二六年ぶりに緩和：直前・前日に限定せず『1週間前』の激務も対象」。
（注3）　二〇二一年三月七日付朝日新聞記事「コロナ下児童生徒の自殺最多：子どもの心理ケア急務」、二〇二一年四月一三日付朝日新聞記事「生きるのをやめたい国――自殺者一一年ぶり増　追い込まれた女性　コロナが引き金に」など。

（注4） 厚生労働省HP「監督指導による賃金不払い残業の是正結果（令和3年度）」。

（注5） 二〇二三年八月一日付朝日新聞記事「JR西日本、月一九〇時間の時間外労働」。

（注6） 国家公務員の採用試験の種類で、総合職（院卒・大卒）を受験して採用された「総合職試験採用」を指す。一次試験の基礎能力試験（いわゆる一般教養）と専門試験で合格したもの（採用予定者の約三倍）から各省庁が面接選考を繰り返して最終合格者が決定される（嶋田、二〇二二年）。

（注7） この千正氏は、「医師の働き方改革」（第3章2(2)）を担当していた二〇一九年に胃潰瘍で長期に休み、二〇一九年九月に退職した。そして、氏はこの「一八年から一九年にかけて、厚労省ではさまざまな部署で、自分と同じようにたくさんの職員が休職に追い込まれた。退職者も相次いだ」と述べている（七〇頁）。

（注8） 使用者が労働者を本採用する前に雇用する期間で、その間に労働者の適性を評価・判断する。その期間については法令上の規定はないが、一般的には三〜六ケ月、長くても一年程度とされる（庄司、二〇二三年人事・労務、二〇二一年）。

（注9） 二〇二三年七月一六日付朝日新聞記事「過労自殺 勤務を過小申告――清水建設社員 時短目標が影響か」。

（注10）「働き方改革を推進するための関係法律の整備に関する法律」の成立によって、二〇一九年から「労働時間等の設定の改善に関する特別措置法」も改正された。これにより従来の「労働時間等設定改善指針」の中で、「勤務間インターバル制度の普及促進」として「事業主等の責務として、前日の終業時刻と翌日の始業時刻の間に一定時間の休息を確保すること（勤務間インターバルの導入）に努めなければならないこととする」と明記された。

（注11） さらに明石氏は、五日間の義務化では「ほかの日は未消化でおわってしまう」として、有給休暇完全取得の義務化も提言している（二七一―二七三頁）。なお、氏の著書タイトルは『人間使い捨て国家』という強烈なものである。

コラム2　過労死・過労自殺の認定

川人博氏（一九九二年）は、「過労死一一〇番」で相談を受けた事件、その他過労死弁護団全国連絡会議が集約した「最近の過労死労災認定事例（一九九〇年七月以降）」をまとめています（二二三―二二九頁）。その中の裁判事例（一二例）で、発生から判決までの長い年月がわかるのは以下三例です。

①静岡地方裁判所（一九九一年一一月）

一九八〇年、四〇歳でくも膜下出血にて死亡した三菱電機社員のケース。原処分を取り消し、業務上と認定。

②東京地方裁判所（一九九二年一月）

社会保険庁を被告とした行政訴訟（一九八三年死亡）。裁判所からの勧告にもとづき、「職務外」とした処分を変更し、「職務上」とする処分。これにもとづき、訴えの取り下げ。

③静岡地方裁判所（一九九二年二月）

浜松市の清掃業務員（一九七七年不整脈死亡）の公務外認定を取り消し、公務災害と認める。

上記のように事件発生から長い年月を経てようやく公務災害と認定されていった裁判事例が、その後の認定基準に大きな影響を及ぼしていきます（川人、二〇〇六年）。これらの裁判事例に対して、「民間労基署段階」（一二例）の中には、愛知県岡崎労働基準監督署が新認定基準（本章3参照）にもとづき一九九二年に業務上と認定した事例（一九九〇年に採石場従業員が心停止死亡）が掲載されています。こうした事例の比較からは、認定基準の改定が過労死の認定にあたって大きな影響力を持ったことがうかがえます。つまり、こうした裁判等の動向が認定基準の改定を促し、過労死と認定される範囲を広げてきたのです。それを考えると、それ以前に過労死と認定されなかった事案中にも、新たに改定された基準によれば相当数が認定されたと考えられます。

過労自殺についても、一九九九年九月に「心理的負荷による精神障害等に係る業務上外の判断指針について」という新たな認定基準が作られ、前年度から請求数も認定数も三倍以上になったことがありました（川人、二〇〇六年）。その後、二〇〇三年には厚生労働省の委託研究として「精神疾患発症と長時間労働との因果関係に関する研究」が行われ、その報告書は結論として以下のように述べています。「長時間労働による睡眠不足が精神疾患発症に関連があることは疑う余地もなく、特に長時間残業が一〇〇時間を超えるとそれ以下の長時間残業よりも精神疾患発症が早まる」（川人、二〇〇六年一五七頁）。この精神障害の労災の認定基準は二〇一一年に策定され、二〇二三年に再び改正されました。(注1) 精神障害による労災の請求件数は、この一〇年でおよそ二倍、支給決定件数も四年連続で過去最多となりました。

過労死の認定基準も、二〇二一年に見直され、その中で労働時間以外の要因も含めて総合的に評価することと、とりわけ本書が注目する「勤務間インターバル」も考慮することが明確化されました。これまで「過労死ライン」とされる「直近二〜六ケ月の時間外労働の平均が八〇時間」、「直近一ケ月の時間外労働が一〇〇時間」が認定の大きなハードルとされてきました。しかし、これによって厚生労働省が毎年発表する「過労死等の労災補償状況」の二〇二二年度分における変化が読み取れます。従来も過労死ラインを下回る場合でも労災認定される事案はありましたが、この「過労死ライン」未満の労災認定が増加したことが確認できます。(注2) 当然のことながら、毎年の「過労死等の労災補償状況」を数値で量的に分析するだけでなく、こうした質的な分析が必要であることを強調しておきます。

（注1）　二〇二三年九月一二日付朝日新聞記事「精神障害　労災認定見直し――『症状の悪化』めぐる負荷『極度』でなくても救済」。
（注2）　二〇二三年七月一日付朝日新聞記事「過労死ライン未満　労災認定が増加――基準見直し影響か　精神障害での認定は最多」。

第3章　長時間労働と勤務間インターバル

1　国家公務員の場合

すでに述べたように、働き方改革関連法の推進によって、長時間労働の是正についても過労死防止の観点から、時間外労働の限度時間及び全体的上限が罰則付きで労働基準法（第三六条三―六項等）に規定されました。これによって、民間企業における取り組みは強力に進められるようになり、並行して第1章3のように公務員の長時間労働の是正にも注目が集まっています。なお、国家公務員の場合、民間企業とほぼ同様の残業に関する上限規制が人事院規則にありますが、労働基準監督署の調査対象から外れていて罰則もありません（嶋田、二〇二二年）。

二〇二三年三月、国家公務員の働き方そのものが大きな転換点に差し掛かっているという認識のもと、人事院の「テレワーク等の柔軟な働き方に対応した勤務時間制度等の在り方に関する研究会」の最終報告が発表されました。(注1) ここでは、その報告を取り上げたいと思います。

この報告書が、「具体的な施策の方向性」として、「超過勤務の縮減や過労死等の防止対策の優先度が最も高い」と考え、「従来の労働時間規制ではなく労働時間からの解放に着目する新しいアプローチとして、勤務間インターバルの確保」を目指すと宣言したからです（九頁）。そして、「不足するマンパワーを超過勤務により補っている」という働き方が、「もはや持続可能ではなくなっている」とまで断じました。つまり、長時間労働に支えられた日本社会は持続可能ではないということです。

そして、「構造的な問題」として、「超過勤務命令を受ければ残業をする、という働き方が当然のこととされてきた」と指摘し、以下のように述べています。

終電までに超過勤務が終わらなければ、職場に泊まるか、費用をかけてタクシーで帰宅する。翌日は通勤のために混雑した電車に長時間乗らなければならない場合もある。（四頁）

第2章6で取り上げた「サービス残業」という言葉こそ使っていませんが、こうした働き方によって、「長期の病気や休暇や病気休職につながる場合もある」（四頁）と述べています。そして、具体的に二〇二一年の過労死ラインを超えて超過勤務を行っている実態（一月一〇〇時間以上の職員一四・一％、二～六月平均八〇時間超の職員二割）を記載し、同時に過労死を含む公務災害認定を一〇件と報告しています（四七頁）。

また、特に「国会対応業務」を取り上げて、次のように記しています。

行政側の自助努力による業務合理化だけでは、勤務間インターバルの確保は困難である。本研究会としては、勤務間インターバルの趣旨や国会対応業務の改善について、国会の理解・協力を強く求めるものである。（五七頁）

この強い要請の裏には、一部職員の国会対応、すなわち国会答弁を担う大臣等省庁幹部への説明、いわゆる「大臣レク」等や、答弁内容の作成の多さが目につくからでしょう。このうち国会での議員質問とその答弁については前日までという「事前通告」というルールがありますが、なかには夜一一時を回ってから届いた質問への作成をしなければならないという実態があります（NHK取材班、二〇二一年）。

また、二〇二〇年の国会開催中のことですが、当時の河野太郎行政改革担当大臣が、「行政事業レビュー」を平日夜と土日出勤を含めた四日間で終了させたことが記事になったことがあります。出席させられた官僚たちからは「働き方改革」に逆行するとの疑問の声が上がり、大臣は記者会見で「霞ヶ関には非常に申し訳ない」と謝罪することになりました。(注2) 川本人事院総裁も会見で、「幹部の方々は政策には関心を持っても、長時間労働への配慮がやや欠ける。超過勤務はきちんとルールがあるので、まずルールを守っていただく」と述べたことが報じられています。(注3)

報告書に戻って、「今後の目指すべき働き方」の中で指摘されている以下の二点は注目に値します。

諸外国においては、合意された所定労働時間を超えて働くことは例外的であり、業務上の必要があれば時間外労働を行なって対応することが当然でないことを前提に労働時間制度が運用されている。（八頁）

職員は所定の正規の勤務時間の範囲内で職務遂行の義務を負うことが原則であり、超過勤務は例外的なものであることを再確認する必要がある。（九頁）

しかしながら、結論としては「現在の業務量のまま、人員体制も変えずに、一斉に厳格な勤務間インターバルを導入するとすれば、行政サービスの提供にも影響が出ることは避けられない」（五一頁）という理由から、本格的な実施に向けた試行の提案にとどまっています。なお、この「試行」についても、「数年の間に、必要な体制を整えた上で、対象や時期について段階的に実施することが望ましい」（五四頁）とのことです。なお、報告書が述べている通り、国土交通省航空局の交通管制官は、勤務間インターバル（最低一一時間）を確保しています。また、この研究会がヒアリングを行った本田技研工業と日立製作所でも勤務間インターバルが導入されています。

一方で、この報告書のタイトルに含まれる「柔軟な働き方」は、この研究会の中間報告書（二〇二二年七月）において、「フレックスタイム制及び休憩時間制度の柔軟化を早期に実現すべき」と提言されました。そして、これをふまえて二〇二三年一月にはフレックスタイム制及び休憩時間制度を柔軟化するための人事院規則等の改正が行われて、「四月施行予定」と報告されているのです（一七頁）。この素早い動きに比べると「勤務間インターバル」の導入については、消極的と言わざるを得ません。

政府によるこうした姿勢の一方で、「努力義務」を課した民間企業に対して、政府が二〇二五年までに一五％導入という目標値を押し付けるのはいかがなものでしょうか。「勤務間インターバル」は、民間企業に対して努力義務としたのに対して、国家公務員は対象外です。私は、以前民間企業には障害者雇用の割合を罰金付きで定めていたにもかかわらず、政府機関においてはまったく不適切な管理をしていたことがわかった事案を思い出してしまいました。（注4）

短期的には第1章3で述べた予算（概算要求）で残業代を確保することも喫緊の課題でしょう。しかしながら、報告書が指摘するように、恒常的な超過勤務の背景は、「限られた人員数で多くの業務を行なっている事情」(四頁)であり、まさに「超過勤務に依存」(五頁)しています。そもそも日本の人口に占める公的部門の職員数は、他の先進諸国と比べ低い割合になっていることは研究者も指摘しています(前田、二〇一四年、上林、二〇二一年)。この報告書の言葉を繰り返すならば、「不足するマンパワーを超過勤務により補っている」(四頁)という働き方は「持続可能ではない」ということでしょう。

2 二つの「二〇二四年問題」

(1) 物流の「二〇二四年問題」

上記1で述べた時間外労働の上限規制は、二〇一九年度から大企業で、二〇二〇年度から中小企業でも施行されました。[注5]より具体的には、原則月四五時間、年三六〇時間。仕事が忙しいなど特別な事情に関して労使間協定を結んでも最大七二〇時間まで、一ケ月の時間外労働は一〇〇時間未満、二〜六ケ月の時間外労働時間の平均は八〇時間以内、一ケ月で四五時間以上の時間外労働ができるのは六ケ月までとなりました。現在、月八〇時間以上の時間外労働は過労死ラインとされるので、そこまで許すことへの批判はありますが、過労死・過労自殺防止という観点からの上限とされています(図3-1参照)。

労働基準法第三六条に基づくこの協定は、一般的に三六(通称サブロク)協定と言われています。これまでは、一ケ月四五時間、一年三六〇時間が基準(厚生労働大臣告示)になっていましたが、「特別な事情」がある場合はこの上限を超える「特別条項」が認められていました。しかも、この「特別条項」には上限がなく、これによって実質的な残業時間は無制限でした。あくまでも厚生労働大臣告示という基準で

	法律・内容	2018年度	19年度	20年度	21年度	22年度	23年度	24年度
労働基準法	時間外労働の上限規制（年720時間）の適用【一般職】		大企業に適用	中小企業に適用	→	→	→	→
	時間外労働の上限規制（年960時間）の適用【自動車運転業務】							適用
	年休5日取得義務化		適用	→	→	→	→	→
	月60時間超の時間外割増賃金引き上げ（25%→50%）の中小企業への適用						適用	→

改善基準告示		現行	2024年4月以降
	年間拘束時間	3516時間	3300時間
	1カ月の拘束時間	293時間	284時間
	1日の拘束時間	13時間以内（上限6時間、15時間超は週2回まで）	13時間以内（上限15時間、14時間超は週2回まで）
	1日の休息時間	継続8時間以上	継続11時間を基本とし、継続9時間以上

図3-1 トラックドライバーの働き方改革（出典：国土交通省、Wedge, 2023、17頁より転載）

あって、法律ではなかったため実効性はありませんでした（神内、二〇一九年）。ようやく法改正により、一般職の上限が七二〇時間まで、自動車運転業務は九六〇時間までとなり、罰則を適用する条項もできたわけです（澤路他、二〇一九年、労務リスクソリューションズ、二〇二〇年）。

ところが、物流業界については、それ以前から慢性的なドライバー不足などがあり、すぐに対応するのが難しいとして、図3-1に示す通り五年間の猶予期間が設けられました。実際、一〇万人超が不足しているとされた二〇一七年三月には「準中型免許」が新設されました。これは、一八歳以上であれば「普通免許」がなくても取得可能で、これによって高校卒業後すぐに宅配便やコンビニの配送が可能なトラックに乗務できます。それゆえに若年層確保の免許制度改正と言われました。それでも二〇二〇年一月時点で、トラックドライバーの有効求人倍率は三・一四倍、この水準は全産業平均の二倍以上に相当します。そのため二〇二八年にはドライバー不足は二八万人に膨れ上がるとの見通しがあるほどです（刈谷、二〇二〇年）。

この自動車運転業務に対する五年間の猶予期間は、二〇二三年度、つまり二〇二四年三月三一日までです。そして、長時間労働是正が適用される二〇二四年度、つまり二〇二四年四月が迫っていて、ドライバー不足がさらに深刻化するという懸念から「物流の『二〇二四年問題』」と騒がれるようになったわけです（Wedge、二〇二三年）。

もともと厚生労働省の調査でも、トラックドライバーの年間労働時間は全産業平均を上回って過酷な状況にあることは知られていました。そうした中で、ドライバー不足が原因で、二〇一七年には荷物の大幅遅配が宅配便各社で発生し、「宅配クライシス」と言われました。例えば、業界最大手のヤマト運輸では、前代未聞の「荷受け拒否」（引き受け量を制限する総量規制）や、当日配達サービスの一時中断、さらには「配達時間帯指定」も見直しました。それまで六区分あった時間帯指定（午前中、一二～一四時、一四～一六時、一六～一八時、一八～二〇時、二〇～二一時）から「一二～一四時」の廃止と「一九～二一時」が新設されたことは、まだ記憶に残るところです。

それにしても、いまだにここまでの細かな時間指定と、再配達率の高さによって宅配業者の勤務状況には無理がきています。こうした過酷な労働環境の中で、「サービス残業」という悪しき慣習が横行していたことも明るみに出て、ヤマト運輸の社内調査では、過去二年間分で残業未払い代は二三〇億円にものぼりました（刈谷、二〇二〇年）。そして、猶予されていた長時間労働是正の適用が二〇二四年度に迫っているにもかかわらず、コロナ禍によるネット通販の広がりなど宅配便の取り扱い個数は増加を続けています。そ

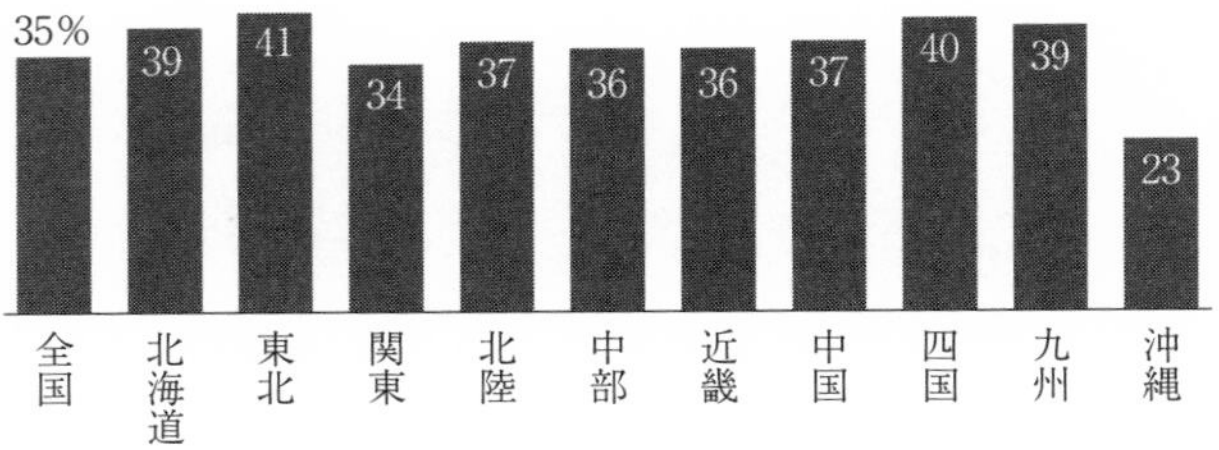

図3－2　「2024年問題」により2030年に運べなくなる荷物の割合
（出典：朝日新聞2023年4月5日記事「物流の『2024年問題』どんなことなの？」原出典：野村総合研究所の資料から）

のためドライバー不足がさらに深刻化するとの懸念からの「物流の「二〇二四年問題」」が騒がれているわけです。（注6）

結局のところ、日本の物流はドライバーの長時間労働に頼ってきたということになります。まさに、先の報告書にある通り、「不足するマンパワーを超過勤務により補っている」という働き方の破綻が見えているということでしょう。それゆえ、この「二〇二四年問題」が大きく取り上げられるのであり、野村総合研究所の試算では、二〇三〇年に見込まれる荷物の相当数が運べなくなるとされています（図3－2参照）。

また、三〇％の料金値引きが始まる深夜一二時に、高速道路の料金所にトラックが集中することはよく知られています。料金所手前の側道に止まって一二時を待つトラックが、適用開始の一二時になると殺到するからです。これまで夜一二時から朝四時までに料金所を通れば三割引が適用されていましたが、二〇二四年度からは夜一〇時から朝五時までと改定されることになっています。この割引適用時間に合わせようとして、多くのドライバーが寝不足など無理して走ることによって、一般道における事故多発の可能性も指摘されています（Wedge、二〇二三年）。割引適用に合わせたこのドライバーの料金所待ちという実態は、この物流業界の長時間労働と低賃金という体質を象徴しています。

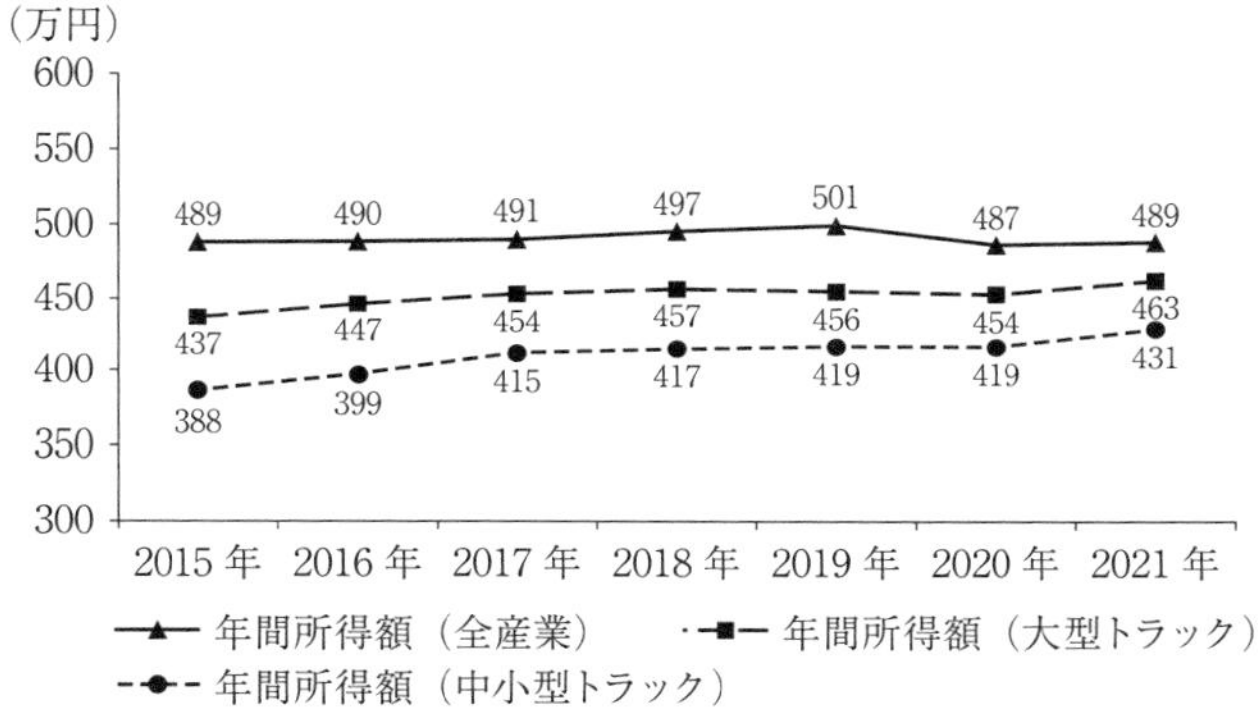

図３－３　年間賃金

（出典：国土交通省東北運輸局「2024年問題解決に向けて」東北運輸局、１頁より転載）

「残業学」を提唱する中原淳氏（二〇一八年）は、「残業代を前提として家計を組み立てている」場合を「残業代依存」状態と呼び、ある調査では約六割、年収が三〇〇万円以下の場合は約七割にもなることを明らかにしています。つまり長時間労働の問題は、残業代に依存せざるを得ない低賃金の問題でもあります。厚生労働省の調査では、トラックドライバーの平均収入は全産業平均よりも低いことがわかっています（図３－３）。それゆえ低賃金で生活のための残業が欠かせない物流業界は、まさにこうした構造になっていて、関係者の悲鳴が聞こえてくるわけです（中西、二〇二三年）。

　上記の残業代未払い問題を取材した刈谷（二〇二〇年）は、こうした長時間労働に加えて残業代依存状態のトラックドライバーたちが、「働き方改革」によって年収がダウンしてしまい、生活を維持するための副業に走らざるを得なかった実態を浮き上がらせました。そして、このときに起きた「働き方改革」の「形骸化」が、二〇二四年問題で繰り返されることを懸念しています。

(2) 医師の「働き方改革」

医師の働き方改革においても、「二〇二四年問題」が注目されています。(注7) トラックドライバーと同様に猶予期間が与えられていましたが、二〇二四年四月から医師の時間外労働にも上限、原則年間で九六〇時間(地域医療に貢献する病院などは特例で一八六〇時間)の規制が適用されるようになるからです。長時間労働が常態化していた医師の働き方が見直され、これまで当たり前のように行われていた連続勤務時間も制限されます。二〇一五年度の勤務実態調査では、医師の最長連続勤務時間の平均は一五・四時間、一三時間を超えると回答した医師が半数近く(四六・五%)にのぼります。驚くのは、連続一六時間を超える勤務経験がある医師は約二割、さらに連続二四時間を超えるのが一割強(一一・七%)、最大は七二時間という医師がいることです。(注8)

この実態調査で目を引く点は、全医師の二割を占める女性医師の働き方が取り上げられていることです。主として育児のために、女性常勤医師の一割、非常勤医師の四分の一が「休職・離職」を経験し、そうした女性医師は他の女性医師と比較して専門医資格の取得率が低いことが明らかにされています。また、診療科による偏りもあり、皮膚科・眼科に多く、外科・脳神経外科で少ないというデータも示されています。つまり、女性医師の働き方(就業率の推移)はM字カーブ曲線(図3-4)になるのです。そして、こうした実態をふまえて、各都道府県による医療勤務環境改善支援センターの取り組みが紹介され、特に女性医師支援として二〇一七年度に予算化された女性医師キャリア支援モデル普及推進事業・女性医師支援センター事業があげられています。

ところが、二〇一八年文部科学省の局長逮捕により、東京医科大学の不正入試が発覚しました。その中

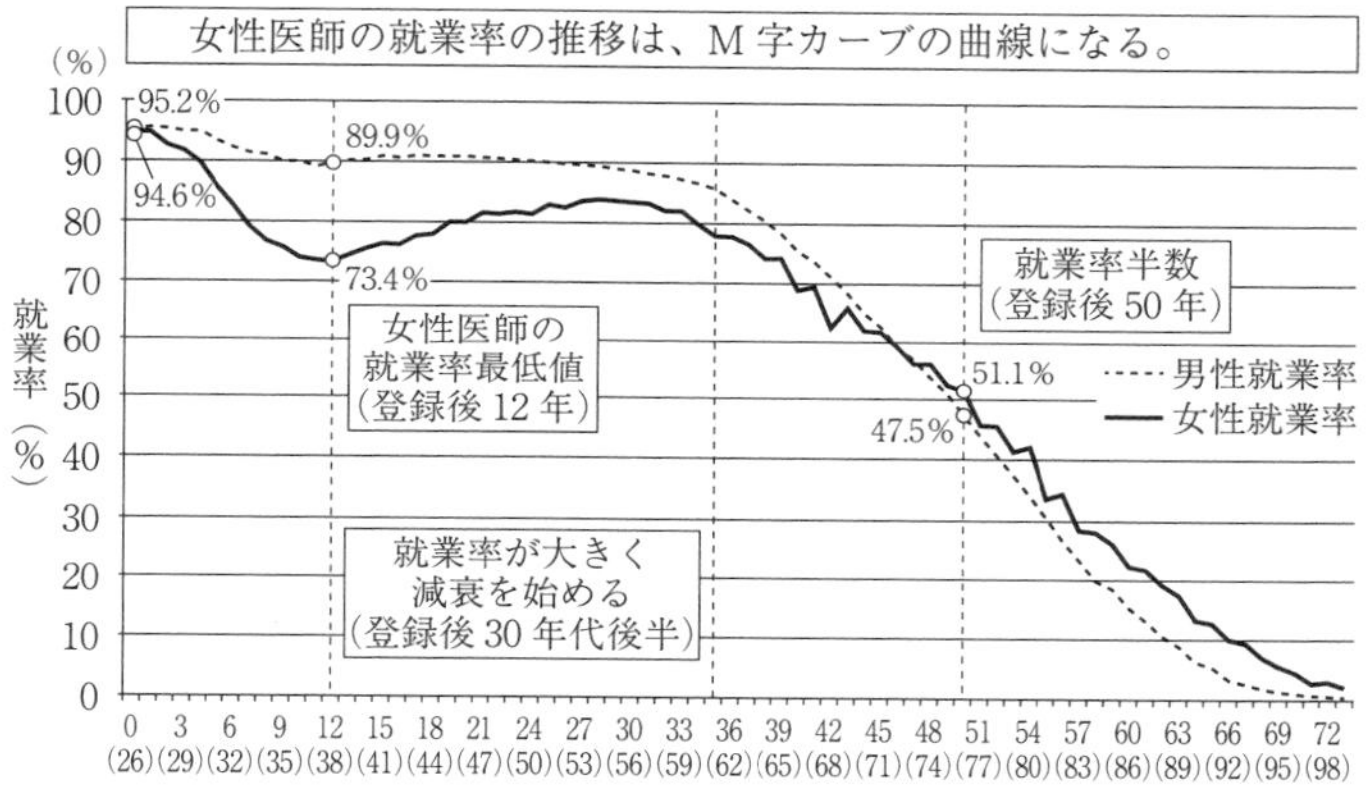

図3-4　医籍登録後年数別の就業率（出典：注8参照）

で入試における女子学生に対する一律減点という不適切な得点調整が行われていたことが明らかになります。厚生労働省が全国八一大学を調査し、東京医科大学を含む九校が「不正」を認め、うち女子学生への不利な扱いが四校で行われていました。その後、不合格だった女性の元受験生（二八人）が、大学に約一億五〇〇〇万円の損害賠償を求めた訴訟を起こします。そして、二〇二二年東京地方裁判所は、性別による不合理な差別を禁止した教育基本法と憲法一四条の趣旨に反するとして計約一八〇〇万円の賠償を大学に命じました。本来、正すべきは長時間労働など労働環境であったにもかかわらず、そうした労働環境で働くことが少ない女性医師というデータから、入試で不当に差別するという措置を大学がとったことには驚くとともに呆れてしまいます。厳しく糾弾されて当然でしょう。

第1章3で述べた通り、働き方改革の「背景にある根本的な問い」は、「少子高齢化が進む日本において「誰が働き、どのように社会を支えていくのか」」という問題です。そして、そのために「働く人」を増やしていく必要があり、「誰もが働ける社会へのシフト」が目指すべき方向です。上記の女性医師のデータこそ社会構造の問題にもかかわらず、そうした方向とは正反対、つまり長時間労働を当然として女子学生を差別するという対応をとった大学があったことを記憶に留めておく必要があります。なお、二〇二三年五月東京高等裁判所の控審判決では、慰謝料を最大で倍増するというより厳しい判決が出たところです。(注9)

こうした状況に対して、二〇二一年五月には「良質かつ適切な医療を効果的に提供する体制の確保を推進するための医療法等の一部を改正する法律」が公布されました。この「医師の働き方改革」(同政令)は、「長時間労働の医師の労働時間短縮及び健康確保のための措置の整備」を掲げて、勤務する医師が長時間労働となっている医療機関は、労働時間短縮計画を作成することになったのです。このため厚生労働省医政局医事課には「医師等働き方改革推進室」が設置されました。

ところが、この医師の長時間労働の規制が始まる二〇二四年度を前に、大学病院医師の勤務実態調査が全国医学部長病院長会議によって実施(文部科学省委託事業)され、公表されました。その結果、現状では約三割が「過労死ライン」とされる「月八〇時間」を超える時間外労働を行っているという長時間労働の常態化が明らかになってしまいました。同会議会長の横手幸太郎氏(千葉大学教授)は、「日本の医療はこれまで医師の長時間労働に支えられてきた」と述べています。また、それに続く「患者さんはヘトヘトになっている医師に手術をして欲しくはないはずだ」との発言には、誰もがうなずくのではないでしょうか。(注10)

本章で取り上げてきた国家公務員、トラックドライバー、医師の「働き方改革」の中では、これまでの働き方が「長時間労働に支えられてきた」ということが共通に語られています。そして、その原因は慢性的な人手不足です。つまり、日本社会の悪癖ともいうべき「長時間労働」はこの人手不足とセットで、それこそ日本中に蔓延しているということになります。そうした中で日本社会特有と言われる過労死・過労自殺が生じていたのは第2章で見てきた通りです。それゆえにこそ、「勤務時間インターバル」が「過労死防止対策の切り札」として、その重要性が叫ばれるのだろうと私は考えています。

二〇二四年度以降、「働き方改革」がどのように進んでいくのか、とりわけ「勤務間インターバル」がどれくらい実効性のあるものとして導入されていくのかについて注視していきたいと思います。しかし、本書では、どうしてこれほどの長時間労働が続いてきたのかを考えていきます。

(注1) 二〇二三年三月二七日付日本経済新聞記事「官僚の勤務間インターバル一一時間提言 国会改革急務」、同朝日新聞記事「勤務の間に一一時間の休息を 官僚の『働き方改革』求め有識者が提言」など。

(注2) 二〇二〇年一一月一六日付朝日新聞記事「働き方改革どこへ? 土日に事業レビュー 河野行革相『申し訳ない』」。

(注3) 二〇二一年八月一〇日付朝日新聞記事「霞ヶ関に『働き方改革』を」。

(注4) 二〇一八年四月から障害者の法定雇用率が、国(政府機関)は二・五%、民間企業は二・二%に引き上げられたことが引き金となった。多くの官庁で公表していた雇用率に不適切な算定が発覚し、その後、地方自治体でも同様に不適切な算定が行われていたことが明らかになった。これを達成していない民間企業は罰則金を払っていた一方で、率先して守るべき国や地方自治体が杜撰な算出をしていたことになる(二〇一八年八月二八日付朝日新聞記事「障害者雇用、二七機関水増し 雇用率半減、一・一九%」、同八月二九日付朝日新聞社説「障害者雇用 許せぬ、でたらめ横行」、同朝日新聞記事「(いちからわかる!) 障害者の法定雇用率、なぜ決まっているの?」)。その後、長期にわたって不適切な扱いが引き継がれていたため関係者の懲戒処分は行われなかったが、大

規模な不祥事ほど処分が行われにくいという問題も明らかになったとされる（嶋田、二〇二二年）。

（注5）　その職場の過半数を組織する労働組合、あるいはそれがない場合は職場の過半数の代表（過半数代表）と書面による協定を結ぶ。この過半数とは、正社員だけでなく、パートやアルバイトなどを含めたすべての労働者の過半数でなければならない（「厚生労働省リーフレット」より）。なお、労使協定のうち三六協定は、労働基準監督署への届出が効力発生要件とされている（神内、二〇一九年）。しかし、明石氏は、そもそもこれすら締結していない企業が多く、この三六協定締結率の低さが「極めて多くの残業代不払いが発生していることを推認させる」と指摘している（明石、二〇一九年三五頁）。

（注6）　二〇二三年四月五日付朝日新聞記事「物流の『二〇二四年問題』　どんなことなの？」など。

（注7）　二〇二三年三月二九日付朝日新聞記事「ＩＣＴで医師も働き方改革」、二〇二三年四月二五日付朝日新聞オピニオン＆フォーラム「二〇二四年問題　医療現場への影響懸念」など。

（注8）　平成二七年度厚生労働省医療分野の勤務環境改善マネジメントに基づく医療機関の取組に対する支援の充実を図るための調査・研究事業報告書。なお、図3－4は「医師の勤務実態等について」5頁より転載。

（注9）　東京医科大学（二〇一八年）「文部科学省大学支援事業と入学試験における不正問題に関する内部調査報告書の受領と本学の今後の対応について」及び「今般事案に関する本学の対応について」。二〇一八年八月八日付朝日新聞記事「不正入試は『伝統』　東京医大の問題受け、全国調査へ」、二〇一八年一二月二九日付日本経済新聞記事「東京医大、入試不正で一〇九人が不合格に　問題漏洩も」、二〇二一年九月九日付東京新聞「女性差別の不正入試　東京医科大に賠償命令　受験の二七人に計一八〇〇万円　東京地裁判決」、二〇二二年五月三一日付朝日新聞デジタル記事「東京医科大入試不正の控訴審：受験生慰謝料を最大倍増」。

（注10）　二〇二三年四月一八日付朝日新聞デジタル記事「大学病院の医師三割、残業九六〇時間超の見込み　研究の時間不足」。

第4章　教員の場合

第Ⅰ部の最後に、私がこれまで調査研究してきた教員の「働き方改革」について取り上げます。学校教育で起きていることでもあり、より詳しく論じることが可能だからでもあります。

1　一年以上の休職者と教員の自死

コロナ禍の二〇二〇年一二月、マスコミ各社は毎年文部科学省が行っている一年以上休職している教員の調査について八年ぶりに注目しました。(注1) 図4－1に示す通り、この休職者のデータは一九九三年度以降一七年連続で増加し続け、さらにその中で「心の病」(精神疾患を理由とするもの)の割合が三分の一から三分の二へと増加したことが注目されてきました。

しかし、都道府県別のデータに着目すれば、休職者全体に占める精神疾患を理由とする教員の割合は地域によって大きく違うことがわかります。例えば、東京都が約八割(七八・九%)に対して、徳島県では半数を超える程度(五六・九%)です。付け加えるならば、東京都の一年以上休職している教員は全都道府県で一番多く、二〇二一年度には八八八人(精神疾患を理由とするものは七〇一人)もいます。

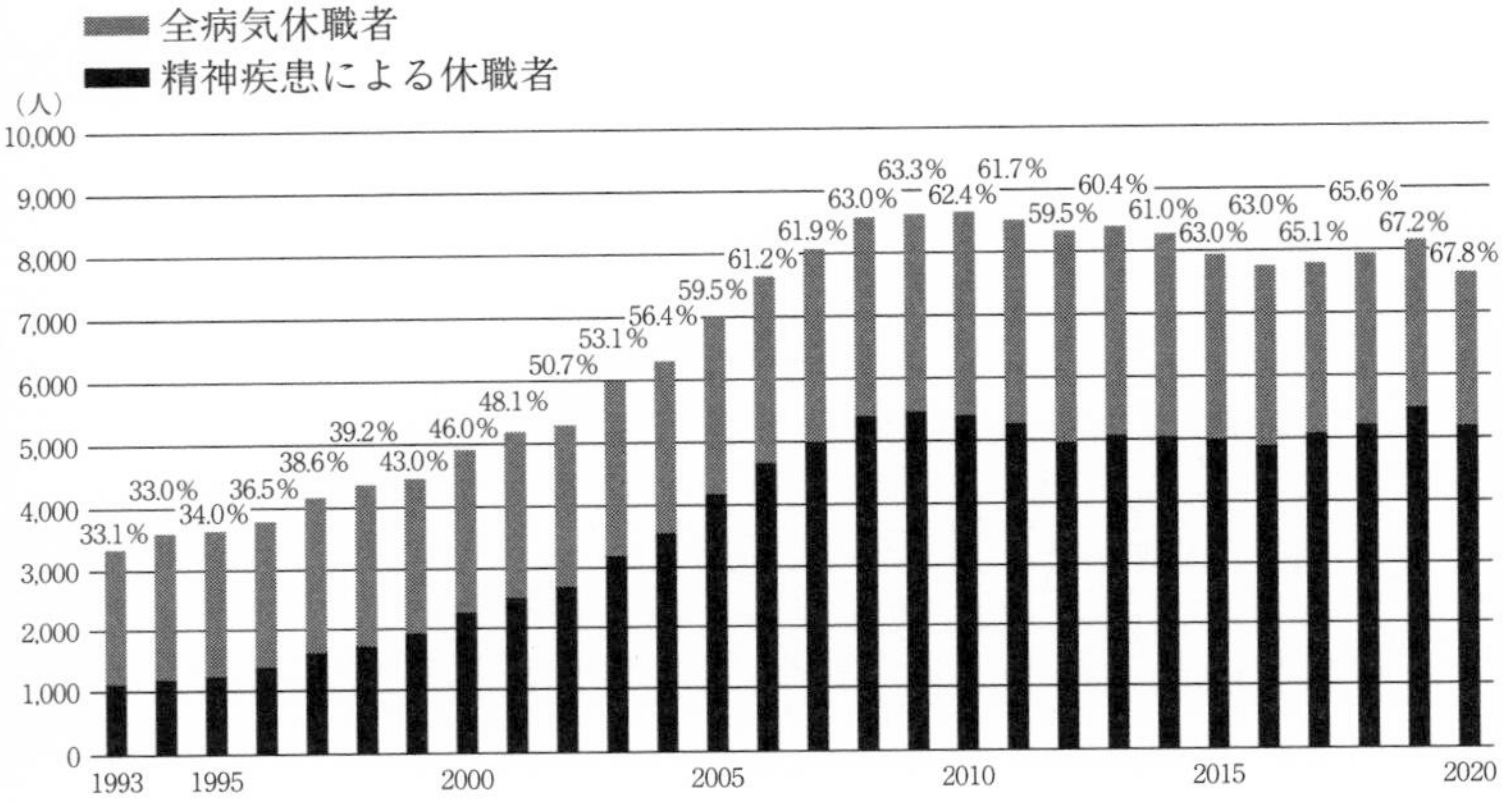

図4-1　病気休職者数（うち精神疾患による休職者の割合）
（出典：文部科学省「公立学校教職員の人事行政の状況調査について」から作成）

さらに、二〇一二年度以降公立学校教員の採用数が三万人を超えるという大量採用の中で、毎年約三〇〇人（採用者の一％以上）もの初任者教員が一年以内に退職していくことも注目されるようになりました。この初任者教員の退職理由は病気によるものがおよそ三分の一を占めますが、やがてその理由を調べることになって、その九割以上が精神疾患によるものであったことも明らかになります（保坂、二〇一一年）。この初任者教員の退職も、東京都に多いことがわかっていますが、二〇二一年度、その割合は四％を超えてしまいました。(注2) そして、この初任者教員の退職者の中には自死（自殺）例が含まれています。やがてその遺族からは公務災害（民間の労務災害にあたる：第2章参照）の申請がなされ、その結果裁判において学校の安全配慮義務が厳しく問われるようになりました。(注3)

この初任者（表4-1内⑦、⑧、⑨）も含めて、表4-1（六四頁）に教員の自死（過労自殺）による公務災害認定やその裁判に関わる事例（一九九七〜二〇〇六年）をまとめてみました。ただし、教員の「過労死・過労自殺」の実態はわかりません。また、地方公務員である公立学校教員は、公務災害の申請には、所属長（校長）と任命権者（教育委員会）を通す必要があり、そのハードルは高いと言われています（注4）。そのため教員の自殺（自死）のうち、公務災害の申請がされるのはその中の一部にすぎないと考えられます。それゆえここでは公表されたものを私が集めました。実際、教員の自殺（自死）はもっと多いのではないかと考えられます（注5）。例えば、山形県教育委員会では、以前、理由別の死亡者数を発表していましたが、その中に「自殺」という項目がありました。それによると、一九八六～九二年（七年間）の四人に対して、一九九三～九九年（七年間）では一〇人となっています（注6）。一九九三年以降は図4-1に示した通り教員の休職者数が増加し続けた頃にあたります。なお、二〇〇〇年以降、山形県は公表をやめました。

表4-1においては、教員の自死による公務災害認定等をめぐる事例を取り上げます。

この表には、それぞれ自死した年月（事件日）と、裁判結果（一部は公務災害認定）が確定した年月を記しました。一九九〇年代から二〇〇〇年代にかけて、民間企業で起きた過労死裁判と同様に長い時間がかかったことがわかります。この中では、裁判等（再認定を含む）に至らず、申請から短期間で公務災害認定となった⑩と⑭が例外的と言えます。この間、一九九九年に精神障害の労災に関する認定基準が策定され、二〇一一年、二〇二三年と二度の改定がなされました（コラム3参照）。

また、このうちの事例⑩では、この事件をふまえて臨時の校長研修会が開かれましたが、私が千葉市教育委員会から依頼されて講師を務めました。その後私は、その内容をふまえて、教員免許更新講習や教職大学院の授業で「教員のメンタルヘルス」というテーマの講習・授業を行ってきました。その中で教員た

表 4－1　教員の自死による公務災害認定等をめぐる事例

①仙台市立中学校　男性教員　事件日：1998 年 8 月、地裁判決：2007 年 8 月

仙台市の中学校教員の自死について、遺族が公務災害の認定を請求。この男性教員は、前年度から引き続き学級担任、生徒会指導、部活動指導に加え、免許外科目も教えていた。特に、部活動の連盟役員のため、地元開催の全国大会の準備に追われるなか（1 ケ月に 100 時間以上の超過勤務）、その大会の準備のため滞在していたホテルで自死した。地方公務員災害補償基金宮城県支部が認定を退け、再審査請求も却下されたため遺族が仙台地方裁判所に提訴した。2007 年の地裁判決では宮城県支部の決定は違法であるとされ、同支部の控訴断念によってこの裁判が確定。

（出典：柿沼昌芳（2008 年）「学校の日常が法の裁きを受けるとき：自殺した教師の公務災害認定事件」 月刊生徒指導 2008 年 8 月号、70 ― 73 頁）

---

②堺市立中学校　女性教員　事件日：1998 年 10 月、地裁判決：2010 年 3 月

1998 年 10 月、堺市の市立中学校の女性教員（当時 51 歳）が自死したことについて、遺族が地方公務員災害補償基金（東京）に対して、公務災害を認めるよう求めた訴訟の判決が 2010 年 3 月 29 日、大阪地方裁判所であり、不認定とした基金大阪府支部の処分を取り消した。女性教員が勤めていた中学校では、多くの生徒が教師の指導を無視し、備品の破壊や授業妨害が頻発していた。中学 2 年の学級担任だった女性は無断で帰ろうとした男性生徒を止めようとして腹部を殴られ、全治 1 週間の胸部打撲傷の診断を受けたり、職員室で女子生徒に椅子ごと引きずり回されたりと重い心理的負担によって、1997 年 6 月うつ病と診断され、休職。入退院を繰り返していたが、治療中の 1998 年 10 月に自死した。遺族は 2004 年、同基金大阪府支部で申請を退けられ、再審査も棄却されたため、2008 年 10 月に提訴していた。判決で、裁判長は「生徒の喫煙、器物破損、対教師暴力、恐喝が横行する状況下での勤務は心理的負担の重たいものだった」と認定。そのうえで、学校側が加害生徒を十分指導せず、形だけの謝罪で終わらせていたことなどをあげ、「事なかれ主義的な対応に、女性教諭は憤りと孤立感を深めた」と指摘した。

（出典：柿沼昌芳（2011 年）「学校の日常が法の裁きを受けるとき：生徒の対教師暴力と教師自殺事件」月刊生徒指導 2011 年 1 月号、70 ― 73 頁）

---

③京都市立中学校　男性教員　事件：1998 年 12 月、高裁判決：2012 年 2 月

京都市立中学校の男性教員（当時 46 歳）が学級運営のストレスなどが原因で自死したとして、遺族が地方公務員災害補償基金（東京）に公務災害と認めるよう求めた訴訟の控訴審判決が 2012 年 2 月、大阪高等裁判所であった。一審の京都地裁判決を取り消し、同基金に公務災害認定を認める逆転判決となった。公務災害と認めなかった処分の取り消しだけでなく、公務災害認定までを命じた判決は異例。男性は、副担任から 2 年生の担任への移行時に仕事の量、質が大きく変化したことや、問題行動の目立つ生徒への対応に苦慮しうつ病になり、1998 年 10 月に休職となり、同年 12 月に自死した。

（出典：読売新聞 2012 年 2 月 24 日付記事）

---

④静岡県公立小学校　女性教員　事件日：2000 年 8 月、高裁判決：2009 年 10 月

静岡県小笠郡の小学校の特別支援学級担任の女性教員（当時 48 歳）がうつ病を発症

し、2000年8月に自死した。女性教員は教職20年のベテランであったが、1998年、初めて小学校の養護学級担任となり、1999年4月、その年度から新設された小学校に異動し、特別支援学級担任となる。翌年1月に暴れがちな障害児を2週間の体験入学として預かったが、その途中からうつ病を発症。2000年4月から休職し、復帰間近の8月自死。地方公務員災害補償基金静岡県支部は、女性のうつ病発症は業務の過重からではなく、本人が几帳面で何事にもまじめに取り組みすぎたためであり、個人の性格が問題であり公務災害にはあたらないと不認定。支部審査会、本部審査会、静岡地裁も基金支部の裁決を支持。しかし、東京高裁で逆転勝訴、基金が上告するも、最高裁は2009年10月に上告棄却の判決。

（出典：久冨善之、佐藤博（2012年）『新採教師の死が遺したもの：法廷で問われた教育現場の過酷』高文研、123頁

A Fickle Child Psychiatrist —移り気な児童精神科医のBlog—

http://homepage3.nifty.com/afcp/B408387254/C472119842/E20070327234314/index.html（2007年3月27日）

過労死行政訴訟　被災者側勝利判例No. 201　大阪過労死問題連絡会ＨＰより

http://www.sakai.zaq.ne.jp/karoshiren/16-a201.htm

---

⑤広島県立高校　2人の男性教員　事件日：2001年4月、12月、高裁判決：2013年9月

広島県因島高校では、高校統合の混乱の中で2人の教諭が相次いで自死、2人は同じ学年、同じ学科を担当していた。12月に自死した男性教員は、学校内の混乱の中、うつ病を発症して6か月の病気休暇後に職場復帰したものの、職場環境は改善されておらず、復帰後2週間で自死。遺族が公務災害認定を求めて申請するも、2010年4月に地方公務員災害補償基金は、精神的負担はなく、精神疾患発症の原因は仕事ではないとして認めなかった。遺族は2010年11月に広島地方裁判所に提訴、2013年1月に地裁判決、同9月に広島高等裁判所が遺族の主張を全面的に支持する判決を出した。

（出典：季刊教育法179号、30—33頁）

---

⑥岩手県公立中学校　男性教員　事件日：2002年1月、再審認定：2007年12月

2002年1月、岩手県内の中学校の男性教員が自死したことについて、地方公務員災害補償基金審査会は、2007年12月に「死亡は公務に起因」と裁決。この教員は1998年から勤務先の中学校で生徒から暴力や暴行を受け、さらには休日の部活動指導などで肉体的な負担も重なった。同年10月に病院で「抑うつ神経症」と診断されて病気休暇を取ったが、翌年1月には復帰。その後、主治医のいる病院に通院しやすい地区への異動を希望するもかなえられず、完治できないまま自死。遺族は、同基金岩手県支部に公務災害認定の申請をするも「公務外」として退けられたため、処分取り消しを求めて審査請求したが、これも棄却。上部組織である同基金に再審査請求していた。（県教職員組合によると、教職員による自死の公務災害認定は全国で初めてとのこと。）

（出典：内外教育2008年2月22日付記事）

---

⑦静岡県公立小学校　女性教員　事件日：2004年9月、高裁判決：2012年7月

2004年9月、静岡県磐田市立小の新任女性教員（当時24歳）の自死について、遺族が公務外と認定した地方公務員災害補償基金の処分の取り消しを求めた訴訟で、静岡地

方裁判所は2011年12月15日、処分を取り消す判決を言い渡した。その後、同基金が控訴したが、2012年7月19日に東京高等裁判所が一審を支持し、控訴を棄却。女性教員は、2004年に新任として市立小学校の4年生を担任。授業中に大声を出すなど児童の問題行動が多発し、学級運営が困難になった。学校側は「いたずら小僧に手を焼いていた」という程度の認識で支援をせず、先輩教員や教頭らから「問題ばかり起こしやがって」「アルバイトじゃないんだぞ」となじられ5月ごろからうつ状態になり、九月に自死した。
（出典：朝日新聞2011年12月16日付記事、読売新聞2011年12月16日付記事、久冨善之・佐藤博（2010年）『新採教師はなぜ追いつめられたのか：苦悩と挫折から希望と再生を求めて』高文研、久冨善之・佐藤博（2012年）『新採教師の死が遺したもの：法廷で問われた教育現場の過酷』 高文研）

---

⑧東京都新宿区立小学校　女性教員　事件日：2006年4月、審査会認定：2010年3月
2006年4月の東京都新宿区立小学校の新任女性教員（当時23歳）の自死について、地方公務員災害補償基金東京都支部審査会が、自殺を公務外の災害とした都支部長の処分を覆し、2010年3月に公務災害と認める。2006年4月に2年生の担任として着任した女性教員は、5月自殺未遂で精神科で抑うつ状態と診断。その後、再び自死を図って亡くなった。この学校は、各学年1学級だけで同学年に他に担任がおらず、授業の進め方の直接の手本がなかった。しかも、前年度10人いた教員のうち5人が異動していたため、相談しづらい状況だった。さらに、着任直後から保護者から「子どものけんかで授業がつぶれているが心配」「下校時間が守られていない」「結婚や子育てをしていないので経験が乏しいのでは」といった苦情が連絡帳で寄せられていた。遺族が、2006年10月、地方公務員災害補償基金東京都支部に対して公務上災害の認定を申請するも認められなかった。
（出典：朝日新聞2010年3月6日、2007年10月9日、2006年10月25日、2006年6月21日付記事、読売新聞2010年2月18日付記事）

---

⑨西東京市立小学校　女性教員　事件日：2006年10月、高裁判決：2017年3月
2006年12月、西東京市立小学校の新任の女性教員（当時25歳）が過重労働やストレスでうつ病になり自死したことについて、遺族が地方公務員災害補償基金東京都支部に公務災害を申請。同基金が公務災害としなかったため、両親が処分取り消しを求めて提訴。東京地方裁判所は2016年2月、自殺は公務が原因として処分を取り消す判決を言い渡し、2017年東京高等裁判所もこれを支持。3月の上告期限までに地方公務員災害補償基金が上告しなかったため、高裁判決が確定した。女性教員は、2006年4月に着任し、2年生を担任した。学校では長時間労働が続き、いじめや万引きなどの問題への対応に追われ、7月中旬にはパニック障害で通勤できなくなり、8月末、うつ病と診断され休職。9月に復帰した後も不調が続き、自殺する1週間前には、「連日夜まで保護者から電話とか入ってきたり連絡帳でほんの些細なことで苦情を受けたり…」などと記したメールを母親に送って自死した。代理人は、「7月の発症時点で抜本措置をとるべきだった」と指摘。市教委の初任者研修で初年度は試用期間であることが強調され、「新人はいつでもクビにできる、欠勤は給料泥棒」などと聞かされてプレッシャーになったとし

ている。
(出典：朝日新聞 2007 年 12 月 26 日、同 2016 年 3 月 11 日、2017 年 3 月 10 日付記事)

---

⑩千葉市立中学校　男性教員　事件日：2006 年 9 月、認定：2008 年 9 月

千葉市立中学の教員（当時 50 歳）が 2006 年 9 月に自死したのは、校長のパワーハラスメント（職権を背景とした嫌がらせ）が原因として、遺族が地方公務員災害補償基金に公務災害認定を求め、同基金がパワハラによる公務災害と認めた。2006 年 8 月下旬に教員は夏休み中の生徒の水難事故の対応に奔走し、これに専念しようと同 30 日教頭昇進試験の辞退を校長に告げると、「お前は昔から仕事がいい加減だった」などと約一時間怒鳴られた。継続的にパワハラを受けていたこともあり、これを契機に深刻なうつ病に陥り、自死は 7 日後だった。市教委は、2007 年 2 月、「校長職の適性がない」と、この校長を一般教諭に降格させる分限処分にしたが、校長は 2007 年度末に退職した。
(出典：朝日新聞 2006 年 12 月 5 日、2008 年 9 月 30 日付記事)

---

⑪鹿児島県曽於市立中学校　女性教員　事件日 2006 年、賠償命令：2014 年 3 月

指導力向上特別研修中に自死した女性教員（当時 32 歳）の両親が、県と市に損害賠償を求めていた訴訟で、鹿児島地方裁判所は 4300 万円の支払いを命じた。中学校の音楽科を担当していた女性教員は、転勤後音楽科に加えて家庭科を担当。この時点でストレス反応の診断を受け、3 ヶ月の病気休暇を取得。復帰後の翌年度以降は、音楽科と家庭科に加えて国語科も担当させられた中で、校長の申請により教育センターでの特別研修の受講を命じられる。判決は、女性教員の精神疾患を認識できたにもかかわらず、健康状態に配慮しなかったなど安全配慮義務違反を認定し、「免許外の科目を担当させるなどした校長や教頭の行為と、精神疾患の悪化や自死との間には因果関係がある」と指摘した。
(出典：日本経済新聞 2014 年 3 月 13 日付記事)

---

⑫大分県立高校　男性教員　事件：2009 年 3 月、審査会認定：2012 年 3 月

2009 年 3 月に自死した大分県立高校の男性教員（当時 30 歳代）の遺族が、公務災害と認めなかった地方公務員災害補償基金大分県支部の決定について上告。上部審査会は支部決定を覆したうえで、2012 年 3 月に公務災害と認定。遺族から公務災害の認定請求を受けた県支部は 2010 年 12 月、生徒からの暴言は認める一方で、「それが重なって精神疾患を発症したとまでは認められない」とし、公務災害と認めなかった。しかし、遺族の再審査請求を受けた審査会は、「教員は最も荒れた学級の担任を命じられた被害者。問題を起こす生徒との関わり方を模索し、日々苦悩していた」と判断して、支部決定を覆した。
(出典：読売新聞 2012 年 4 月 1 日付記事)

---

⑬岐阜県立特別支援学校　男性教員　事件日：2013 年 5 月、認定：2017 年 3 月

2017 年 3 月 31 日、採用から 2 年目だった特別支援学校の男性教員（当時 24 歳）が自死したのは、過重労働や指導役の教諭の叱責が原因として公務災害認定された。男性教員は採用から 2 年目の 5 月下旬夜、ある仕事をめぐって同僚に謝罪するよう、指導役の教員から電話で激しく叱責された。指導教諭の勘違いによるものだったが、男性教員は直後に学校に戻って同僚に謝罪した後に自死した。地方公務員災害補償基金岐阜県支

部は、男性教員の精神疾患発症を認めた上で、「経験のない中、量的にも質的にも過重な業務を任された」として業務との因果関係を認定。
（出典：内外教育 2017 年 5 月 16 日付記事）

---

⑭福井県公立中学校　男性教員　事件日：2014 年 10 月、認定：2016 年 9 月

2016 年 9 月、初任者であった若狭町の中学校の男性教員（当時 27 歳）の自死が、申請から 9 ヶ月という異例の早さで公務災害に認定。4 年間の学習支援員、講師経験があった男性教員は初任者ながら中学校 1 年生の担任としてスタート。使用していたパソコンなどの記録から、4 ～ 6 月の時間外労働は 128 ～ 161 時間に上ると見られ、6 月頃には「何らかの精神疾患」を発症していたとされる。初任者研修の一環として授業を 10 月中旬に行う予定だったが、その指導案作成にも苦労しており、体調の悪化も見られた。その 10 月に入って初めて学校を休んだ翌日に自死した。担当した弁護士は、「勤務時間が非常に長いことが大きかった。日記には指導案が出来上がらないことなどから、寝ることに恐怖を感じていたような記述があり、悩みやストレスを発散する時間もなかったとみられる」と説明。
（出典：福井新聞 2016 年 9 月 6 日、10 月 6 日付記事）

ちとやりとりした内容（レポートを含む）をふまえて本章を記述しています。

2　教員の「働き方改革」

図4－1（六二頁）のように、二〇一八年度以降一年以上の休職者数は、横ばいないし減少に転じました。これについて文部科学省は、各教育委員会による対策の成果によるものとコメントしています。（注7）この間、全国の教育委員会が復職支援プログラム等を整えていきますが、初めて文部科学省が調査して「復職プログラムの概要」として公表した二〇一三年四月一日時点で導入されていないのは秋田県と香川県だけでした。（注8）

一方で、これに関連して教員の長時間労働の実態が調査によって明らかにされ、とりわけ土日の休みもないような部活動が問題とされてきました。ついに二〇一六年三月には、この部活動の指導について「ブラック過ぎて倒れそう」と訴える若手教員らが、二万人を超える署名を集めて文部科学省に

提出しました。これを受けて文部科学省も部活動の休養日を設けるよう求める通知を出し、二〇一八年スポーツ庁による「運動部活動の在り方に関する総合的なガイドライン」、続いて文化庁による「文化部活動の在り方に関する総合的なガイドライン」が出されるに至ります。また、こうした動向の中で、二〇一七年中央教育審議会に「学校における働き方改革特別部会」が設置され、二〇一九年一月には「新しい時代の教育に向けた持続可能な学校指導・運営体制の構築のための学校における働き方改革に関する総合的な方策について（答申）」が出されました（保坂、二〇一九年）。この答申の最後には非常に珍しいことですが、中央教育審議会から「保護者・ＰＴＡ・地域の方々」へのメッセージがあります。長くなりますが、以下にそのまま引用します（同答申、五七頁）。

　最後に、中央教育審議会として保護者・ＰＴＡや地域の方々にお願いをしたい。子供の数が減少する中、一人一人の子供たちが保護者の宝であると同時に我が国のかけがえのない宝であると今ほど切実に感じる時代はない。この一人一人の子供たち全てが、未来を生き抜く必要な力を身に付け、その将来に大きく羽ばたくことができるよう、教育の役割は一層重要となっている。
　その教育の最前線で、日々子供たちと接しながら、子供たちの成長に関わることができる喜びが大きいとはいえ、つらいことがあっても、自らの時間や家族との時間を犠牲にしても、目の前の子供たちの成長を願いながら教壇に立っている現在の教師たち。これまで我々の社会はこの教師たちの熱意に頼りすぎてきたのではないだろうか。所定の勤務時間のはるか前に登校する子供のために、自分はさらに早朝に出勤する教師。平日はもちろん一般の社会人が休んでいる休日まで子供たちの心身の成長を願い部活動に従事する教師。子供の様子を一刻も早く共有するため、仕事をしている保護者の帰宅を待ってから面談をする教師。こうした中で、教師たちは長時間勤務を強いられており、そして疲弊している。

今回の学校における働き方改革は、我々の社会が、子供たちを最前線で支える教師たちがこれからも自らの時間を犠牲にして長時間勤務を続けていくことを望むのか、心身ともに健康にその専門性を十二分に発揮して質の高い授業や教育活動を担っていくことを望むのか、その選択が問われているのである。

子供たちの未来のため質の高い教育を実現するには、保護者・PTAや地域の協力が欠かせない。この答申の最後に、学校における働き方改革についての保護者・PTAや地域をはじめとする社会全体の御理解と、今後の推進のための御協力を心からお願いすることとしたい。


これをふまえて、二〇一九年度から本格的に「学校の働き方改革」が始まるはずだったところに襲ってきたのが新型コロナウイルス感染症だったわけです。

3　長期（三〇日以上）の病気休暇取得者と早期退職者

この問題で私は以前から、一年以上の休職者に加えて長期の病気休暇取得者（例えば児童生徒の長期欠席と同じ三〇日以上：第12章2参照）の全国データがないことを指摘してきました（保坂、二〇〇九年）。おそらくは上述の「学校現場がブラックである」という長時間労働への批判などがあってのことと考えられますが、二〇一六年度からそのデータも発表されるようになりました。こちらは図4-2に示したように二〇一六〜二一年度にかけて増加していることが見て取れますが、まったく注目されていません。おそ

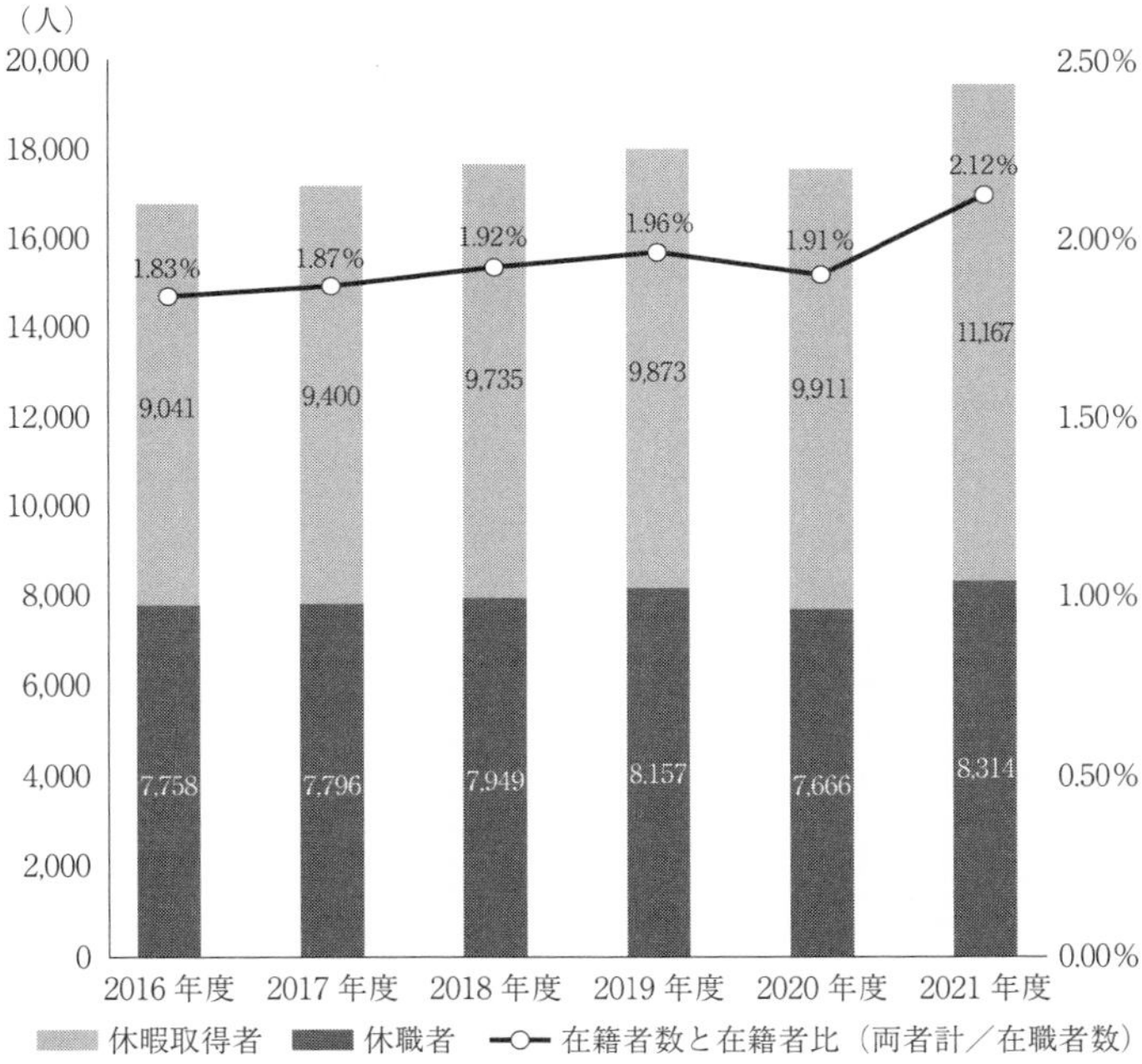

図４－２　病気休職者及び１ケ月以上の病気休暇取得者
（出典：文部科学省「公立学校教職員の人事行政の状況調査について」から作成）

らく休職者のうちの「心の病気（精神疾患によるもの）」だけが取り上げられてきたからかもしれません。

　また、文部科学省は、このデータを「病気休職者及び一ケ月以上の病気休暇取得者」としてまとめて発表するため、図４－２は私が計算し直したものです。この作業によって、休職者（一年以上）と病気休暇取得者（一ケ月以上）が比較できます。その数を見ると、各年度とも休職者の数と一ケ月以上の病気休暇取得者の数が近い状態になっていることがわかります。以前、私が調べたある県（一九九二～九九年度）と政令指定都市（二〇〇三〜〇六年度）では、病気休暇取得者（一ケ月以上）が休職者（一年以上）の五・六倍となっていました（保坂、二〇〇九年）。つまり、この間に図4-1の通り休職者は増えたにもかかわらず、病気休暇取得者（一ケ月以上）は減少したと考えられます。その結果、一ケ月以上の病気休暇取得者と一年以上の休職者の数が近い状態になったわけです。例えば、先にもあげた東京都では二〇二一年度八八八人の休職者に対して、三〇日以上の病気休暇取得者は三八六人しかいません。このデータは極めて不自然と言わざるを得ません。

さらに、この間に定年前の早期退職者の増加が明らかになっています。そして、この早期退職者についての調査では、小中学校教員で「病気」を理由とする退職、中でも「精神疾患」によるものが増加しています。[注9] 私は、休職者や長期（三〇日以上）の病休者は氷山の一角にすぎず、病気による早期退職者も含めたその裾野にまで視野を広げるべきだと述べてきました。その裾野まで見ると学校現場が長期にわたって病気で休む教員を抱えられなくなってしまったのではないかと懸念されます。具体的には、管理的立場にある人が休職者に対してかなり強引な復職プログラムへの参加を勧めたことなどによって、結果的には退職に追い込まれた事例を複数知っています。専門家でさえ、精神疾患の診断はあいまいで、復職時期の見極めも難しいこと（真金、二〇一〇年）を考えれば残念ながら起こりうることです。

4　事例研究から浮かぶ実態

私は以前、現職教員を対象に同僚（本人を含む）が休職あるいは長期の病気休暇を取得した事例、およびそれに近い状態に陥った事例について調査を行いました（保坂、二〇〇九年、二〇一三年a、b）。この事例調査では教員の性格など個人の側ではなく、構造的な、いわば環境に原因を求める立場からの分析を行い、共通に浮かび上がってきた要因が以下の三つです。(注10)

①教員にとって転勤（異動）は「危機」であり、ストレス要因になる。

②生徒指導上の問題がストレスとなる。

③特定の保護者の「クレーム」がストレスとなる。

より具体的には、異動して学級崩壊した小学校高学年を担当する、生徒指導が困難な中学校二年生の担当となる、進学校（高校）から教育困難校への異動などです。特に毎年のように異動する教員が多い学校こそ要注意です。こうした特定の学校で長期に休む先生が出ているということになります（保坂、二〇〇九年）。

おりしも二〇二〇年一二月、公立小学校の一クラスの児童数の上限が四〇人から三五人に引き下げられることが決まり、新たに必要となる教員は五年間で約一万三〇〇〇人となります。ところが、教員不足はさらに深刻さを増し、文部科学省が初めて実施した調査によれば、二〇二一年度始業日時点において、全国で二五五八人もの不足が明らかになりました。様々な報道でこの事実を知った方も多いでしょう。(注11)

「教員の不足」は全国で起きていることですが、その不足のまま相当期間（場合によっては一年近く）、人員が補充されないということが起きているということになります。これは一五人で戦うラグビーに喩えれば、欠員一名のまま一四人で戦うようなものです。しかもこの欠員を残りの教員で補わなければならないことによって生じるさらなる過重労働から、もう一人（つまりは二人目）が休むという状況が起きています。この問題を追ってきた朝日新聞の氏岡真弓氏（二〇二三年）は、これを「連鎖休職」と表現しています。私も、こうした実態を先に述べた講習・授業での教員たちとのやりとりから得ましたが、「教員不足」の実態はきわめて深刻です。

こうした危機的な状況の根本は「ブラック」と言われてしまうほど過酷な教員の労働環境にあります。すでに教員の「長時間労働への依存」はもはや限界に達している、あるいは限界を超えていると考えられます。これに関しては、「定額働かせ放題」と揶揄される四％調整額が、(注12)ようやく政策レベルでも議論されるようになりました。また、こうした問題に真っ向から立ち向かう書籍等が出てきています（例えば、髙橋哲『聖職と労働のあいだ――「教員の働き方改革」への法理論』や妹尾昌俊『「忙しいのは当たり前」への挑戦』など）。今後のこうした議論の行方と政策レベルでの「教員の働き方改革」を注視したいと思います。

ただし、ここで取り上げたのは教育公務員である公立学校教職員（正規職）だけです。現在一五％も占めるという非正規の教員と私立学校教員の実態（データ等）はわかっていません（山崎他、二〇二三年）。その両方が重なる私立学校の非正規教員では、「使い捨て」と言われるような事例がみられます。(注13)例えば、横浜市の橘学苑では、過去六年間で百人以上の教員が退職していることから労働組合が結成され、非正規職員の不当解雇・残業代未払い等に対して二〇二〇年七月にストライキが実行されました。これを理由に解雇された教員二名が学校に対して撤回を求める訴訟を起こしましたが、東京高等裁判所による和解で「不当労働行為」が認められ、陳謝文がホームページに掲載されたところです。(注14)こうした事例からも、またいくつもの私立学校でストライキが起きていることからも、その実態が推察できます（今野、二〇一九年）。（なお、地方公務員である公立学校教職員にはストライキ権は認められていません。）

繰り返しになりますが、本書ではこうした「長時間労働への依存」がどうして続いてしまったのかを考えてみたいと思っています。それはこの第I部でみてきた日本の労働環境すべてに共通する問題であり、それを学校教育が作り出してきたのではないかと私が考えるに至ったからです。過労死・過労自殺に取り組んできた川人氏は、「『過労死に至るまでの長時間労働』の背景を考えるには、なぜ、健康を害してまで働き続けるのか、という段階まで突っ込んで分析しなければならない」と当初から指摘していました（川人、一九九二年、一二〇頁）。そして、多元的な研究の必要性を訴えながら、とりわけ戦後の教育システムとの関係についての議論を求めていましたが、本書はそれに応えようとするものでもあります。(注15)

（注1）　ＮＨＫニュース二〇二〇年一二月二二日「うつ病など精神疾患で休職の教員　過去最多」、朝日新聞二〇二〇年一二月二三日付記事「教員『心の病』で休職最多」など。

（注2）　二〇二三年六月二一日付朝日新聞記事「新任教諭　増える退職――目立つ精神疾患　〇九年度以降で最多」。同「いきなり重責　新任に負担：月一〇〇時間以上残業　実務量『想像以上』」、同「心理士と全員面接　まず副担任から経験：各教委の支援」。

（注3）　保坂亨（二〇一一年）「初任者教員をめぐる状況」明石要一・保坂亨編『初任者教員の悩みに答える――先輩教員からの47のアドバイス』教育評論社、久冨善之・佐藤博（二〇一二年）『新採教師の死が遺したもの――法廷で問われた教育現場の過酷』高文研、久冨善之・佐藤博（二〇一〇年）『新採教師はなぜ追いつめられたのか――苦悩と挫折から希望と再生を求めて』高文研。また、ＮＨＫが二〇〇六～一五年度の一〇年間で死亡した初任者

教員四〇人の死因を取材した結果、少なくとも二〇人が自殺、その半数の一〇人は採用から半年以内に亡くなっていたとされる（http:www3.nhk.or.jp/news/html/20161223）。

（注4）本人や遺族が申請できる労務災害に対して、教員の「過労死・過労自殺」は都道府県の人事委員会への相談から始まる。そして、地方公務員災害補償基金という地方共同法人への公務災害申請となる。この基金には各都道府県・指定都市に支部があり、それぞれの首長（知事・市長）が支部長を務める。実際に体験した工藤祥子氏は「公務災害までの長く厳しい道のり」というコラムを執筆しているが、それが掲載されている書籍のタイトルは『先生を、死なせない。教師の過労死を繰り返さないために、今、できること』となっている（妹尾昌俊・工藤祥子、二〇二二年、教育開発研究所）。

（注5）公式統計で報告される年間の自殺者のうち、「勤務問題」を原因・動機の一つとするものはおよそ一割で、二〇一九年度では一九四九人（九・七％）。これに対して過労自殺として労災申請される件数（請求件数）は年間二〇〇件程度、二〇一九年度は二〇二件にすぎない。これをもって、統計上明確になっている過労自殺の件数は「氷山の一角」と言われる（大阪過労死問題研究会、二〇二二年）。なお、精神障害で労災申請した男性に「ハードルが高い」と申請書を渡さなかった事件が明るみに出た。その男性は、三ヶ月後に自死したため、改めての労災申請で一年後に認定された（二〇二二年一〇月二三日付朝日新聞記事「労災申請書渡されず　男性自殺：職員『ハードル高い』繰り返す」）。

（注6）山形県教育委員会発行『教育のあゆみ』（各年度）「第七章　福利厚生　1-⑴教職員の疾病等発生状況と対策」より抽出したが、二〇〇〇年度以降は公表されていない。

（注7）より正確には、二〇〇九〜一〇年度に精神疾患による休職者が五四五八人から五四〇七人と一八年ぶりに減少し、二〇一〇〜一一年度には休職者全体も八六六〇人から八五四四人へと減少に転じた（二〇一一年一二月二二日付毎日新聞記事「文科省調査：精神疾患休職の教諭　一八年ぶり減」、同読売新聞記事「うつ病など心の病

で休職した教員、一八年ぶり減」など)。なお、翌二〇一二年一二月二五日付朝日、毎日、読売各紙記事には文部科学省のコメントが掲載された。また、二〇一三年一二月一七日の二〇一二年度データ発表では、病気休職者は八三四一人(〇・九〇%)、うち精神疾患によるものは四九六〇人となったが、これを新聞各紙が例年のように報道しなかったことを記録するべきかもしれない。

(注8) 教育委員会月報二月号七七三巻(六五―一一)二九―四八頁。秋田県・香川県ともにその後に導入された。

(注9) 三年ごとに行われる教員の異動調査(学校教員統計調査)では、約四割の早期退職者の理由を調査してきたが、二〇〇九年度からその「病気」のうちから「精神疾患」を理由とするものを調査するようになった。最新の二〇二一年度では、小学校五八八人(前回より一一七人増)、中学校二八八人(同三六人増)、高校一八一人(同二七人増)と過去最多となった(朝日新聞二〇二三年七月二九日付記事「教員の精神疾患離職、最多:二一年度小中高 文科省中間報告」)。

(注10) 一方、同僚と管理職の支援がストレス軽減の要因として共通していた(保坂、二〇一九年)。

(注11) 二〇二三年三月二六日付各紙意見広告「四月、担任の先生がいない⁉:今、学校が大ピンチ」日本教職員組合、二〇二三年四月二六日付朝日新聞記事「教員の欠員約八〇人:前年同期比三〇人増 公立小 都教委調べ」、同五月九日付記事「教員不足 学習環境綱渡り」、同五月一一日付記事「教員不足に危機感 緊急提言」、同六月六日付記事「教員不足『臨時免許』頼り」、AERA 二〇二三年六月一九日「働き方同じでは離職者は出る」二九―三一頁など。

(注12) 「公立の義務教育諸学校等の教育職員の給与等に関する特別措置法」(給特法と略される)で、教員には残業代を支払わない代わりに基本給の四%を上乗せして支給される。日本教職員組合は、意見広告で「教員は『給特法』により『定額働かせ放題』になっています」と訴えている(二〇二三年三月二六日付朝日新聞意見広告「四月、担任の先生がいない⁉:今、学校が大ピンチ!」)。

（注13） 実際にこうした問題に関わっている弁護士の明石氏（二〇一九年）は、残業代不払い・求人詐欺・パワハラの横行など「無法地帯という印象」とまで記している（一七九―一八一頁）。

（注14） 私学ユニオンHP「【橘学苑ストライキ】非正規雇用教員の使い捨て、生徒・保護者を蔑ろにする行為をやめて下さい！」、朝日新聞二〇二三年五月二三日付記事「和解成立で異例の陳謝文を公表：橘学苑、教員不当解雇訴訟めぐり」。

（注15） 川人氏（一九九二年）は、「受験競争から企業競争につながる、日本の過剰競争社会システム」の改革を訴える中で、日本の学校教育が外国と比較して授業日数が多いことにふれている。なお、この当時は、学校週五日制導入前で年間約二四〇日である（第2章1参照）。

コラム3　教員不足と教員希望者の減少

休職者に加えて、長期（三〇日以上）の病休取得者にも注目すると、そのデータの裏には学校の「働き方改革」以前とも言うべき教員の「一時的な欠員」、つまるところ「教員不足」という重大な問題が隠れていました。これについては、コロナ禍で発表された中央教育審議会答申「令和の日本型学校教育の構築を目指して」（二〇二〇年）がすでに指摘していました。

この答申では「今日の学校教育が直面している課題」として「教師の長時間勤務による疲弊」と、教員勤務実態調査（二〇一七年）で明らかにされた小学校で月五九時間、中学校で月八一時間の時間外勤務があげられています。そして、「学校へ配置する教師の数に一時的な欠員が生じるいわゆる教師不足も深刻化しており、必要な教師の確保に苦慮する例が生じている」とまで述べていました。(注1) しかし、長期の休みを取る教員がいる場合には、教育委員会は代替者で補充することが原則になっています。つまり、この時点で学校現場では、休職者及び産休・育休代替の教員の確保すら難しい場合があり、長期間にわたる病休者の補充（代替者）確保がままならない一時的な欠員が起きていることを認めているわけです。つまり、答申に記載されている教師の仕事の「精選・縮減・重点化」とともに、「学校に十分な人的資源を実現」することこそが急務だったのです。

この答申が出た二ケ月後、文部科学省は教員の仕事の魅力を発信しようとSNS上で「#教師のバトン」プロジェクトを始めました。が、教育現場から多くの批判が巻き起こり、開始から一ケ月で「炎上」する事態となってしまいました。狙いとは裏腹に長時間労働を嘆く投稿が相次いだからです(注2)。学校現場は限界に来ていたことを象徴するエピソードとして記録しておく必要があります。

これを契機に行われた文部科学省による調査では、二〇二一年五月一日時点で教員の不足人数は二〇六五人、実に公立学校の約五％に当たる一五九一校で起きていました（氏岡、二〇二三年）。しかし、自治体単位の精密な調査では、教員が不足して授業ができない状態だけではなく、正規の教員を配置しなければならないのに欠けている状態、その不足を埋めるためにフルタイムの教員を雇っても確保できない状態など、より深刻な状態が明らかになっています（佐久間他、二〇二一年、佐藤、二〇二二年）。また、教員不足は調査が行われた一学期（五月一日）よりも、当然二、三学期になるほど厳しくなります。例えば毎月調べている千葉県では、五月の不足数一三五人が、九月には二八一人まで増えています（氏岡、二〇二三年）。こうした深刻な「教員不足」の状態は、先の文部科学省調査では把握できていません(注3)。

また、先の答申では、「公立学校教員採用選考試験における採用倍率の低下傾向」についても、「特に、小学校では、平成一二（二〇〇〇）年度採用選考においては一二・五倍だった採用倍率が令和元（二〇一九）年度には二・八倍となっており、一部の教育委員会では採用倍率が一倍台となっている」と指摘されていました。残念ながら、この倍率低下の傾向は、さらに進み教員希望者の減少は危機的な状態になっています。

具体的なエピソードを綴れば、名古屋市教育委員会が市内コンビニエンスストアに講師募集のポスターを貼りだしました。また、二〇一七年七月に福岡市教育委員会はハローワークに小中学校教員（非正規五〇人）の求人を初めて出しました。それでも欠員は埋まらなかったようです（上林、二〇二一年）。

こうした状況を受けて、教員不足に悩む教育委員会が日本学生支援機構で借りた奨学金の返還を支援する制度を新設するなど、さまざまな対策が取られつつあります。(注4) 例えば、東京都教育委員会では、次のような具体策が取られています。(注5)

①大学三年生前倒し選考（次年度に同じ科目等で受験する場合、一次選考の教職教養と専門教養を免除）
②カムバック採用（東京都の中途退職者を対象に一次試験を免除）
③社会人特例選考の年齢要件四〇歳以上から二五歳以上に変更
④同選考における免許取得期間猶予（選考合格後二年以内の免許取得）

それにもかかわらず、東京都の小学校教員の受験倍率一・一倍、全体でも一・六倍と過去最低でした。(注6) この結果を受けて、都教委は新たな取り組みとして「ペーパーティーチャー」向け研修などを予定しているそうです。(注6)

さらに、教員不足と教員希望者の減少が危機的状況であることを象徴する事件をあげておきます。

①東京都の小学校教員は、小学校教諭普通免許状を二〇二三年四月一日までに取得していないことが判明したため、四月二五日付で一日まで遡って任用を取り消された（東京都教育委員会ホームページ「東京都公立小学校教員の任用の無効について」（公開日：二〇二三年四月二五日）より内容要約）。
②大分県の小学校教員（講師）は、以前民間会社に勤務していた時期に逮捕され、青少年健全育成条例違反で執行猶予付きの懲役一年の有罪判決を受けた。今年一月に大分県で小学校講師として任用された際は執行猶予中だった。禁錮以上の刑を受ければ教員免許は失効し、執行猶予中は地方公務員となること

はできないが、大分県教育委員会の確認が不十分だった（朝日デジタル二〇二三年三月二三日付記事「性犯罪で執行猶予中の男性を小学校講師に採用　文科省「経歴確認を」より内容略記）。

③大阪府の小学校教員（講師）は、一八歳未満の少女へのわいせつ行為により、青少年健全育成条例違反で罰金三〇万円の略式命令をうけた。が、「懲戒免職処分を受けたくなかった」と、「不起訴処分になった」とする検察の書面を偽造して勤務先に提出。有印公文書偽造・同行使の罪で起訴となる（二〇二三年七月一五日付朝日新聞記事「不起訴証明書類偽造の罪で起訴：わいせつで起訴の講師」より内容要約）。

（注1）　千葉県教育委員会の「市町村立学校等派遣職員取扱要綱」の中には「休暇等代替非常勤講師」について定められている。具体的には、市町村立学校の場合は三週間、県立学校の場合は三〇日以上の病気休暇者には代替者をあてることができる。

（注2）　二〇二一年四月二七日付朝日新聞記事「『#教師のバトン』惨状訴える声あふれる」、同二〇二一年六月二二日付「多忙の実態見て『教師からのバトン』」、同二〇二一年一〇月二四日付「#教師のバトン　すれ違い：ツイッターへの投稿五十四万件に」。

（注3）　千葉市では二〇二〇年度前半（九月三〇日まで）だけで三一人もの長期（三〇日以上）の病休取得者が出てしまい、そのうち一二人の代替者が見つからない状態だった。当然、二〇二〇年度後半（一〇月一日―三月三一日）にはさらに厳しい状況になったと考えられる（千葉市教育委員会「令和二年度第一回千葉市学校教育審議会議事録」：https://www.city.chiba.jp/kyoiku/kyoikusomu/kikaku/documents/gakokyoikusingikai.html（二五―二六頁）

（注4）　二〇二三年八月一八日付朝日新聞記事「教員確保へ一四四万円・定住条件に二五〇万円――奨学金返還　自治体も支援」、同九月二〇日付記事「教員免許なし受験　出題範囲縮小も――志願者増へ　各教委が

対策」、同九月二九日付記事「深刻化する教員志願者減：神奈川私学 人材の確保へ新手」など。
（注5） 東京都教育委員会「令和五年度東京都公立学校 教員採用候補者選考（令和六年度採用）実施要綱。付け加えるならば、この東京都の採用選考では、一次選考合格者への二次選考案内のうち日時・会場を間違えるというミスがあった（東京都教育委員会ホームページ「令和五年度東京都公立学校教員採用候補者選考（六年度採用）に係る第二次選考受験案内の誤記について」）。
（注6） 東京都教育委員会ホームページ「令和五年度東京都学校教員採用候補者選考（令和六年度採用）の結果について」。二〇二三年九月二九日付朝日新聞記事「東京都の教員採用、小学校で過去最低一・一倍 質の低下いっそう懸念」。

第II部　スポーツ界と「休むこと」

第5章　高校野球と「休み」

1　高校野球の「休養日」

ここで「休むこと」に関して、スポーツ界、とりわけ高校野球に目を転じてみます。

第I部でふれた日本経済が高度経済成長期に入ったばかりの一九五八年のことです。それこそ日本中が「休むこと」など考えずに、汗水流して働いていた時代でした。

夏の全国高校野球選手権大会の準決勝、徳島商業高校と魚津高校の対戦は、延長一八回引き分け再試合となりました。続くその再試合で、魚津の村椿輝雄投手は先発を回避しましたが、板東英二投手は先発して九回を投げ抜いて徳島商が三対一で勝利しました。これがこの夏から制定された「延長一八回引き分け再試合」適用の第一号、つまり高校野球史上初の引き分け再試合です（注1）。

実は、この制度の誕生自体、板東投手がきっかけでした。この年の春季四国大会で、高知商業高校を相手に延長一六回、翌日の高松商業高校戦でも延長二五回を一人で投げ抜きました。二試合で合計四一回は、いくらなんでも「体に良くない」ということで、同制度が採用されたというのがその経緯です。

これ以降約四〇年間、一九九九年までの全国大会において、延長一八回引き分け再試合は表5-1の通

表5－1　延長18回引き分け再試合（1958～99年まで）

年	春・夏	回戦	対戦校	
1958年	夏	準々決勝	徳島高校対魚津高校	0-0/再試合3-3
1962年	春	準決勝	作新学院高校対八幡高校	0-0/再試合2-0
1964年	夏	2回戦	掛川西高校対八代東高校	0-0/再試合2-6
1969年	夏	決勝	松山商業高校対三沢高校	0-0/再試合4-2

り四試合が記録されています。これに加えるならば、一九七九年夏の箕島高校対星稜高校（三回戦）は、一八回まで戦って箕島高校が四対三で勝った試合がありました。

二〇〇〇年から延長は一五回までとなって、二〇一五年までに延長一五回引き分け再試合は六試合記録されています。こうして延長が一五回までとなったのは、松坂大輔投手を擁した横浜高校対ＰＬ学園高校の延長一七回（一九九八年）だとされています。試合は九対七で横浜高校が勝ちましたが、この大会で松坂投手は七六七球も投げました。

多くの方が記憶している二〇〇六年決勝は、早稲田実業学校（斎藤佑樹投手）対駒澤大学附属苫小牧高校（田中将大投手）でしょうか。試合中の汗を拭くためのハンカチを持ち「ハンカチ王子」と言われた斎藤投手が、再試合も含めた全七試合で史上最多の九四八球も投げています。さらに言えば、斎藤投手は同年春の大会（二回戦）でも、関西高校を相手に一五回引き分け再試合も投げています。その他、二〇一八年全国大会準優勝の金足農業高校・吉田輝星投手は、秋田県大会も含めれば一夏に一五一七球も投げています。読者の方々の年代によって、表5－1、2の中で記憶に残っている試合や投手が違うのではないでしょうか。

この引き分け再試合に象徴されるように、高校野球では「エース」と呼ばれる

表5－2　延長15回引き分け再試合（2000～17年）

	年度	回戦	対戦高校			再試合
①	2003年春	準々決勝	東洋大姫路高校	2-2	花崎徳栄高校	6-5
②	2006年春	2回戦	早稲田実業	7-7	関西高校	4-3
③	2006年夏	決勝	早稲田実業	1-1	駒澤大学附属苫小牧高校	4-3
④	2007年夏	2回戦	早稲田実業	4-4	宇治山田商業高校	9-1
⑤	2008年春	3回戦	龍谷大平安高校	2-2	鹿児島工業高校	1-0
⑥	2014年春	2回戦	桐生第一高校	1-1	新庄高校	4-0
⑦	2017年春	2回戦	福岡大学付属大濠高校	1-1	滋賀学園高校	5-3
⑧	2017年春	2回戦	高崎健康福祉大学高崎高校	7-7	福井工業大学付属福井高校	10-2

一人の投手が、引き分け再試合も含めて二日間、あるいはそれ以上投げ続けることが当然とされていました。しかし、それはあまりに投手の肩・肘への負担が大きく、故障（怪我等）する危険性があることを関係者は皆知っていました。これまでに過度の「投げすぎ」による故障で、野球選手としての将来を失った投手が何人いたことでしょう。この「投げすぎ」は、「休まないこと」につながっているということでここに取り上げているわけです。

ようやく二〇一三年夏の全国大会から、正式に「休むこと」が認められるようになりました。つまり、準々決勝の翌日（つまり準決勝前日）に休養日が設けられるようになったのです。これも、その年春の全国大会での安樂智大投手（済美高校）の五試合で七七五球という「投げすぎ」がきっかけでした（後述：第7章2）。その後、二〇一九年夏には決勝戦の前にも休養日

表5-3　新設の休養日

■第104回大会の終盤の日程

15日	16日	17日	18日	19日	20日	21日	22日
3回戦	3回戦	休養日	準々決勝	休養日	準決勝	休養日	決勝

（出典：2020年2月20日朝日新聞記事より転載）

をおくことになり、二〇二二年夏の大会からは準々決勝の前にも置くことになりました。これによって、全国大会で決勝まで進むチームは、最大六試合のうち後半三試合は、表5-3に示したように一日おきに試合する形になりました。(注2)つまり、一日おきに「休むこと」になったわけです。

偶然にもこの制度の導入前、コロナ禍で行われた二〇二一年夏の優勝校である智辯学園和歌山高校も、二〇二二年春の優勝校である大阪桐蔭高校も、大会期間中に対戦する予定の相手校選手が新型コロナウイルス感染による出場辞退となって不戦勝を経験しました。(注3)この興味深い事実を指摘した柳川（二〇二二年）は、次のように述べています。

「過密日程の中で行われるトーナメントにあって、一試合でも少ないことは球児のコンディション面において有利に働く」。

この事実こそ、試合のない休養日、つまりは「休むこと」がいかに大事かを示しているように私には思えます。

2　「球数制限」の導入

毎年甲子園で行われる高校野球夏の全国大会は、八月に開催されます。真夏の炎天下でトーナメント方式のため、決勝まで進むと最大で六試合を戦うことになりま

表5－4　甲子園で多投した投手のその後

球数	投手	甲子園大会	プロ（NPB）での実績
948球	斎藤佑樹	2006年夏・早実	15勝25敗　防御率4.35
882球	吉田輝星	2018年夏・金足農	1勝1敗　防御率6.75
820球	川口知哉	1997年夏・平安	0勝1敗　防御率3.75
814球	今井重太朗	2014年夏・三重	大学在学中
783球	島袋洋奨	2010年夏・興南	0勝0敗　防御率0.00
767球	松坂大輔	1998年夏・横浜	114勝64敗　防御率2.99 MLB56勝43敗　防御率4.45
766球	吉永健太朗	2011年夏・日大三	プロ入りせず
773球	大野倫	1991年夏・沖縄水産	打者転向
772球	安樂智大	2013年春・済美	5勝14敗　防御率4.12
742球	福岡真一郎	1994年夏・樟南	プロ入りせず
713球	古岡基紀	1998年夏・京都成章	プロ入りせず
708球	正田樹	1999年夏・桐生第一	25勝38敗　防御率4.70

※1991年以降、甲子園で700球以上投げた投手は12人いるが、プロで100勝以上したのは松坂大輔だけ。多くは不本意な成績となっている。（出典：広尾、2019年）

す。それゆえ、これまで四試合目（準々決勝）以降は雨による順延がない限り三試合連続だったわけです。同様にトーナメント方式をとる春の全国大会も地方大会も、連戦が必須でした。ようやく試合の間の休みが認められるようになるまで、どれくらいの高校生が連投による「投げすぎ」で体を壊したことでしょう。その姿は、第Ⅰ部で取り上げた働きすぎで倒れる大人たちと重なって見えませんか。

この問題で警鐘を鳴らしてきた広尾（二〇一九年）は、「甲子園で多投した投手のその後」を表5－4にしています。それを元に、一九九一年以降七〇〇球以上投げた一二人の投手のうち、日米のプロ野球で活躍した松坂大輔投手以外、その後プロ野球で不本意な成績であったと分析しています。

まだ体が十分に成長していない高校生であることを考えれば、過度の「投げすぎ」が肩や肘の怪我など故障につながるのは当然でしょう。日本高校野球連盟は、ようやく二〇一九年に「投手の障害予防に関する有識者会議」を発足させます。そして、二〇二〇年から「一週間（七日間）五〇〇球」という球数制限もできました。この球数制限は、コロナ禍による大会中止で、実際の導入は二〇二一年からになりましたが、その妥当性を検証するために、全国大会の毎試合後、登板投手の肩・肘検診の実施も始まっています。(注4)

しかし、すでに日本のプロ野球でも、一人の投手が連日投げる形は姿を消し、試合に出ない日を五日間（あるいはそれ以上）とるローテーション方式が確立されています。アメリカではそれ以上に、一試合で一人の投手が投げる球数も一〇〇球程度が目処になっています。現在、大リーグで「二刀流」として活躍している大谷翔平選手は、人並み外れた体力を持っていることは間違いありません。それでも投手として投げる場合、一〇〇球程度で降板しています。それを考えれば、高校生投手が連日投げることのないようにする休養日はもちろんのこと、球数制限の導入もあまりに遅かったと言わざるを得ません。

ちなみに、日本中学硬式野球協議会は、二〇一五年から完全適用している「中学生投手の投球制限統一ガイドライン」を二〇二〇年に改訂しています（表5-5）。これまで試合では「一日七イニング以内、連続する二日間で一〇イニング以内とする」など投球回数で定めていた投球制限を「一日最大八〇球以内、連続する二日間で一二〇球以内とする」と変更しています。なお、より具体的なルールは表5-5の通りです。ここまで細かいのは、高校生で肩や肘を故障する投手の多くが、すでに小中学生時代に故障経験があるからこそ取られた措置と考えられます。(注5)

さらに付け加えれば、日本のリトルリーグ（四～一六歳までの硬式野球リーグ）は、二〇〇七年から

表5－5　試合での登板について（中学生投手の投球制限統一ガイドライン）

①	1日最大80球以内とし、連続する2日間で120球以内とする。連続する2日間で80球を超えた場合、3日目は投球を禁止する。
②	3連投（連続する3日間で3試合）する場合は、1日の投球制限を40球以内とする。4連投（連続する4日間で4試合）は禁止する。
③	大会中は1日80球投球後、翌日投球を休めば3日目は80球の投球を可とする。
④	①〜③を基本原則とするが、打席の途中で制限数がきた場合は当該打者の打席終了までは投球を認める。制限数を超過した球数は投球数にカウントしない。
⑤	連続する2日間で80球を超える投球をした投手ならびに3連投した投手は、登板最終日ならびに翌日は捕手としても出場できない。
⑥	ボークは投球数としない。
⑦	雨などでノーゲームになった試合は投球数にカウントする。

（出典：日本中学硬式野球協議会）

「球数制限」（例えば一一〜一二歳は一日八五球まで）を導入しています。この決定は、全世界のリトルリーグで共通に導入されました。また、中学生の硬式野球団体であるポニーリーグも、「球数制限」を導入していますが、アメリカ本部から指示があったそうです。つまりは世界基準に合わせれば、一日の上限という「球数制限」が当たり前になっているということです。先の広尾（二〇一九年）は、こうした状況を紹介した上で、「日本の野球界、とりわけ高校野球はこうした『ガラパゴス化』に対して強い危機意識を持つべきだ」と批判しています。

3　佐々木朗希投手の決勝「登板回避」[注6]

こうした変化の兆しが見え始めた二〇一九年の夏のことです。全国大会出場をかけた岩手県大会決勝は、大船渡高校と花巻東高校（上記大谷選手の母校）の対戦となりました。この試合で、大船渡高校監督・國保陽平氏は、「故障から守るため」を理由として、「令和の怪物」と称された佐々木朗希投手を出場させませんでした。その結果、エースである佐々木投手を欠いた大船渡高校は敗退し、全国大会出場を逃します。

この決勝の「登板回避」という決断は、各方面で賛否両論が噴出する大論争となってしまいました。これについては、スポーツ新聞を中心に報道でも大きく取り上げられたので、記憶に残っている方も多いでしょう。それだけでなく、この決勝登板回避という監督の采配に対しては、賛辞と共に批判も寄せられ、学校に苦情の電話が殺到したそうです。

それからおよそ三年後（二〇二二年四月一〇日）、プロ野球の千葉ロッテマリーンズに入団した佐々木投手は、対オリックス戦で完全試合を達成します。日本プロ野球タイ記録となる一九奪三振、わずか一〇五球で試合終了。同時に達成した一三者連続奪三振は、プロ野球新記録、後にギネス世界記録として認定されます。(注7)

この完全試合から一週間後の試合で、佐々木投手はまたもや八回まで一人の走者も出さないパーフェクト投球を続けます。しかし、二試合連続の完全試合まであとアウト三つというところで交代しました。この試合後、交代を指示した井口資仁監督に対して、日本社会の見方は好意的でした。二〇歳とはいえ、身体が十分に出来上がっていない佐々木投手に、無理をさせないという監督の判断が受け入れられたということでしょう。先の完全試合が、佐々木投手のプロ入り後、初めて九回まで完投した試合でした。これこそプロ野球入団後も、無理に投げさせることなく、丁寧に育成されてきたことを示しています。翌二〇二三年、日本代表に選出された佐々木投手が世界大会（ＷＢＣ）でエースとして活躍したことは、それを証明しています。

4 「投げすぎ」は体によくない！

高校野球界では、この佐々木投手の決勝登板回避が話題となった二〇一九年夏の全国大会で、すでに変化が起きていました。甲子園に出場した四九代表校の中で、地方大会を一人の投手だけで勝ち抜いた学校は、徳島の鳴門高校だけだったのです。そして、この鳴門高校の西野知輝投手が、地方大会五試合と全国大会二試合で投げたのは九六三球にもなります。そして、甲子園の二回戦に敗れた鳴門高校の森脇稔監督が、試合後のインタビューで「なぜ一人で投げさせたのか」と記者に追及されたことも、大きな変化と言えるでしょう。

先にも述べた通り、この大会から準決勝及び決勝の前日に休養日が置かれることになりました（表5-3参照）。その二〇一九年に「投手の障害予防に関する有識者会議」が発足しています。そして、ようやく二〇二〇年（コロナ禍による中止を経て実際は二〇二一年）から「一週間（七日間）五〇〇球」という投球制限が試験的に導入されることになりました。

その二〇二一年春の大会では、天理高校の達孝太投手が一回戦（三月二〇日）で一六一球、二回戦（三月二五日）で一三四球、そして準々決勝（三月二九日）では一六四球投げました。この球数は、「一週間（七日間）五〇〇球」という投球制限に抵触する訳ではありません。しかし、登板するか否かで注目された準決勝（三月三一日）には出場しなかったのです。「今日は投げるべきではない」と達投手自らが判断し、監督もそれに賛同した結果だそうです。日本の高校野球界とおそらくは日本社会にも、成長途上の高校生投手に対して、障害予防を考えて成長を見守る環境が生まれつつあるのでしょうか。

（注1） 戦前（当時は全国中等学校優勝野球大会）の一九三三年には、愛知県の中京商業と兵庫県の明石中学校が準決勝で延長二五回まで戦った記録がある。両校はともに二〇二三年で創立一〇〇年を迎え、その延長二五回から九〇年の記念試合が現役部員によって企画されたが、雨で中止となった（朝日新聞デジタル二〇二三年五月六日付記事「九〇年前の熱戦再び：中京商業×明石中　夏の準決勝で延長二五回：両校創立一〇〇年　あす記念試合」）。

（注2） 二〇二一年二月二〇日付朝日新聞記事「高校野球　健康第一の改革」。二〇二一年八月一八日付朝日新聞記事「新設の休養日：連戦ないのは大きい　対策立てられる」。

（注3） 智辯和歌山高校は、二回戦の対戦予定であった宮崎商業にコロナ感染者が出て出場辞退、不戦勝。同じく大阪桐蔭高校は、二回戦の対戦予定であった広島商業に集団感染が発生し出場辞退、不戦勝（小山、二〇二一年）。

（注4） 二〇二二年八月六日付朝日新聞記事「毎試合後に肩ひじ検診　球数制限検証データに」。二〇二二年夏から二〇二三年春の全国大会まで全試合後に実施されることになった。

（注5） Full Count 二〇二一年七月九日付記事「育成期から肩肘の故障予防は不可欠：中学硬式野球でも整備進む〝球数制限〟の実情」。

（注6） この節の内容全体について柳川悠二（二〇二二年）『甲子園と令和の怪物』（小学館新書）を参考にした。

（注7） 二〇二二年一一月一一日付朝日新聞記事「朗希の完全試合　ギネス記録認定：松川と一三連続K」。

第6章　近年のスポーツ界等の動向

1　大坂なおみ選手の記者会見拒否（注1）

二〇二一年全仏オープンの試合後、大坂なおみ選手が記者会見を拒否、つまりは欠席して物議を醸しました。この記者会見は、大会行事の一環として義務付けられていたため、彼女には一万五〇〇〇ドルもの罰金が科せられました。

後に彼女自身からの発信で、次の試合を棄権することと、その理由は「メンタル不調」であることが明らかになりました。そして、この事件はアスリートからの問題提起と受け止められるようになります。彼女のツイッター（現X）上における次のような言葉が印象的です。「記者会見ではアスリートの心の健康状態が無視されていると感じていました。」

彼女は、二〇二〇年の全米オープンにおいて、人種差別反対運動に賛同し、試合ごとに黒人の被害者名が入ったマスクを着用して注目を集めました。米誌タイムによる「世界で最も影響力のある一〇〇人」に選ばれるなど、ひとりのテニスプレーヤーにとどまらず社会的な発信力を持っているからこその注目度だったと言えます。

きっかけとなった全仏オープンにおける後日談を記しておきます。この大坂選手の欠席から二年後の同じ全仏オープンで、ベラルーシ出身のアリーナ・サバレンカ選手が試合後（二回戦）の定例記者会見を欠席しました。母国がロシアを支援するウクライナ戦争について厳しい質問を受けた前回の会見で不安を感じたことが理由です。その会見では、外国人記者から強い口調で詰問された際には、見かねた司会者が仲裁に入りました。主催者はこの欠席に対して罰金を科さず、「彼女を保護するため」と理解を示しました。この記事では、以下のように記されています。(注2)

「二年前の全仏では一回戦の会見を拒否した大坂なおみ（フリー）が主催者に罰金を科され、大会追放もあり得ると警告を受けた。直後に二回戦を棄権、「うつ」と告白し「アスリートの心の健康」の問題提起に至った」。

その後大坂選手は、二〇二三年九月ニューヨークで開催中の全米オープンの会場で「メンタルヘルス（心の健康）とスポーツ」の討論会に参加しました。周囲には支援の手を差し伸べてくれる人々がいたにもかかわらず、自らが助けを求めていなかったとして「助けを求めるプロセスも大切だった」と振り返ったそうです。（彼女は、二〇二一年九月を最後に大会には出場していませんが、二〇二三年七月に女児を出産したと明らかにしました。その後二〇二四年からの競技（ツアー）に復帰しました）。なお、この討論会には、水泳のマイケル・フェルプス選手（オリンピックメダルの通算獲得数が史上最多の二八個、うち金メダルの通算獲得数二三個）も参加し、自らもメンタルヘルスの問題で苦しみ一〇年前に「限界点」に達した経験を語りました。(注3)

2　バイルス選手のオリンピック決勝棄権(注4)

コロナ禍で一年遅れの開催となった二〇二一年東京オリンピックでは、体操のシモーン・バイルス選手が個人総合決勝を棄権しました。彼女は、リオデジャネイロオリンピック（二〇一六年）の体操競技四冠で、この試合に自身の二連覇がかかっていました。これについてアメリカ体操協会が、「心の健康の問題に重点的に取り組むため」と説明したため、この決断に関する報道が相次ぎました。彼女自身は、自分自身のメンタルヘルスを守りたかったと説明したそうです（クーリエ・ジャポン、二〇二一年）。

その後の報道では、コロナ下で開催されたオリンピック大会だったので、家族や友人たちと離れて競技に臨まなければならなかった選手が、大きなストレスを受けていた実情などが紹介されました。この二〇二一年東京オリンピックは、上記のようにメンタルヘルスの問題を訴え、休養から復帰して出場した大坂選手が再び取り上げられるなど、アスリートの精神面が注目された初めてのオリンピックとなりました。バイルス選手も二〇一三年の世界デビュー以来、圧倒的な戦績を残したスター選手です。世界選手権では、二〇一三〜一九年に出場した大会で、歴代最多の金メダル一九個を獲得しました。大坂選手と同様に、注目を集めて当然という選手です。やがて彼女は休養と治療を経て、二〇二三年には練習を再開して競技に戻りました。そして、二〇二三年一〇月に行われた世界選手権において団体総合および個人総合で金メダルを獲得しました(注5)。

3　水泳・萩野公介選手の休養

毎年一〇月一〇日は心の問題への理解を願う「世界メンタルヘルスデー」です。一九九二年に制定され、三〇年目となる二〇二二年、水泳の金メダリスト・萩野公介選手のインタビュー記事(注6)が注目されました。彼は、ロンドンオリンピック（二〇一二年）四〇〇メートル個人メドレーで銅メダルを獲得、続くリオデジャネイロオリンピック（二〇一六年）では金メダルに輝きました。

その後、眠れなくなって不安が押し寄せてくるような状況となり、周囲からも「メンタル不調」とわかるほどの身体症状が出てしまったそうです。それでも「心がきついので休みます」とは言えず、ようやく二〇一九年に数ケ月の休養に入りました。コーチに「気持ちがしんどいので休みます」と伝えたときに、コーチから「お前はようやく、本音を言った」と言われたそうです。このとき「自分自身でいることを選んだ」という彼の言葉は印象的です。復帰後、東京オリンピック個人メドレーで六位に入賞して引退を表明しました。その翌年（二〇二二年）の「世界メンタルヘルスデー」に受けたインタビュー記事でその心境を語ってくれたわけです。

4　バスケットボール・馬瓜エブリン選手の休養

その東京オリンピック（二〇二一年）において、日本の女子バスケットボールチームは銀メダルを獲得しました。その後、チームの主力選手だった馬瓜エブリン選手（トヨタ自動車：当時）が、休養を理由に翌二〇二二年のワールドカップ予選の代表メンバーから外れたこともニュースになりました。やはり彼女自らが、「メンタルの部分が大きい」と休養の必要性を発信したからでしょう。

彼女も、その後のインタビュー(注7)で次のように述べています。


「私が言わなければ、休める選手はいないと思った。」

「休む勇気を持てない雰囲気を変えられないと思って決断した部分もあります。」

「選手が休養したいことを伝えられる仕組みが確立されていない。」

「私が休んだことで少しは流れを変えられたと思います。」

「休んで良かったと思います。もちろん不安もありましたけど、やっぱりしんどかったし、休んだことで心身ともに復活することができた。」

「『休みたいけど不安がある』と悩んでいる人がいたら、『まずは休んでみれば？』と言ってあげたいですね。」


このインタビュー記事では、「選手が休養することを選択し、組織がそれを認める〝アスリートファースト〟の考えが少しずつ浸透しつつある」と述べられています。また、野球界で選手の健康管理・負担軽減が考えられるようになった契機として、第5章で取り上げた佐々木投手のことがふれられています。

なお、その後充電期間を終えた彼女は、二〇二三年五月新チーム（Wリーグ・デンソー）で選手復帰を果たしました。(注8)

5　サッカー界など

二〇二二年は、中東ドーハにおいてサッカー・ワールドカップが開催された年でもありました。その影響もあるのでしょうか、日本代表チームのゴールキーパー権田修一選手が、現役引退を考えるまで追い詰められたところから復活した経験を語った記事も注目を集めました。(注9) 二〇一四年ブラジル大会に出場した彼は、二〇一五年過度な負荷で疲労がとれないオーバートレーニング症候群であることを公表しました。心療内科の受診も経験し、当然ながら次の二〇一八年ワールドカップ（ロシア大会）では代表には選ばれませんでした。そして、一大会あけての今回（二〇二二年）選出は過去にない復活劇と言われています。

また、元サッカー五輪代表の森崎浩司選手も、現役時代一〇年以上にわたり「うつ病」を抱えながらプレーしてきた経験を語っています。現役引退後は、同じような症状に悩むアスリートらの相談に乗っているそうです。(注10)

このようにスポーツ界では、休養、つまりは「休むこと」を選手が自ら選択し、日本社会（人々）はそれを受け入れつつあるように思えます。ここに日本の芸能界において、深田恭子さんが「適応障害」という診断名で治療を優先させるための休養を発表したこと、菅田将暉さんが精神的な疲労で俳優を一時休業したことを自ら明かしたことも加えておきたいと思います。(注11) いずれもメンタル面で具合が悪いときに「きちんと休めた」例として注目に値します。

それにしても上記の選手たちは大人ですが、一流の選手でさえ、あるいはそれだからこそかもしれませんが、「休む」と言うのがいかに大変かということが伝わってきます。本章4の馬瓜エブリン選手の「私が言わなければ、休める選手はいない」という言葉が印象的です。これを考えると、まだ未成年である高校野球の投手を筆頭に、選手たちが監督に「休みたい」と言うのがいかに大変か容易に想像できます。

（注1）二〇二一年六月四日付Number Web記事「なぜ大坂なおみは会見拒否を宣言したのか？　四大大会取材歴二〇年以上のテニス記者が考える〝苦悩の正体〟」、二〇二一年六月九日付産経新聞記事「大坂なおみの記者会見拒否は問題提起か職務放棄か」、二〇二一年七月三一日付朝日新聞記事「『超人』の鎖　見直すとき」など。
（注2）二〇二三年六月四日付朝日新聞記事「サバレンカ会見欠席　戦禍の影：詰問され『不安感』」。
（注3）二〇二三年九月八日付朝日新聞デジタル記事「大坂なおみ『助けを求めることも大切』　心の健康、回復を振り返る」。
（注4）二〇二一年七月二九日付読売新聞オンライン記事「『自分を信用できない…楽しくない』女子体操界スター・バイルス、重圧で棄権」、二〇二一年八月四日付日刊スポーツ記事「体操棄権バイルス、大会中に叔母の訃報に接し『非常にストレス多かった』」など。
（注5）二〇二三年一〇月八日付朝日新聞記事「バイルス六度目V 個人総合、大技次々 取り戻した自信」。
（注6）二〇二二年一〇月一〇日付朝日デジタル記事「『しんどいんで休みます』　萩野公介さんがコーチに初めて伝えた本音」。
（注7）二〇二二年二月一一日付朝日新聞記事「代表メンバー外れたエブリン、休養必要性訴え」、二〇二二年一一月六日付YAHOOニュースなど。
（注8）二〇二三年五月一三日付朝日新聞記事「ハーフタイム」。

（注9） 二〇二二年一〇月二九日付朝日新聞記事「心が限界だった自分へ『思うように生きてごらん』」。
（注10） 二〇二二年一一月一九日付朝日新聞記事「心の病　アスリートは」。
（注11） 二〇二一年五月二三日付朝日新聞記事「適応障害『周囲は理解を：深田恭子さん休養』」、二〇二三年五月一二日付朝日新聞記事「暗中模索自らも、また」。

コラム4　マラソン円谷選手の自死

二〇二一年のオリンピックは、日本として二度目の開催ですが、五〇年以上前アジア初となった東京オリンピックの陰で起きた悲劇を記しておきます。この一九六四年に開催された東京オリンピックにおいて陸上競技入賞（一万メートル六位、マラソン三位）した円谷幸吉選手は、その四年後メキシコオリンピック開催予定の一九六八年一月に二七歳で自死しました。そのメキシコオリンピックのマラソンで二位入賞の君原健二選手は、円谷選手と同学年のライバルですが、東京オリンピックのマラソンでは八位でした。

この東京オリンピックはテレビ放映されて日本中が熱狂しましたが、とりわけ円谷選手が銅メダルに輝いたマラソン中継の視聴率は、空前の四四・八％を弾き出したとされます。このマラソンは国立競技場を出発点とし、ゴールは再び競技場に戻ります。そのゴール寸前、つまり競技場に戻った時点で二位だった円谷選手が、後ろから迫ってくるヒートリー選手（イギリス）に追い抜かれる瞬間には、中継を見ていた日本中から悲鳴が上がったと言われています。その後の記者会見で円谷選手は、「あと四年間、きっちり練習すれば、メキシコではもっといい成績を残せると思います」と発言し、これが国民との約束として彼に重くのしかかることになってしまいました。

円谷選手は、同じ東京オリンピックの重量挙げで金メダルを獲得した三宅義信選手と同じ自衛隊体育学校に所属する自衛隊員でした。その組織による不本意な指導者交代や私生活でのトラブル（婚約破棄）など様々な原因があげられました。実際、東京オリンピックの翌年のマラソンでは途中棄権、国体の一万メートルでは二位と不本意な成績でした。さらに、故障や怪我（アキレス腱断絶・椎間板ヘルニア手術など）が続き、思うように走れない日々が続いていました。そんな選手生活の中でも、「日の丸を揚げるのは国民との約束」と本気で思い込んだところが彼の悲劇だったと言われています。

彼の遺書には次のように記されていました。

父上様 母上様 三日とろろ美味しゅうございました
干し柿、もちも美味しゅうございました
敏雄兄姉上様、おすし美味しゅうございました
勝美兄姉上様、ぶどう酒、リンゴ美味しゅうございました
巌兄姉上様、しそめし、南ばんづけ美味しゅうございました
喜久造兄姉上様、ぶどう液、養命酒美味しゅうございました
又いつも洗濯ありがとうございました
幸造兄姉上様、往復車に便乗させて戴き有難うございました
モンゴいか美味しゅうございました
正男兄姉上様、お気を煩わして大変申し訳ありませんでした
幸雄君、秀雄君、幹雄君、敏子ちゃん
ひで子ちゃん、良介君、敬久君、みよ子ちゃん
ゆき江ちゃん、光江ちゃん、彰君、芳幸君、恵子ちゃん

幸栄君、裕ちゃん、キーちゃん、正嗣君
立派な人になって下さい
父上様母上様、幸吉は、もうすっかり疲れ切ってしまって走れません
何卒お許し下さい
気が休まる事なく、御苦労、御心配をお掛け致し申し訳ありません
幸吉は父母上様の側で暮らしとうございました

この事件は大きく報道もされましたが、各界に様々な波紋を呼んだとされています。とりわけ文壇に与えた影響は大きく、川端康成氏が連載エッセイの中でこの遺書にふれ、また三島由紀夫氏も新聞に寄稿してこの遺書を取り上げました。奇しくも後年この二人ともが、自死を選んでいます。

後に円谷選手の出身地である福島県須賀川市には記念館が建てられました。また、一九八三年からはその須賀川市で「円谷幸吉メモリアルマラソン大会」が開催され、君原選手が毎年出場してきたことでも知られています（松下、二〇一九年）。

第7章　高校野球の今後

1　二〇二三年春の全国大会とWBC

天候不良のため順延が二日以上となった第九五回記念選抜高等学校野球大会では、準決勝翌日の休養日がなくなり、準決勝と決勝の二試合は二日連続となりました。また、延長になった場合のタイブレーク（注1）が一〇回から導入され、この大会で一五〇球以上投げた投手はいませんでした。これについては、第5章で記した二〇二〇年から導入された球数制限（一週間で五〇〇球以内）によって、一試合で複数投手に投げさせる試合が多くなったからと分析されています（注2）。この分析からは、ようやく日本の高校野球界に、成長途上の高校生投手に対して障害予防を考えて成長を見守る環境が生まれつつあるかに見えます。

しかし、この大会で優勝した山梨学院高校の林謙吾投手は、三回戦から決勝までの四試合（三月二七日～四月一日の六日間）で四五八球、そのうち準決勝と決勝の二日間では三六〇球を投げています。大会を通じて六試合（三月一八日～四月一日）では六九六球にもなりますが、これは投げすぎにはあたらないというのでしょうか（注3）。

この大会と同じ二〇二三年三月には、国別プロ野球世界大会であるWBC（World Baseball Classic）が開催されました。二〇〇六年の第一回から数えて五回目となる二〇二三年の参加は、予選も含めて二八ケ国でした。そして、三月二二日の決勝で、日本代表はアメリカ代表を破って優勝し、日本中が熱狂の渦に巻き込まれたのは記憶に新しいところです。(注4) 采配を取った栗山監督の投手起用が注目されましたが、そこにはこの大会独自のルールがありました。(注5) 具体的には、以下の通りです。

球数制限：一人の投手が一試合に投げられるのは、予選（一次ラウンド）六五球、準々決勝八〇球、準決勝・決勝九五球。

登板間隔：一試合で五〇球以上投げた投手は、次の登板までに四日空ける。一試合で三〇球以上、または二日連続で投げた場合も中一日空ける。

この大会の直後に、プロとして本番（長いシーズン）を控える選手たちの健康管理のためです。が、同時期に高校野球の大会が行われ、その優勝チームにはこれよりはるかに多くの球数を連日投げた投手（しかも未成年）がいたという事実に驚くのは私だけではないでしょう。すでに一〇年以上前、プロ野球退団後に大学院でスポーツ科学を修めた桑田真澄氏（二〇一一年）は、その研究成果に基づく著書の中で次のように指摘していました。

身体が出来上がったプロの選手ですら球数制限が必要なのに、どうして成長過程にある若い選手の連投を黙認する連投しなければならないような試合日程が選手にとって良いものなのだろうか？　改めて尋ねるが、連投を許容することが若い選手にとって良いことなのだろうか？　のか。（中略）

（二一四―二一五頁）

2　「休養日」導入まで

一九九一年夏の全国大会で準優勝した沖縄水産高校の大野倫投手は、予選から一人で投げ続けた結果、右肘を疲労骨折していたことが大会後に判明します。この事態を深刻に受け止めた牧野直隆日本高等学校野球連盟会長（当時）は、「球児が前途を絶たれることがあってはならない」と、医療体制の整備を指示しました。そして、大会前に出場校投手の「メディカルチェック」が導入され、高校野球界に「選手の健康問題」があることを知らしめました。一九九三年には牧野会長自らが、「ゆとりをもって練習すること、休養の日を設けること」を開会式で提唱しましたが、それは実に三〇年前のことです。

さらに、このチェックで怪我（肩・肘の損傷）をしている投手が多数見つかるということもあって、連盟は各高校に「大会前検診で深刻な異常が見つかった投手にはドクターストップをかける」と通達しました。そして、翌一九九四年には、投手のための障害予防研修会（高野連・朝日新聞社主催）が全国二〇ケ所で開催されました。その研修会の質疑応答において、「一〇〇球以上投げた翌日は投げないのが望ましい」との見解も示されました。

こうした経緯を詳細に明らかにした広尾（二〇一九年）は、「この研修会の通りに高校の指導者が選手の

試合日	3/26	3/30	4/1	4/2	4/3
			3日間連続で登板		
回戦	2回戦	3回戦	準々決勝	準決勝	決勝
	広陵	済々黌	県岐阜商	高知	浦和学院
スコア	(4-3) 延長13回	(4-1)	(6-3)	(3-2)	(1-17)
投球回	13回	9	9	9	6
			合計46回		
投球数	232球	159	138	134	109
			合計772球		

図7－1　安樂の772球（出典：朝日新聞2023年4月25日記事より転載）

健康管理を実施していたなら、現在の状況にはなっていなかった」とまで言い切っています。しかし残念ながら、第5章1で詳述したように、その後も一人の投手が大会を通じて投げ抜くという事態は続きます。この間、新聞を中心とする「高校野球メディア」も一人の投手が投げすぎるという問題への懸念を示すことはありませんでした。

こうした動向が変化したのは「外圧」によるとされています。二〇一三年春の全国大会で済美高校（愛媛県代表）の安樂智大投手が、決勝まで一人で七七二球（図7－1参照）を投げ抜き、これをアメリカの野球専門誌が「世界で最高の一六歳投手の一人だが、正気の沙汰ではない」と報道したからです。これを契機に、日本のメディアも「過酷な登板」について報じるようになりました。この春の全国大会を主催する毎日新聞が、この安樂投手の球数にふれて「未完成の肩肘を壊す懸念もあり、その是非も論議を呼んだ」と初めて投手の健康問題に言及しまし

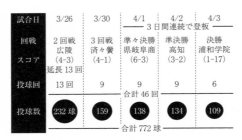

た。

この安樂投手を取り上げたスポーツ記者のパッサンは、アメリカとはかけ離れた日本の高校野球界の実情を紹介しました。そして、自らの著書（パッサン、二〇一七年）では一章を割いて、日本の高校野球界が投手の健康問題に目を向けてこなかったことを批判しています。こうした海外メディアの報道という「外圧」によって、ようやく高校生投手の投げすぎという問題が注目されるようになり、この二〇一三年夏の全国大会から準々決勝の翌日に「休養日」が設けられたのは、第5章1で述べた通りです。

3　「球数制限」？

こうした動向の中、新潟県高校野球連盟は二〇一九年の春季県大会（北信越高校野球・新潟県大会）において、投手の一試合での投球数を一〇〇球に制限するという「球数制限」を試験的に導入すると発表します。これに対して上位団体である日本高校野球連盟での会議では否定的な意見が多く、「時期尚早」と判断して「投手の障害予防に関する有識者会議」を設置することとしました。(注6)

結局、この会議での議論を経て、「一週間（七日間）五〇〇球」という「球数制限」が二〇二〇年から導入されることになりました。しかし、この「球数制限」についての疑問は尽きませんし、実際に起きていることはこれまで述べた通りです。自身高校野球で活躍した先の桑田真澄氏（当時ＰＬ学園高校）や、ダルビッシュ有氏（当時東北高校・現アメリカメジャーリーグ所属）の、この球数制限は意味がないという批判に耳を傾けるべきではないでしょうか。(注7)ＷＢＣにおける、いわば大人の投手の「球数制限」に比べ

表7－1　負担軽減策

2013年	準々決勝翌日に初めて休養日を設け、3連戦がなくなる
18年	延長十三回からのタイブレークを導入
19年	準決勝翌日も休養日に
20年	1週間500球以内の投球数制限を導入
21年	タイブレークを決勝にも適用。3回戦終了翌日も休養日に
22年	継続試合を導入
23年	タイブレークの開始回を十回に前倒し。全国選手権のベンチ入りが18人から20人に増え、五回終了時に10分間のクーリングタイムを新設

（出典：朝日新聞2023年4月25日記事より転載）

れば、成長途上の高校生について、これが十分な「制限」と言えるはずがありません。

二〇二三年春は、本章で取り上げた「外圧」事件から一〇年後にあたります。これを振り返る「高校野球、アップデートしていますか？」という記事で、(注8)安樂投手がインタビューで次のように語っています。

「球数制限は、本当に選手の体を守ることにつながっているのか、疑問に感じています。」

「決勝の前夜、上甲正典監督（故人）から宿舎の部屋に呼ばれ、『肩やひじは大丈夫か。投げない方がいいんじゃないか』と言われました。痛いところはなかったので『全然、大丈夫です』と答えたのを覚えています。」

「七七二球投げたことへの後悔はありません。でも高校時代にけがをして、プロでも三、四年目まではけが続きで登板機会が限られた。何をやっているんだろう、というもどかしさがありました。それを選抜での投球数のせいにはしたくないという思いもあるのかもしれません。」

この記事は、主催する全国選手権大会が二〇二三年夏に第一〇五回の節目を迎えるにあたり、「子どもや教育、スポーツを取り巻く環境の変化に十分、対応できているのだろうか」、つまり「アップデート」できているのかと疑問を投げかけています。それゆえ先の図7－1に加えて「主な負担軽減策」（表7－1）が掲載されています。

ちなみに、かつては日本の高校野球の影響下にあった韓国や台湾の高校野球でも、すでに「球数制限」は導入されています。例えば、韓国の現行ルールでは一日最大一〇五球です。特に、この韓国においては、二〇〇七年「国家人権委員会」への「選手たちの無理な投球は身体を傷つけ、人権を侵害することになる」という訴えが、導入の契機であったことは注目に値します。世界的に見れば、日本の高校野球が「ガラパゴス化」しているという批判（広尾、二〇一九年）は当然と言えます。

4　監督の「休み」？

一九九三年から五年に一度、日本高校野球連盟と朝日新聞社が、高校野球実態調査を実施しています。[注9]二〇二二年度に発表された結果（二〇二二年度）で、「一ヶ月のうち監督の平均的な休みは何日か」という質問には、「無休」（一八・〇％）、一日（一三・五％）、二～三日（二七・二％）という回答があります。また、選手たちの「休日の練習時間」が「三時間未満」という回答は一割にも達しません。「三～五時間」が約半数、「六時間以上」が約四割と回答しています。部活動ガイドライン（第11章参照）も意識してのことか、「七時間以上」という回答は前回（二〇一八年度）の二七・四％から今回一四・二％と大きく減少し、長時間練習は減る傾向にあると分析されています。しかし、こうした監督たちだからこそ、「一週間に五〇〇球以内の投球制限」について、賛成が六割以上、「もっと緩和すべきだ」が一四・七％、となってしまうのではないでしょうか。この結果からは、一週間ではなく一日の投球制限など当分実現しそうもないと考えてしまいます。

それにしても、高校野球界と日本社会は、こうした「投げすぎ」に対して、休養日や球数制限、つまりは「休むこと」を認めるようになるまで、どうしてこれほどの時間がかかったのでしょうか。牧野会長の休養日の提案から実際の導入まで実に二〇年もかかっています。それはやはり、「がんばること」、無理をしてでも「がんばること」に価値を置く日本社会の真ん中に、高校野球があったからではないかと、私は考えています。その周りには、それこそ二四時間戦う（＝働く）ことを讃えてしまう日本社会が広がっていました。それゆえにこそ、働きすぎて体を壊してしまう大人と、投げすぎで肩・肘などを痛める野球少年が、私には重なって見えたのです。牧野会長が休養日を提案してからその導入までの年月は、一九九〇年代の過労死・過労自殺への注目から二〇一〇年代の本格的な「働き方改革」に取り組むまでとほぼ同時期ですが、その重なりが偶然とは思えません。

そして、第Ⅰ部で注目した「働き方改革」で長時間労働を規制するための切り札とまで言われている「勤務間インターバル」は、高校野球の「球数制限」と同じ位置付けとして捉えることができます。「がんばること」に価値を置くことが間違っているわけではありませんが、無理をしてでも「がんばること」までいくとどうでしょう。さらに、どこまでも無理をして「がんばる」となるとその程度によっては疑問です。そうは言えても、実際にここから先は「無理」できないと線を引くことはおそらく本人にも周囲にも難しいことでしょう。そもそも休むこと自体、第6章で取り上げた大人のスポーツ選手たちでさえ難しかったと告白しています。それゆえ強制的に「休ませる」手段である、「勤務間インターバル」や「球数制限」が必要になったのではないでしょうか。

第2章で取り上げた電通の研修会で、自らの経験から川人氏は過労死の大半は「勤務間インターバル」の導入でなくなるとまで断言しました。それをふまえれば、すでに一九九四年の投手のための障害予防研修会で示された「一〇〇球以上投げた翌日は投げないのが望ましい」との見解を高校野球関係者は重く受け取るべきだったでしょう。繰り返しになりますが、高校野球は学校の部活動です。当然、「がんばること」、無理をしてでも「がんばること」に価値を置く日本の学校教育の影響があると、私は考えるに至りました。続く第III部では、「休むこと」についての本丸とも言うべき学校教育の問題として考えてみたいと思います。

（注1）「タイブレーク」とは、同点が続いてしまう試合の決着を早くつけるために行う。通常の延長回（走者なし）とは違い、最初から二塁に走者を置いた状態から始めて得点を入りやすくする。高校野球では、二〇一八年度からすべての公式戦で延長一三回から導入され、二〇二三年度からは延長一〇回からの導入となった（二〇二〇年一二月一〇日付朝日新聞記事「球児の健康優先　進む改革：延長一〇回からタイブレーク」、同二〇二三年七月二八日付記事「タイブレークにドラマあり」、同二〇二三年七月三一日付記事「タイブレーク前倒し　負担減に効果」、同二〇二三年七月三一日付夕刊記事「一〇回タイブレーク白熱：決勝六大会で　先攻の勝率　後攻を上回る」）。ここで取り上げた記事のうち最後の七月三一日付夕刊記事のみ「投手の肩、ひじへの負担など健康管理の

点から採用された」と解説していた。なお、筆者が注目する「球数制限」にふれたものはなかった。

（注2）朝日新聞二〇二三年三月二七日付記事「継投モード　変わるマウンド」。

（注3）高校野球ステーション「第九五回センバツ高校野球大会」（baseball.station.com）より筆者が計算した。

（注4）ビデオリサーチによれば、放送されたＷＢＣ七試合すべての平均世帯視聴率は、四〇％（関東地区）を超えたとされる（朝日新聞二〇二三年五月二〇日付記事「be report 視聴率：番組の価値知る指標　流行も表す」）。

（注5）朝日新聞二〇二三年三月二日付記事「独自ルール　選手の健康管理のため」。

（注6）アンケートで「球数制限」に対して、高校野球を指導する多くの監督が「待球作戦」を取ると回答したことも論点となった。この「待球作戦」とは、わざとファウルを打って相手投手の球数を増やそうとするものだが、審判員である小山（二〇二二年）はこの「待球作戦」を高校野球にふさわしくないと厳しく批判している。

（注7）スポスル Magazine「［高校野球］球数制限は何球まで？　経緯や規定詳細を調査！」（https://sposuru.com）。

（注8）朝日新聞二〇二三年四月二五日付記事「七七二球から一〇年　選手を守るトライを」。

（注9）二〇二三年六月二〇日付朝日新聞記事「球児『丸刈りルール』二六％に急減」、同「高野連加盟校アンケート」。なお、この調査は、二〇二三年四〜五月に実施され、回答率は九九・二％（三七八八校）だった。なお、図7-2はこの記事からの転載である。

第III部　学校教育と「休むこと」

第8章　皆勤賞という存在

1　皆勤賞の消滅

この第Ⅲ部では、コロナ禍の学校教育で起きた「休むこと」、つまりは「欠席」をめぐっての問題を取り上げます。まず、序章でもふれた皆勤賞の問題から始めたいと思います。この第Ⅲ部のテーマである学校教育における「休むこと」の対極にあるのが、一年間休まなかったことを称する「皆勤賞」であると私は考えています。学校が「休まなかった」児童生徒を表彰することは、暗黙に「休むことはいけないこと」という規範を児童生徒に伝え、結果として「多少具合が悪くてもがんばって学校に行く」ことになってしまうからです。それゆえにこそ、最初にこの問題を取り上げたいと思います。

すでにコロナ禍前から、皆勤賞をやめる学校が出てきていることが話題になっていました。廃止の理由として共通にあがるのが、体調が悪くても皆勤賞を目当てに休まない児童生徒がいるということです。その上コロナ禍の影響もあり、皆勤賞をやめる学校が増えつつあるという状況が生まれました(注1)。

残念ながら、これまでこの皆勤賞についての全国調査はありません。しかし、青森県内六〇中学校への調査では、二〇二一年度に皆勤賞を表彰していた一八中学校のうち五校が、二〇二二年度に廃止。残りの四二中学校では、コロナ禍前すでに皆勤賞はなく、それもこの数年でやめた学校があったとのことです。(注2) つまり、二〇二三年度にまだ皆勤賞を表彰しているのは一三校のみということになります。また、NHKテレビ「さよなら？　皆勤賞」でも、「いらないと思う行事・校則は？」というアンケートで一位になったのが「皆勤賞」と話題になりました。(注3)

公開されている学校だよりでもこうした状況が確認できます。その一つ、磐田北小学校（静岡県磐田市）の学校だよりは、二〇二一年度から皆勤賞を廃止する理由として、次の二点をあげています。(注4)

①コロナウィルス感染拡大防止のため、風邪症状の場合でも「出席停止」扱いとなり、皆勤賞の対象となる（この「出席停止」については次節で詳述）。

②体調がすぐれなくても無理をして出席することは、感染を広げる恐れがある。

同じく福栄小学校（千葉県市川市）の学校だよりにも、二〇二一年度からの皆勤賞廃止の理由として「具合が悪くても無理をして登校してしまう児童がいること」があげられています。そして、これまでインフルエンザ等の「感染症の拡大についても心配」で「懸案事項」であったことが記されています。(注5)

さらに、教育委員会で皆勤賞を出していた愛知県幸田町教育委員会は、「新型コロナウイルス拡大防止の観点から」、二〇二二年度からの廃止を保護者宛に通知しています。そこには、県教育委員会の指針に基づき、①感染の有無に関わらず発熱等風邪の症状がみられる場合登校を控えること（出席停止措置）、②体調が悪いときは無理せず自宅療養、をお願いしており、「新型コロナウイルスの感染により欠席扱い

がこれまでと異なる状況が続いていることを踏まえ、総合的に判断した結果」と記されています。(注6)

すでに序章で述べたように、コロナ禍において、「学校を休むこと」についてのルールが変わりました。一日も休まなかったことを表彰する皆勤賞によって休まないよう奨励してきた学校教育も、そして日本社会も、「具合が悪いときはちゃんと休むこと」を求めるようになりました。新型コロナウイルス感染症への対策として、発熱など具合が悪いときには感染を広げないために「休むこと」が必要となったわけです。そして、この感染防止のための「休み」は、「欠席」とはならない「出席停止」(次章参照)という扱いになります。

第7章の最後で、「がんばること」に価値を置き、無理をしてでも「がんばること」が生じやすい日本社会、その中でどこまでが無理なのか、線を引くことは難しいと指摘しました。具合が悪くても無理をして学校に行くというときの「無理」にも同じことが言えます。コロナ禍の感染予防といういわば大義ゆえの「出席停止」は、第I部の「勤務間インターバル」や第II部の高校生投手の「球数制限」と同じ位置付けにあると私は考えています。

一方で、いまだにこの「皆勤賞」を存続させている学校もあります。そこで私は、学事出版の協力を得て「皆勤賞」についてのウェブアンケートを行いました。(注7)上記のように、コロナ禍で皆勤賞を廃止する学校が増えているという実態を確認することが目的です。

その結果を図8-1に示します。この結果から、現在も皆勤賞を続けている学校がある一方で、コロナ禍でやめた学校があることが確認できました。また、これらの回答に付された自由記述欄には共通項があり、それをふまえて結果を以下三点にまとめました。

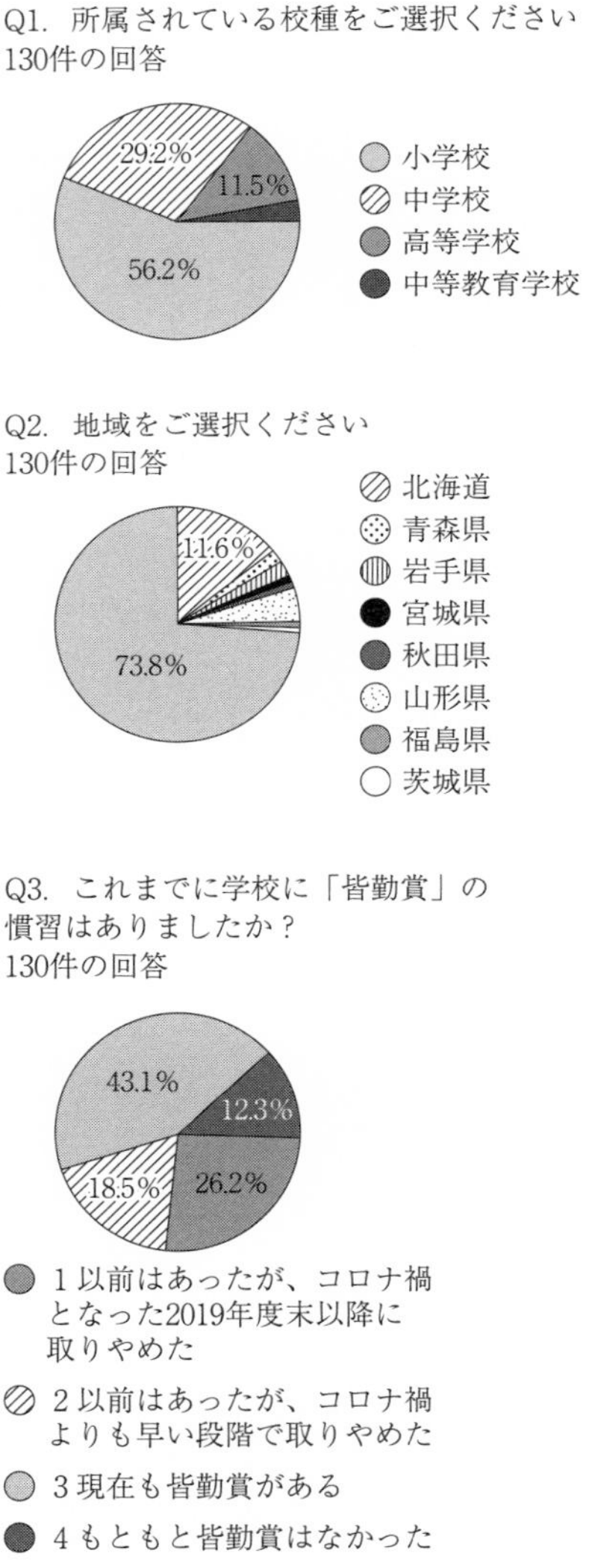

図8-1 アンケート結果

①以前から皆勤賞をやめていた学校は、「体調が悪いにもかかわらず無理をして登校する」などがあったことがその理由。

②コロナ禍で皆勤賞をやめた学校は、「具合が悪いときは療養する必要がある」がその理由。

③それでもなお、皆勤賞を続ける学校がある。（管理職からの廃止提案が反対されたという記述もあった。）

なお、このアンケート結果は、ウェブアンケートのため回答者に地域の偏り（千葉県七三・八％）や、校種の偏り（小学校が多い）がありました。従って、この結果が全国の状況を表しているわけではありません。繰り返しになりますが、現在も皆勤賞を続けている学校がある一方で、コロナ禍でやめた学校があるということを確認したにすぎません。

2 「ワークライフバランス」

次に、こうした皆勤賞の廃止を伝える校長先生からのメッセージで、興味深いものを以下に引用する形で紹介します。

松蔭中学校・高等学校（兵庫県）の浅井宣光校長は、保護者に対して「皆勤賞の将来的な廃止について――「休める」社会へ」と題して次のように記しています。(注8)

近年の「働き方改革」の動きも、皆勤賞廃止の流れを後押ししました。いわゆる「働き方改革」関連法案が順次施行されています。近いところでは、全ての事業所において、年間五日以上の有給休暇取得が義務化されたことをご存知かと思います。過労死を防ぎ、ワークライフバランスを保ち、心身とも健全に働き続けること。仕事を「休む」、「減らす」選択のハードルを下げ、その選択を社会全体で認め合うことが「働き方改革」の趣旨だと理解しています。生徒たちは将来、何らかの形でキャリアを重ねながら、生涯を通して働きます。仕事を「休む」ことが法的には勿論、心情的にも「ふつう」にできることが、これからの時代に求められるように思います。学校も、社会でキャリア形成の前段階として、生徒の認識を今後の社会の方向性に一致させたいと考えています。

ちなみに、余談として「一年間欠勤せずに勤務した先生方に対し、校長室で「皆勤賞」を授与」していたのも三年前に廃止したと付け加えられています。

もう一つは、創立一〇〇周年を迎える東京の武蔵高等学校中学校の杉山剛士校長が生徒に向けた入学式のメッセージです。時代が変わっていく中で、皆勤賞・精勤賞を授与する意義が失われていないかという問題意識からこの存続について議論したとして、次のように伝えています。

今までは「とにかく学校は休まずに来なさい」という時代の価値観があったと思います。私の学生時代にも「二四時間戦えますか」というキャッチコピーがありました。「モーレツ社員」とか「エコノミックアニマル」という言葉もあり、そうした価値観が日本の高度成長を支えていた面もありました。とにかく熱が出ても風邪を引いても、それをこらえて出勤するのが美徳というような時代の精神があったと思います。一方、現代の価値観は変わってきました。コロナでもインフルエンザでも熱があるときは無理をしない。逆に無理をすることによって周囲に迷惑をかける。また、仕事だけでなく家庭や個人の生活も大事にするという「ワークライフバランス」という価値観も大事にされるようになりました。そうした時代の変化の中で、皆勤賞・精勤賞を「目的」に「体調が悪くても学校を休まずに来させる」ということが教育的に果たしてよいのかということが論点になりました。もちろん、賛否両論があり、難しいところでしたが、結論としては、この創立百周年から次の百年に踏み出すことを機に、「皆勤賞・精勤賞の歴史的意義は薄れた」という視点から、廃止することにしました。ただし、「結果」として無遅刻無欠課無欠席であったことは大いに褒められるべきことと思います。そうした生徒には何らかの形で讃えることも大事だと思っていますので、そのやり方については今後検討していきたいと考えています。(注9)

このように両校長が、同じキーワード「ワークライフバランス」を使っていみじくも同じようなメッセージを保護者と生徒に伝えていることがわかります。本書でも、浅井校長が述べた「働き方改革」、具体的には年間五日以上の有給休暇取得義務化は第1章4で、杉山校長が述べた昭和の働き方を象徴する「二四時間戦えますか」というキャッチコピーは第2章2でふれたエピソードです。

私も両校長にはまったく賛成で、このように考えて皆勤賞を廃止した学校が多いだろうと思っています。個人的には「皆勤賞の廃止」を提案しましたが（保坂、二〇二三年）、ここでは学校教育の中での皆勤賞廃止という動向が、「ワークライフバランス」をキーワード（注10）にして「働き方改革」とつながるという考え方がある一方で、根強く残る皆勤賞の存在を確認して先に進みます。

（注1）二〇一九年一月二五日付朝日新聞デジタル記事「もう褒められない皆勤賞」など。
（注2）二〇二一年三月二五日付ＮＨＫ ＮＥＷＳ ＷＥＢ「さよなら？　皆勤賞」。
（注3）二〇二〇年一〇月二七日テレビ朝日放映「羽鳥慎一モーニングショー」。
（注4）令和二年度磐田市立磐田北小学校学校だより第二三号（令和三年三月五日発行）。
（注5）市川市立福栄小学校だより第七号（令和三年七月六日発行）。
（注6）幸田町教育委員会「令和四年度以降の幸田町教育委員会皆勤賞の廃止について（お知らせ）」（令和四年三月吉日）。
（注7）二〇二二年生徒指導一〇～一一月号掲載「語る：『学校を休む』ことの多様な背景」参照。二〇二二年一一月一日～二〇二三年一月一〇日の回答数一三〇。
（注8）「松蔭校長室だより――校長から保護者の皆様へのメッセージです」（二〇二一年三月一九日発行）。

（https://shoin-jhs.ac.jp/principal_tayori/）

（注9）　二〇二二年度第一学期始業式校長挨拶（二〇二二年四月九日）https://www.musashi.ed.jp/blog/dv5mf6000000jom-att/dv5mf6000000jqz.pdf

（注10）　二〇〇七年に策定された「仕事と生活の調和（ワーク・ライフ・バランス）憲章」・「行動指針」において使用された。そこでは、仕事と生活の調和が実現した社会とは、「国民一人ひとりがやりがいや充実感を感じながら働き、仕事上の責任を果たすとともに、家庭や地域生活などにおいても子育て期、中高年期といった人生の各段階に応じて多様な生き方が選択・実現できる社会」とされた。より具体的には、①就労による経済的自立が可能な社会、②健康で豊かな生活のための時間が確保できる社会、③多様な働き方・生き方が選択できる社会である（内閣府、二〇二一年）。

第9章　「出席停止」という規定

1　「出席停止」と皆勤賞

前章で取り上げた皆勤賞との関連で「出席停止」を取り上げます。この「出席停止」は、一般には驚くほど知られていませんが、コロナ禍ではその扱いが疑問視されるほど混乱しました。指定都市市長会はこの「出席停止」とは異なる対応の検討を文部科学省に要請したほどです。その提言書では、コロナ禍という特殊性ゆえに、教育機会を用意するという観点から「出席停止」とするべきではないとしています（注1）（清遠、二〇二三年）。

こうした皆勤賞をめぐる問題を調べていく中で、徳島県のホームページで下記のような興味深いやりとりが掲載されていたのでそれを紹介します。「とくしま目安箱」に県民から寄せられた「コロナがあってからの皆勤賞について」の意見として、「今はコロナで学校に行けない生徒達もいるので、コロナで学校に行けない生徒達が悪い等の差別的な行為は厳禁として皆勤賞はやめて平等に扱う事」が提案されました。これに対する教育委員会からの回答が、以下の通りです。

新型コロナウィルス感染症に感染した場合、濃厚接触者に特定された場合、発熱等感染が疑われる症状が見られる場合には学校保健安全法第一九条の規定〔引用者注：以下2節参照〕に基づく「出席停止」になります。

また、保護者から感染が不安で休ませたいと相談があった児童生徒について、感染の可能性が高まっていると保護者が考える合理的な理由があると校長が判断する場合には、「出席停止」とすることができるとされております。

徳島県立学校における皆勤賞につきましては、各学校の判断により実施されているところですが、新型コロナウィルス感染症として「出席停止」となった場合には、欠席ではありませんので、皆勤賞の授与には影響しないと考えております。(注2)

わかりにくいかもしれませんが、要するに新型コロナウイルス関連（感染及び濃厚接触）で学校を休んでも、「出席停止」という扱いになって「欠席」とはならないため、皆勤賞には影響しないということです。つまり、この登校はできない「出席停止」は「欠席」ではないので、他の欠席（例えば交通事故で怪我をして登校できない）が一日もなければ「皆勤」と認めるということです。学校の一斉休業（二〇二〇年四〜六月）に象徴されるように、コロナ禍で児童生徒が登校しなかった理由はほとんどコロナ関連でした。それゆえコロナ禍で「皆勤賞」をまだ出している学校では、かえってその受賞者は増加したというのが実態のようです。

2 「出席停止」と「勤務間インターバル」「球数制限」との共通性

上記の徳島県教育委員会の回答にあった学校保健安全法第一九条の条文は下記の通りです。

第四節　感染症の予防（出席停止）
第十九条　校長は、感染症にかかつており、かかつている疑いがあり、又はかかるおそれのある児童生徒等があるときは、政令で定めるところにより、出席を停止させることができる。

これに基づき従来から、児童生徒がインフルエンザに罹患した際には「出席停止」となっていたわけです。そして、多くの生徒が罹患するほど流行する冬には、学級閉鎖や学年閉鎖となる場合もあり、学校時代に体験された方も多いことでしょう。ご記憶にあるかどうかはわかりませんが、その学級・学年閉鎖のときも「欠席」とはならなかったはずです。それも以下のような同法二〇条によるものです。

（臨時休業）
第二十条　学校の設置者は、感染症の予防上必要があるときは、臨時に、学校の全部又は一部の休業を行うことができる。

しかし、新型コロナウィルスは、当初から感染症法上の二類に位置付けられました（注3）。そのため従来のインフルエンザ（五類）ではなかったことですが、児童生徒本人ではなく家族や友達が新型コロナウィルスに感染して「濃厚接触者」になった場合も「出席停止」となりました。ところが、この「濃厚接触者」は保健所によって判定されるため、感染が広がった地域や期間によってかなりの混乱がみられました。また、感染が広がっている場合には、その解釈が拡大されて一緒に住む家族に発熱や風邪の症状がある場合も「出席停止」とされました。ちなみに二〇二〇年三月から六月にかけて政府が学校に対して全国一斉の臨時休業を要請しましたが、当然これも「出席停止」扱いですから児童生徒の「欠席」にはなりませんでした。

他に忌引き（親族の葬儀参列のために休むこと）がこの「出席停止」と同じく「欠席」にしない扱いとなっています。なお、小学生の欠席調査によれば、インフルエンザによる出席停止と忌引きは、一人当たりの平均は一年で一日にすぎません。(注4) また、もう一つ付け加えると、「出席停止」にはこの学校保健安全法によるものとは別に、学校教育法による「出席停止」もあります。文部科学省の調査（コラム5参照）においては、次のように説明されています。

> 学校教育法第三五条、第四九条又は第四九条の八に基づく「出席停止」措置について調査したもの。なお、この出席停止の制度は、本人に対する懲戒という観点からではなく、学校の秩序を維持し、他の児童生徒の義務教育を受ける権利を保障するという観点から設けられた制度である。（同調査、二頁注）

ここでこの「出席停止」と、働く人の「勤務間インターバル」（第1章5）と高校生投手の「球数制限」（第7章3）との共通点に注目したいと思います。無理をして働き続け、休もうとしない（あるいはできない）働き手を強制的に休ませる制度として提案されているのが最低一一時間の「勤務間インターバル」。

同様に無理をして投げ続け、やめようとしない（あるいはできない）高校生投手を守る制度として検討されている「球数制限」、とりわけ現在試験的に導入されている「一週間五〇〇球」より厳しい「一日あたりの球数制限」についてこれまで取り上げました。それに対して、この「出席停止」は、具合が悪いにもかかわらず登校しようとする児童生徒を休ませるルールで、特に今回は新型コロナウイルス感染症の拡大を防ぐという社会の要請がはっきりと打ち出されて適用されたわけです。

本章1の皆勤賞廃止議論で再三指摘されてきたのが、皆勤賞を目指して具合が悪いにもかかわらず登校してしまう児童生徒でした。（そうした児童生徒がどうして出てきてしまうのかは第Ⅳ部で改めて議論します。）第1章1で述べたように、これまでのインフルエンザの流行とその時期に学級（学年）閉鎖が繰り返されたこと自体、罹患した児童生徒が無理をして登校してしまったからとも考えられます。コロナとの同時流行が予想されたこの三年に、インフルエンザの流行がなかったことが、罹患した人がきちんと休めば感染拡大は防げるということを証明したようにも思えます。つまり無理をしてしまう当事者本人、働き手に対する「勤務間インターバル」、高校生投手に対する「球数制限」、そして児童生徒に対する「出席停止」はいずれも、強制的に「休むこと」を命じる制度という共通性が浮かび上がってきます。

3　文部科学省の長期欠席・不登校調査における混乱

一方、冒頭で述べたこの「出席停止」をめぐる混乱は、長期欠席・不登校調査の中でも起きていました。二〇二二年一〇月に文部科学省は、長期欠席・不登校調査の結果（調査の正式名は「令和三年度児童生徒の問題行動・不登校等生徒指導上の諸課題に関する調査結果）について発表しました。そこで「不登校」の急増（前年度比二四・九％）が注目されました。なお、この調査では年間三〇日以上の欠席が「長期欠席」とされています。その理由の一つとして「不登校」があり、他に「病気」、「経済的理由」、「その他」を含め四つに分類されてきました。そして、この「不登校」を含む年間三〇日以上の「長期欠席」でも、前年度比四三・八％の増加が確認されました。(注5)

この理由のうち比較的数の多い「不登校」と「病気」の判断基準は曖昧です。調査当初から文部省（当時）は、「病気」の中に「不登校（当時は学校ぎらい）」が含まれていると明言していました（文部省、一九八三年）。実際、小学校と中学校、あるいは都道府県によって、長期欠席の中で「不登校」の占める割合（構成比）が大きく異なることが指摘されてきました（山本、二〇〇八年）。それゆえ以前から私は、「長期欠席」から「不登校」だけを切り取って論じることへの疑問を呈してきました（保坂、二〇〇〇年）。ある意味では同様に、「長期欠席」にしても「不登校」にしても、コロナ禍でも継続されたこの調査によって「増加」という判断はできないと私は考えています。その理由は、以下に述べる調査方法の変更ですが、その中で「出席停止」の扱いが大きな問題になります。

実は二〇二一年一〇月にも「令和二年度児童生徒の問題行動・不登校等生徒指導上の諸課題に関する調査結果」が発表され、「過去最多」となった「不登校」の増加（前年度比八・二％）と報道されました。(注6)年間三〇日以上欠席の「長期欠席」でみても、小学生は九万〇〇八九人（一・四％）から一一万三七四六人（一・八％）、中学生一六万二七三六人（五・〇％）から一七万四〇〇一人（五・四％）、高校生七万六七七五人（二・四％）から八万〇五二七人（二・六％）へと増加したことが確認できます。しかし、この調査結果の集計には、大きな変更がありました。これまで学校保健法第一九条に基づく出席停止（インフルエンザ等）と忌引きは「欠席」ではなく、出席すべき日数から除かれていました。しかし、この二〇二〇年度データからは、新たに新型コロナ感染症による「出席停止」とこれまでの「忌引き等の日数」は、「登校しなかった」日数としてカウントすることになったのです。

つまりは「欠席」日数の調査から「登校しなかった」日数の調査に変わったのです。また、令和元（二〇一九）年度までの「欠席」理由別（病気・不登校・経済的理由・その他）に対して、この「登校しなかった」理由別には「新型コロナ感染回避」という項目が新設されて五種類になりました。新しく加わったのが、新型コロナウィルスの「感染者」でも「濃厚接触者」でもなく、その感染を恐れて児童生徒本人、あるいは保護者の意思で出席しない（つまりは欠席する）というものです。

この二〇二〇年度調査の変更は、学校現場に様々な混乱を招きました。その最たるものが、この「新型コロナ感染回避」でしょう。すでに述べたように「病気」か「不登校」かなど、もともと理由別の判断基準は曖昧でした。例えば、「病気」といっても、医療機関の指示がなくても、「児童生徒本人の周囲の者」が適切と判断する自宅療養は含まれていました。そこに「新型コロナ感染回避」が加わって、この理由の「選択」はさらに混乱したと考えられます。こうした学校現場での実態をふまえれば、「欠席」調査と「登校しなかった」日数調査でその増減を比較検討することはできないと、私は考えています。

最後に、この調査方法の変更がどれくらい知られているのかについてふれておきます。上述のようにコロナ禍での不登校増加という観点から注目されてマスコミ報道がなされました。（注7）しかし、コラム5で詳述したような調査方法の変更にふれた報道はほとんどありませんでした。私が知る範囲では、「コロナ感染回避」という項目が新たに加わったことにふれていたのが一社だけです。（注8）また、この長期欠席・不登校調査の結果は、例年各都道府県教育委員会から発表されることになっています。その中で、こうした変更についてふれていたのは長野県と大阪府だけでした。(注9)

私が調べた限りですが、この変更については教育関係者もほとんど把握していません。教育委員会の調査担当者、及び学校の調査担当者しか理解していないのではないかと思われるほどです。私が直接確認することができた調査担当者以外の教育委員会関係者や、管理職で知っている方は一人もいませんでした。

数字の嘘を見抜くための「数字リテラシー」を提唱する田口勇氏（二〇二〇年）は、「増えすぎた数・減りすぎた数」に注意することをポイントとしています。その例としてあがっている学校の「いじめ」の急増については、「いじめ」の定義を変えたためと指摘して次のように述べています。「いじめの定義がコロコロ変わり、昔のデータと比較できなくなってしまった」（三八頁）。これについては、「いじめ」問題に振り回されている学校関係者は、一般の人たちよりもよく承知しています。それに比べてこの長期欠席（不登校）については、学校関係者でさえこうした調査方法の変更を知っている人がほとんどいないことに驚きます。

（注1） 文部科学省は、新型コロナウィルス感染拡大防止のため児童・生徒がオンライン授業を受けた場合、指導要録に出席、欠席のいずれにも該当しない「出席停止・忌引等の日数」の欄に記載する指針について、欄の名称は学校設置者の判断で変更可能と教育委員会などに通知（二〇二二年一〇月）した。この通知では、名称を変更するかどうかや新たな名称は教育委員会などの判断に委ねるとし、名称例として「出席停止・忌引・その他出席

	新型インフルエンザ等感染症	5 類感染症
発生動向	・法律に基づく届出等から、患者数や死亡者数の総数を毎日把握･公表 ・医療提供の状況は自治体報告で把握	・定点医療機関からの報告に基づき、毎週月曜日から日曜日までの患者数を公表 ・様々な手法を組み合わせた重層的なサーベイランス（抗体保有率調査、下水サーベイランス研究等）
医療体制	・入院措置等、行政の強い関与 ・限られた医療機関による特別な対応	・幅広い医療機関による自律的な通常の対応 ・新たな医療機関に参画を促す
患者対応	・法律に基づく行政による患者の入院措置･勧告や外出自粛（自宅待機）要請 ・入院･外来医療費の自己負担分を公費支援	・政府として一律に外出自粛要請はせず ・医療費の１割～3割を自己負担 入院医療費や治療薬の費用を期限を区切り軽減
感染対策	・法律に基づき行政が様々な要請・関与をしていく仕組み ・基本的対処方針や業種別ガイドラインによる感染対策	・国民の皆様の主体的な選択を尊重し、個人や事業者の判断に委ねる ・基本的対処方針等は廃止。行政は個人や事業者の判断に資する情報提供を実施
ワクチン	・予防接種法に基づき、特例臨時接種として自己負担なく接種	・令和５年度においても、引き続き、自己負担なく接種 ・高齢者など重症化リスクが高い方等：年２回（5月～、9月～） ・5歳以上のすべての方：年１回（9月～）

図Ｃ－３　新型インフルエンザ等感染症（２類相当）と５類感染症の主な違い
（出典：厚生労働省 HP「新型コロナウイルス感染症の五類感染症移行後の対応について」より転載）

しなくてよいと認めた日数」や「オンラインを活用した特例の授業・出席停止・忌引等の日数」を示した（二〇二一年一〇月二三日付朝日新聞記事「『出席停止』変更OK：オンライン授業の記録欄」）。

（注2）徳島県とくしま目安箱「コロナがあってからの皆勤賞について」ご意見及び回答（二〇二〇年一〇月二〇日）。

（注3）感染症の予防及び感染症の患者に対する医療に関する法律については図C‐3参照。

（注4）一～六年生まで縦断的（二〇〇三～〇六年度、二〇〇六～一一年度）に調査したデータ（金子、二〇〇九年）。

（注5）朝日新聞二〇二二年一〇月二八日付記事「小中の不登校最多二四万人：文科省調査コロナ禍のストレス指摘」など。

（注6）二〇二一年一〇月一四日付読売新聞オンライン記事「コロナ影響、児童生徒の不登校・自殺が過去最多に：昨年度『子供たちの生活変化』」など。

（注7）二〇二三年も同様に報じられた（二〇二三年一〇月四日付朝日新聞記事「不登校二割増加最多二九万人：小中、四割専門相談せず」）。

（注8）上記注6の読売新聞記事に「コロナ回避」についての記載があった。

（注9）　参考までに長野県教育委員会の記載は以下の通り。「長期欠席の定義の変更点（令和二年度調査〜）——「新型コロナウィルスの感染回避」を新たに設定。『児童生徒指導要録』の『欠席日数』のみではなく、『欠席日数』と『出席停止・忌引き等の日数』の合計であることを長期欠席と定義。また、欠席理由の区分は、これまでの『病気』『経済的理由』『不登校』『その他』の四項目に加え、『新型コロナウィルスの感染回避』を新たに設定。」

コラム5　長期欠席・不登校調査の変更（二〇一九〜二一年度）

（1）令和元（二〇一九）年度データの特殊性

二〇二〇年一〇月、「令和元年度児童生徒の問題行動・不登校等生徒指導上の諸問題に関する調査結果」が発表されました。このデータにおいて注意すべきは、コロナ禍の全国一斉休業（三月）によって令和元（二〇一九）年度の年間の授業（出席）日数が、それ以前に比べて少なかったという事実です。仮に一斉休業がなく例年通りであれば、それに応じて欠席日数が多くなる児童生徒がいて、欠席三〇日未満であったものが三〇日以上になった可能性があります。つまり、この短縮によって、三〇日以上の長期欠席（不登校）とカウントされなかった児童生徒が相当数いたと考えられます。例えば、あるいじめ重大事案の調査報告書は、「令和二年二月七日から同年三月三日までの欠席について」、年間三〇日に達していないが、一斉休校がなければ欠席が継続したものと想定して「不登校重大事態」を認定しています（中村、二〇二三年）。それでもなお、この令和元（二〇一九）年度の長期欠席者数がこれほど多かったということを改めて確認しておきます。

（2）令和二（二〇二〇）年度調査からの変更点

二〇二一年一〇月にも「令和二年度児童生徒の問題行動・不登校等生徒指導上の諸課題に関する調査結果」が発表され、「過去最多」と報道されましたが、この調査結果の集計には、大きな変更がありました。これまで学校保健安全法第一九条に基づく出席停止（インフルエンザ等）と忌引きは「欠席」ではなく、出席すべき日数から除かれていましたが、この二〇二〇年度からは「出席停止」と「忌引き等の日数」は、「登校しなかった」日数としてカウントすることになったのです。文部科学省が示した「調査結果の概要」の中で「調査結果のポイント」の「長期欠席」には、「新型コロナウイルス感染症による影響を踏まえ、従来、年度間に『欠席日数』三〇日以上の児童生徒について調査してきましたが、令和二年度は『児童・生徒指導要録』の『欠席日数』欄及び『出席停止・忌引き等の日数』欄の合計の日数により、年度間に三〇日以上登校しなかった児童生徒について調査」（二頁）と記載されました。

また、令和元（二〇一九）年度までの「欠席」理由別（病気・不登校・経済的理由・その他）に対して、この「登校しなかった」理由には「新型コロナ感染回避」という項目が新設されて五種類になりました。それぞれの具体的な説明を次頁の表C－5に記します。

そして、二〇二〇年度から理由を「選択」という文言が登場するのですが、この主語は明記されていません。これを含めてこの二〇二〇年度調査の変更は、学校現場に様々な混乱を招きました。その最たるものが「新型コロナ感染回避」です。文部科学省（二〇二〇年）のガイドラインでは、次のように説明されています。「新型コロナウィルス感染症について現時点で未だ解明されていない点が多いなどの特性に鑑み、例えば、感染経路が分からない患者が急激に増えている地域であるなどにより感染の可能性が高まっていると保護者が考えるに合理的な理由があると校長が判断する場合には、指導要録上『出席停止・忌引き等の日数』として記載し、欠席とはしないなどの柔軟な取り扱いも可能」（これが本章1で引用した徳島県教育委員会の回答の根拠です）。

表C－5　理由別の説明

変更前「欠席」理由別：2019 年度調査結果 68 頁(注3) に記載

1 「病気」には、本人の心身の故障等（けがを含む。）により、入院通院、自宅療養等のため、長期欠席した者を計上。（自宅療養とは、医療機関の指示がある場合のほか、自宅療養を行うことが適切であると児童生徒本人の周囲の者が判断する場合も含む。）

2 「経済的理由」には、家計が苦しくて教育費が出せない、児童生徒が働いて家計を助けなければならない等の理由で長期欠席した者を計上。

3 「不登校」には、何らかの心理的、情緒的、身体的、あるいは社会的要因・背景により、児童生徒が登校しないあるいはしたくともできない状況にある者（ただし、「病気」や「経済的理由」による者を除く。）を計上。（以下略）

変更後「登校しなかった」理由の「選択」：2020 年度調査結果 64 頁に新たに記載（1–3「病気」「経済的理由」「不登校」は 2019 年度と同じ。）

4 「新型コロナウィルスの感染回避」には、新型コロナウィルスの感染を回避するため、本人又は保護者の意思で出席しない者、及び医療的ケア児や基礎疾患児で登校すべきでないと校長が判断した者を計上。

5 「その他」（以下エが追加。）

エ 「病気」「経済的理由」「不登校」「その他」により登校しなかった日数の合計が 30 日に満たず、学校教育法又は学校保健法に基づく出席停止、学年の一部の休業、忌引き等の日数を加えることによって、登校しなかった日数が 30 日以上となる者

また、学校保健安全法第一九条に基づく「出席停止」が感染者だけでなく、「濃厚接触者」などにも適用されたことによる混乱も起きました。従来のインフルエンザによる「出席停止」ではなかったのですが、新型コロナウィルスでは児童生徒本人ではなく、家族や友達が感染して「濃厚接触者」になった場合も「出席停止」となりました。ところが、この「濃厚接触者」は保健所によって判定されるため、感染が広がった地域や期間によってかなりの混乱がみられました。また、感染が広がっている場合には、一緒に住む家族に発熱や風邪の症状がある場合も「出席停止」とされたのは本文の通りです。(注1)もともと「病気」か「不登校」かなど、理由別の判断基準は曖昧でした。表C－5の通り「病気」といっても、

医療機関の指示がなくても、「児童生徒本人の周囲の者」が適切と判断する自宅療養は含まれていました。そこに「新型コロナ感染回避」が加わって、この理由の「選択」はさらに混乱したと考えられます。

（3）令和三（二〇二一）年度データ

二〇二二年一〇月にも「不登校」の急増と注目を集めた令和三（二〇二一）年度データで確認すべきは、年間の授業（出席）日数です。二〇一八年度まではおおよそ二〇〇日であった出席日数が、二〇一九年度は年度末の一斉休業によって一九〇日程度と少なくなりました。そして、一斉休業で始まった二〇二〇年度はさらに減って、おおよそ年間一八〇日程度でした。これに対して、二〇二一年度はほぼ以前と同じ水準（二〇〇日程度）に戻りました。この二〇二一年度では二〇一九年度に起きたこととは逆のことを考える必要があります。仮に出席日数を年間一八〇日で切れば、「登校しなかった日数」が三〇日未満であった児童生徒でも、二〇〇日になればそれに応じて「登校しなかった日数」が増えて三〇日を超えることになります。二〇二〇～二一年度のコロナ感染症の広がりを考えれば、感染して（あるいは濃厚接触者となって）「登校しなかった」児童生徒が多かったのは想像できます。

それに加えて、感染が広がっていた地域・機関において、「新型コロナ感染回避」を理由に「登校しなかった」児童生徒が多くなっていました。出席日数が二〇〇日に戻った二〇二一年度には、「登校しなかった」日数が三〇日未満であっても、学級閉鎖も含めてコロナ関連での「出席停止」で「登校しなかった」日数を加えることによって、三〇日以上となってしまったものが相当数いたことでしょう。この間も従来通り、コロナ感染による学校の休業及び学年閉鎖は授業（出席）日数から除かれましたが、学級閉鎖（学年の一部の休業は、「登校しない」日数にカウントされました。報道や公開された自治体の情報では[注2]、二〇二〇年度は学校休業と学年休業が多かったのに対して、二〇二一年度になると学級閉鎖が増える傾向が確認できます。

従って、各学校（及び学年）の授業（出席）日数のばらつきは二〇二一年度（一七〇～一八〇日）の方が多かったようです。これもまた、「不登校」と「長期欠席」、つまりは登校しない日数が、二〇二一年度により多くなった要因と推測できます。

こうした実態をふまえれば、欠席調査、そして登校しなかった日数調査は、その役割を終えたのではないかと、私は考えています。今、必要なことは、児童生徒の出席・欠席（登校しているか否か）という形式面ではなく、ICT活用も含めて学習が保障されているかどうかという実質的なことでしょう。教員の働き方改革から仕事の精選が言われていますが、その中でこうした調査もあげられています（中央教育審議会、二〇二〇年）。また、この調査を継続するのであれば、少なくとも五項目からの理由別の選択はやめるべきです。そもそも欠席（あるいは登校しなかった）理由は、児童生徒の個人情報であることを考えれば、その理由を調査して利用する以上、児童生徒本人及び保護者への確認と説明も必要です。データの意味も含めて、こうした観点からも「登校しなかった日数調査」の見直しは必要です。

（注1）二〇二二年九月には短縮されたが、それまでは感染した場合一〇日、濃厚接触で七日が自宅療養期間であった。さらに、感染症法上の五類となった二〇二三年五月八日以降は五日に短縮された。

（注2）大阪市・豊橋市・東京都葛飾区教育委員会等のホームページには、「感染症（疑いを含む）を理由とする小中学校の臨時休業対応（休校、学級閉鎖など）」が掲載されている。

第10章　入学試験における「欠席」

1　大学入試の場合

ここでは、コロナ禍において注目され続けた大学入学試験を取り上げます。その変遷を辿ることによって、コロナ禍以前も含めて「具合が悪くてもがんばって休まないこと」を奨励してきた学校教育が、入学試験における「欠席」をどう扱ってきたのかを考えます。まずはコロナ禍でも実施されてきた大学入学共通テストをはじめとする大学入試です。

これまでの全国統一の大学入試センター試験は、コロナ直前の二〇二〇年一月実施が最後となりました。そして、二〇二一年度からは大学入学共通テストの導入が決定していました。その初の大学入学共通テストが、コロナ禍での実施（二〇二一年一月一六〜一七日）となったわけです。

もともと受験者個人に受験できない原因がある場合は追試験、自然災害や会場側のトラブルなど受験できない原因が外的な場合は再試験となるのが大学入試センター試験時代から決まっていたルールです。それに従って、本試験の二週間後（一月三〇〜三一日）に追試・再試が実施されましたが、これまで一週間後に実施されてきたものが二週間後となったのは、新型コロナウイルス感染症からの回復を考慮しての変更でした。さらにその二週間後の二月一三〜一四日には、全国一斉の臨時休校（二〇二〇年四〜六月）による学習の遅れのため、第二日程として特例追試が行われました。

その第一日程の追試対象者は約一七二一人、前年の約六倍の規模になりました。感染症対策として発熱やせきなど症状がある受験生に対して、当日試験会場で「健康状態チェックリスト」に基づく簡易的な診断が実施された結果、受験できなかった人が多数出たためです(注1)。これ以外に、当日厳しい条件（無症状・PCR検査陰性・公共交通機関で移動しない）をクリアした上で、別室で受験した濃厚接触者が一八七人いました。

続く二〇二二年一月実施の大学入学共通テストで追試が認められたのは一六五八人。また、当日に前年同様の厳しい条件をクリアし、別室受験した濃厚接触者が二五二人いました。が、この後に行われる個別の大学入試でも、濃厚接触者の別室受験が認められるようになりました。前年実施の入試をふまえて、各大学は個別入試でも新型コロナウイルス感染症に対応して追試験や別日程への振替、つまりは「欠席」への対応を設定していました。しかし、二〇二二年一月に至って文部科学省は、新型コロナウイルスの感染急拡大を受けて、大学入学共通テストの本試験・追試験ともに受けられなかった（つまりは「欠席」した）受験生に、個別試験の結果などで合否判定するよう大学に求めました。これまで多くの国公立大学は、この大学入学共通テストと各大学が実施する個別試験の結果で合否判定をしてきたため、この欠席への対応に追われることになりました。結局、土壇場でまずは用意があることを受験生に伝えて電話で相談という形が多かったようです(注2)。

続く二〇二三年一月実施の大学入学共通テストにおいては、濃厚接触者の別室受験は引き続き認められましたが、本試験・追試験ともに受けられなかった、つまりは「欠席」した受験生に対する個別試験での特別対応は実施されませんでした。その影響もあったのでしょうか、追試験が認められたのは三八九三人と大学入試センター試験時代も含めて過去最多でした。(注3)

その後、二〇二三年五月八日の感染症法上の分類で五類への移行を経て、文部科学省は二〇二四年度実施予定の大学入学共通テストの追試験の会場を、コロナ禍以前と同じ全国二会場にする方針を明らかにしています。(注4)この方針は追試験受験者(つまりは本試験の欠席者)の減少を見込んでのことと考えられます。

2 高校入試の場合

高等学校の入学試験を「欠席」した場合の「追試」のあり方についてはご存知でしょうか。大学入試センター試験が当初から追試を実施していたのに対して、高校入試の追試は一般的ではありませんでした。これに関して文部科学省が、二〇一六年五~六月に公立高校入試についてインフルエンザにかかった生徒への対応を調査しています。その結果、追試を実施していると回答したのは六六自治体(四七都道府県及び一九政令指定都市)のうち一一府県、実際に追試を受けた受験生(本試験の欠席者)は一二四人にすぎませんでした。一方、インフルエンザに罹患し、入試当日に別室で受験したのは二六九五人もいたことが確認されました。この調査は、神奈川県で起きた悲劇がきっかけとされています。神奈川県公立高校の入学試験の当日にインフルエンザに罹患していた受験生が、試験で実力を発揮できなかったことを苦に自死、母親もその後を追って自死する事件が起きていました。この件が、国会審議でも取り上げられたことを受けて上記の文部科学省による実態調査につながりました（注5）。

この結果をふまえて、文部科学省は、高校入試の試験日に受験生がインフルエンザなどで体調を崩して欠席した場合の対策として、別日程で追試験を実施するよう求める通知を出しました。この通知では二次募集と同じ日程で追試をするケースなどを例示して、担当者は「すぐに追試を実施できなくても、受験機会を確保する方法を工夫してほしい」と述べています（注6）。このように高校入試では、インフルエンザに罹患しているにもかかわらず受験していたという事実に驚かれる方も多いのではないでしょうか。しかし、これは教育関係者にとっては当たり前のことだったようです。それほどこの高校入試の追試については、日本社会ではこれまでまったく注目されませんでした。

それがコロナ禍によって一変することになります。早くも文部科学省が、一斉休業中の二〇二〇年五月に、「中学校等の臨時休業の実施等を踏まえた令和三年度高等学校入学者選抜等の配慮事項について」を発出したからです。これによって感染症対策の一環として、本試験の欠席者に対する追検査等による受験機会の確保はもちろんのこと、「密」を避けるためにウェブサイトでの出願書類の配布や合格発表など各教育委員会の判断で様々な取り組みが進められました。

入試前の調査では、新型コロナウィルス感染者や濃厚接触者を対象とした追試験を実施すると回答したのは四三都道府県（加えて検討中は富山・和歌山県）にのぼりました。「なし」と回答した山口県は例外的に、以前から欠席した生徒は中学校長が高校に検査に代わる資料を提出して選抜する方法がとられていました。その他具体的には、北海道や三重県など（上記一一府県）のように、もともとインフルエンザ感染者に対して実施していた追試験を、新型コロナウィルス感染者と濃厚接触者も加え、本検査から二週間以上あけて行うようにしました。また、合格発表も、新たにウェブ上での発表を採用する自治体が増えました。(注7) つまり、コロナ禍前まで追試を実施する都道府県が少なかったのに対して、コロナ禍を経験した現在は追試をしないところの方が例外的となっています。そのうちの栃木県教育委員会が調べた報告書で(注8)「実施していない」としてあがっているのは、山形・栃木・兵庫・島根県だけでしたが、このまま実施しないことが許されるのか疑問です。この栃木県の報告書では、「追検査・再募集の実施」として、次のように提言されています。「本県ではインフルエンザ罹患者等に対する別室での受検を認めている。しかし、今後は、受検機会の十分な確保の観点から、受検者が体調を崩したまま受検に臨むことがないよう、別室での受検に加え、別な期日で行う追検査の実施も検討することが必要である」(八頁)。

3　その他の試験における欠席及び追試

私立高校や私立中学の入試などにおいても、入試の「欠席」への対応として「追試」の実施が確認されています。(注9) 特に注目されるのは、神奈川県私立中学高校協会が初めて実施した「共通追試」です。試験当日コロナを理由に欠席した受験生の機会を守る動きと言えます。(注10) このようにコロナ禍を契機にして、入学試験という状況においても「具合が悪くなれば休んで追試に備える」ということが可能となる時代が到来したのでしょうか。

一方で、資格取得を目的とした国家試験にまで視野を広げるとまったく違った事情が浮かんできます。(注11)

まずコロナ禍初期の緊急事態宣言下では、当然ですが五月実施予定の司法試験と予備試験の延期が発表さ

表 10－1　医療従事者の国家試験（一部）

2月5日6日	医師
2月10日	助産師
2月11日	保健師
2月13日	看護師
2月16日	臨床検査技師（PCR 検査を担う）
2月19日20日	薬剤師

（出典：NHK NEWS WEB より転載）

れました。また、四月予定の国家公務員試験（一次試験）は二度にわたって延期され、ようやく七月に実施されました。(注12) なぜかその追試等についてはあまりニュースにもなっていませんが、そうした措置は取られませんでした。

さらには、表10－1のように二〇二〇年度末に医師・看護師などの医療従事者の国家試験が続きました。これらの医療従事者の国家試験についてコロナ感染者や濃厚接触者が受験できないことは話題となり、当然ながら「欠席」に対する追試等の措置を望む声が上がりました。こうした声を受けて、医療機関でつくる団体「全日本民主医療機関連合会」が、医師や看護師などの国家試験について、追試の実施などを要請しました。(注13)

ところが、厚生労働省はついに「追試」は実施しませんでした。ただし、入学試験に準じて別室受験を認めています。厚生労働省の「二〇二一年度厚生労働省所管医療関係職種国家試験における新型ウィルス感染症対策について」には以下のように記されています。

「1　新型コロナウィルス感染症に罹患し、入院中、宿泊療養中または自宅療養中の受験者は、他の受験者への感染の恐れがあるため、受験を認めない。」

「2　濃厚接触者については、以下の要件を全て満たしている場合には感染症対策を講じた上で受験を認める。

ア　初期スクリーニング（自治体等によるＰＣＲ等検査）の結果、陰性であること。
イ　受験当日も無症状であること。
ウ　公共の交通機関を利用せず、かつ、人が密集する場所を避けて試験場に行くこと。
エ　終日、別室で受験すること。」

結局、各方面からの追試要請に対して厚生労働省は、新型コロナウイルス感染症への罹患を含めて「心身の不調を理由とした追試は実施しない」と回答しています。が、二〇一六年の看護師国家試験では、悪天候（大雪）のため試験会場にたどり着けなかった宮城・東京・愛知のおよそ八〇〇人に対して追試が行われた前例があります。(注14) また、医師国家試験は以前に年二回（春・秋）実施されていましたが、一九八五年から現在のように一回になりました。行政や大学側が試験に関わる労務を軽減しようとしたとも言われていますが（保阪正康、一九八二年）、コロナ禍をふまえてこうした国家試験の複数回受験も検討に値するのではないでしょうか。

偶然にもコロナ禍の最中、天皇家の縁戚につながる男性が、アメリカ・ニューヨーク州の弁護士試験に複数回挑戦するというニュースが巷では溢れていました。その資格試験が短期間のうちに三回も実施されることを知った人々が多かったにもかかわらず、この資格試験の複数回受験を日本国内でも実施すべきという意見に結びつかなかったのは不思議としか言いようがありません。

本章でみてきたように、ようやくコロナ禍を経て入学試験に関しては「具合が悪くなれば休んで追試に備える」という状況が作られるようになりました。しかし、それ以前の高校入試や、大学の個別入試では、

「具合が悪くても（それがインフルエンザ罹患であっても）受験する」ということが、当たり前のように認められていました。また、コロナ禍を経験してもまだなお資格試験についてはは「心身の不調」、つまりはインフルエンザ等の感染症の罹患も含めて「欠席」してしまうと、追試というチャンスすら与えられません。受験当日の病気・怪我等は「自己責任」であり、そうなってしまったものが悪いということなのでしょうか。「欠席」の事情を勘案して、追試という機会を用意も検討もしない体制（社会）に対しては疑問を感じざるを得ません。(注15)

資格取得のための国家試験等は、学校から社会への関門のような位置にあるとも言えます。制度的には社会が設置していることになりますが、学校教育にとっても関わりが深いものです。それゆえコロナ禍において看護師試験の「欠席」に対して、追試という機会を看護学校が要請したのだと考えられます。(注16)しかし、こうした要請がこれまでまったく行われなかった、それどころか学校教育そのものが入試の欠席に対して多くの場合に追試さえも実施してこなかった、そしてそれがコロナ禍まで問題にならなかったことに驚いてしまいます。

こうした追試という機会を想定しない体制そのものが、「休むこと」に対する意識や態度に影響しないはずはありません。

（注1） 日経新聞二〇二一年一月二七日付記事「共通テスト追試対象、コロナ対応で大幅増　過去最多に」、読売新聞オンライン二〇二一年一月二〇日付記事「共通テスト追試対象者」、福井新聞オンライン二〇二一年一月一六日付記事「センター試験の追試験・再試験とは」など。

（注2）　朝日新聞二〇二二年一月一二日付記事「共通テスト欠席者配慮要請：入試直前戸惑う大学」、同二〇二二年一月一三日付記事「共通テスト欠席でも合否：文科省『各大学が厳格に判定』」、朝日新聞二〇二二年二月二日付記事「共通テスト、コロナで受けられなくても――：救いの手大学熟考」など。

（注3）　二〇二三年一月二六日付朝日新聞デジタル記事「共通テスト追試最多に」。

（注4）　二〇二三年六月三日付朝日新聞デジタル記事「共通テスト、追試は二会場に」。

（注5）　二〇一七年二月一三日付みんなの学校新聞記事「どうなる　高校入試の追試験実施」。

（注6）　朝日新聞二〇一七年二月七日付記事「高校入試『インフルの受験生に追試を』」。

（注7）　朝日新聞二〇二一年一月七日付記事「高校入試：四三都道府県で『追試』」。

（注8）　「栃木県立高等学校入学者選抜制度の在り方について」（二〇二三年）県立高等学校入学者選抜制度改善検討委員会（令和五年三月一日）。

（注9）　二〇二一年一月八日付朝日新聞記事「激励禁止、追試も」など。

（注10）　二〇二二年一月二三日付朝日新聞記事「コロナ下の中学入試　熱冷めず？：『受験生は今年並み』予想」、二〇二二年二月二二日付朝日新聞 EduA 記事「神奈川の私立中、コロナ対応で『共通入試』　児童九人が挑戦『受けられてよかった』」。

（注11）　司法制度改革に伴う法科大学院の創設にあたり、法科大学院を経由しない者に対して法曹資格取得のための道を確保するため、新司法試験の受験資格を与えるために創設された試験制度。法学部の優秀な学生たちは、法科大学院に進むことなく、この予備試験に合格してそのまま司法試験を受験し、合格するというバイパスになってしまっている（林、二〇二一年）。

（注12）　二〇二〇年四月八日付朝日新聞記事「司法試験や国家公務員試験を延期　新型コロナ影響」、二〇二〇年一月二八日付朝日新聞記事「国家公務員試験七月五日に」など。

（注13）二〇二二年二月七日付NHK NEWS WEB特集「追試はないの？ コロナ禍の国家試験」。
（注14）同前。
（注15）英語のTOEICが毎月実施されているのに対して、日本語能力試験（JLPT）は年二回しか実施されていないことも同様であろう。外国人留学生の新卒採用にあたって受験機会が少ないことが問題となっている（二〇二三年九月八日付朝日新聞記事「私の視点：外国人留学生の新卒採用：日本語試験スコア活用を」）。
（注16）二〇二二年二月八日付朝日新聞記事「看護師試験『救済策を』――コロナ感染時の追試、看護学校が要望」。

コラム6　大学入学共通テストの追試

従来の全国統一の大学入試センター試験は二〇二〇年度実施が最後となりました。そして、二〇二一年度からは大学入学共通テストの導入が決定していました。この変更に際して英語の民間試験活用や記述式問題の導入などが議論されていましたが、迷走の末にどちらも導入しないことになって、初の大学入学共通テストが実施されたのは三年前（コロナ禍一年目）のことです。この迷走ゆえに内容の変更に注目が集まったのは当然ですが、ここでは追試験などその実施形式のコロナ禍による変更について記録しておきます。

私も監督を務めましたが、初の大学入学共通テストは、二〇二一年一月一六～一七日（第一日程）に実施されました。試験当日、マスクから鼻を出していた受験生が注意に従わずに退室させられたことがニュースとなりましたが、記憶に残っていますでしょうか。大学入試センターによると、再三の注意にもかかわらず、当該受験生が鼻を出してマスクをつけていたことが理由で「成績無効」にしたとのことです。(注1)

こうしたトラブルは別として、受験者個人に受験できない原因がある場合は追試験、自然災害や会場側のトラブルなど受験できない原因が外的な場合は再試験となるのが大学入試センター試験時代から決まっていたルールです。それに従って二週間後（一月三〇～三一日）に追試・再試が実施されました。が、これまで一週間後に実施されてきたものが二週間後となったのは、コロナウィルス感染からの回復を考慮しての変更です。さらにその二週間後の二月一三～一四日には、全国一斉休校（二〇二〇年四～六月）による学習の遅れのため第二日程として特例追試が実施されましたが、これはコロナ禍の特例です。この異例の三回テストが可能になったのは、問題が漏洩するなどに備えて緊急対応問題が用意されていたからで、この時点で文部科学省は第二日程受験者を「数万」と見積もっており、当時山本廣基大学入試センター理事長も「六～七千人」と思っていたそうです。(注2)が、結果として特例追試の受験生はたったの一名でした。

コロナ禍前（二〇二〇年一月一八～一九日）に実施された最後の大学入試センター試験では、一週間後の追試（一月二五～二六日）は全国二ケ所で行われました。再度の追試はありませんでしたから、大学の入試の「欠席」についての対応はコロナ禍により大きく様変わりしたことになります。ちなみに二〇〇九年には新型インフルエンザが流行したため、大学入試センター試験の追試が例年とは違って二週間後に設定されました。この追試験の受験者は多数になると想定され、多くの会場が用意されましたが、実際の受験者はわずか五〇人でした。今回の変更措置もそれに準じて行われました。

結局、第一日程の追試対象者は一七二一人、前年の約六倍の規模になりました。その内訳は、コロナ感染者九二人と濃厚接触者一三二人でした。が、これ以外に、当日厳しい条件（無症状・ＰＣＲ検査陰性・公共交通機関で移動しない）をクリアした上で、別室で受験した濃厚接触者が一八七人いました。一方で、「かぜ・インフルエンザ・胃腸炎などその他の疾病」が一四五八人。その他の疾病がこれだけ多く出たのは、感染症対策として発熱やせきなど症状がある受験生に対して、当日試験会場で「健康状態チェックリスト」に基づく簡易的な診断が実施された結果、受験できなかった人が多数出たためです。(注3)

続く二〇二二年一月実施の大学入学共通テストでは、初日の東京大学会場前で受験生が刺されるという事件や、受験生が外部から解答を得ていた問題流出事件が起きて大きなニュースになりました。(注4)この試験の追試が認められたのは一六五八人（事件の影響で認められた四人を含む）でした。また、当日に前年同様の厳しい条件をクリアし、別室受験した濃厚接触者が二五二人。今回は、この後に行われる個別の大学入試でも、濃厚接触者の別室受験が認められるようになりました。ただし、共通テストと同様にＰＣＲ検査などで陰性、これまでも当日も無症状、公共交通機関を使わない（事前予約したタクシーは可）という厳しい条件が課せられました。(注5)

先の二〇二一年度入試をふまえて、各大学は個別入試でも新型コロナウイルス感染症に対応して追試験や別日程への振替（「欠席」への対応）を設定していました。すでにその二〇二一年度入試においても、四割ほどの大学が追試を実施し、約半数の大学が追加の受験料を徴収せずに別日程の受験に振り替えていました。(注6)

しかし、年明け（一月一一日）に至って文部科学省は、新型コロナウイルスの感染急拡大を受けて、大学入学共通テストの本試験・追試験ともに受けられなかった（つまりは「欠席」した）受験生に、個別試験の結果などで合否判定するよう大学に求めることとなりました。これまで多くの国公立大学は、この大学入学共通テストと各大学が実施する個別試験の結果で合否判定をしてきたため、この対応に追われることになります。東京大学など有力国立大学が、「受験機会を確保する」として具体的な対応を発表したのは一月二八日でした。例えば、京都大学は二月四日まで電話相談を受け付けましたが、診断書などの必要書類の提出を求めました。他の大学もまずは用意があることを受験生に伝えて電話で相談という形が多かったようです。(注7)

一方、二〇二三年一月実施の入試においては、濃厚接触者の別室受験は引き続き認められましたが、本試験・追試験ともに受けられなかった（つまりは「欠席」した）受験生に対する個別試験での特別対応は実施されませんでした。その影響もあったのでしょうか、大学入学共通テストの追試験が認められたのは三八九三人と大学入試センター試験時代も含めて過去最多でした。このうち新型コロナウイルス感染者と濃厚接触者は二一三八人（その他はインフルエンザ感染者等）という内訳でした。(注8)

（注1）二〇二一年一月一七日付朝日新聞記事「鼻出しマスクの受験生の成績無効に：注意従わず不正認定」など。

（注2）二〇二三年六月三日付朝日新聞デジタル記事「コロナに襲われた共通テスト初年度　入試センターが使った『奥の手』」。

（注3）日経新聞二〇二一年一月二七日付記事「共通テスト追試対象、コロナ対応で大幅増　過去最多に」、読売新聞オンライン二〇二一年一月二〇日付記事「共通テスト追試対象者」、福井新聞オンライン二〇二一年一月一六日付記事「センター試験の追試験、再試験とは」など。

（注4）二〇二二年一月一五日付ＮＨＫ　ＮＥＷＳ　ＷＥＢ記事「受験生ら切りつけ逮捕の高二『東大入りたかった　成績で悩み』」、二〇二三年一月九日付朝日新聞記事「カンニング、刺傷事件――昨年トラブル続いた共通テスト、大学の対策は」など。

（注5）文部科学省「令和三年度大学入学者選抜に係る新型コロナウィルス感染症対策に伴う個別学力検査の追試等の対応状況」（令和三年七月三一日現在）。文部科学省「令和四年度大学入学者選抜での新型コロナウィルス感染症に対応した試験実施のガイドライン」（令和二年一〇月二九日）。

（注6）朝日新聞二〇二二年一月一二日付記事「共通テスト欠席者配慮要請：入試直前戸惑う大学」、同二〇二二年一月一三日付記事「共通テスト欠席でも合否：文科省『各大学が厳格に判定』」、同二〇二二年一月二七日付記事「追試　コロナ関連は四六三人：東大前事件影響の四人も」。

（注7）朝日新聞二〇二二年二月二日付記事「共通テスト、コロナで受けられなくても――救いの手　大学

熟考」。

（注8）二〇二三年一月二六日付朝日新聞デジタル記事「共通テスト追試最多に」。

第11章　学校の部活動におけるガイドライン

1　ガイドラインによる活動制限

すでに第4章2で述べた通り、二〇一八年三月にスポーツ庁が「運動部活動の在り方に関する総合的なガイドライン」を、続いて同年一二月に文化庁が「文化部活動の在り方に関する総合的なガイドライン」を策定しました。両者ともに過熱した部活動の適正化を求めており、中でも教員（つまりは部活顧問）の長時間労働への歯止めが注目されたわけです。そして、中央教育審議会や国会が、学校における働き方改革等の観点からこの部活動を学校単位の取り組みから地域単位の取り組みとするべきと指摘して、二〇二三年度以降段階的に地域移行を図ることになりました。そのため上記の二つのガイドラインは、「『地域の子供たちは、学校を含めた地域で育てる』という意識の下で」（四頁）、「学校部活動及び新たな地域クラブ活動の在り方に関する総合的なガイドライン」に統合されました。

本章で注目するこのガイドラインのポイントは、「週あたり二日以上の休養日」、「土日のうち一日の休養日」と、「一日あたりの活動時間は平日二時間程度、土日は三時間程度」と活動時間の制限、つまり「休むこと」が明記されたことです。当該箇所は表11‐1の通りです。

表11－1　ガイドライン「適切な休養日等の設定」（pp. 10–11）

ア　運動部活動における休養日及び活動時間については、成長期にある生徒が、運動、食事、休養及び睡眠のバランスのとれた生活を送ることができるよう、スポーツ医・科学の観点からのジュニア期におけるスポーツ活動時間に関する研究（注1）も踏まえ、以下を基準とする。

・学期中は、週当たり２日以上の休養日を設ける。（平日は少なくとも１日、土曜日及び日曜日（以下「週末」という。）は少なくとも１日以上を休養日とする。週末に大会参加等で活動した場合は、休養日を他の日に振り替える。）

・長期休業中の休養日の設定は、学期中に準じた扱いを行う。また、生徒が十分な休養を取ることができるとともに、学校部活動以外にも多様な活動を行うことができるよう、ある程度長期の休養期間（オフシーズン）を設ける。

・１日の活動時間は、長くとも平日では２時間程度、学校の休業日（学期中の週末を含む）は３時間程度とし、できるだけ短時間に、合理的でかつ効率的・効果的な活動を行う。

・文化部活動における休養日及び活動時間についても、成長期にある生徒が、教育課程内の活動、学校部活動、学校外の活動、その他の食事、休養及び睡眠等の生活時間のバランスのとれた生活を送ることができるよう、同様とする（注2）。

イ　都道府県は、1（1）に掲げる「部活動の在り方に関する方針」の策定に当たっては、前記アの基準を踏まえて休養日及び活動時間等を設定し、明記する。

ウ　学校の設置者は、1（1）に掲げる「設置する学校に係る部活動の方針」の策定に当たっては、前記アの基準を踏まえるとともに、都道府県が策定した方針を参考に、休養日及び活動時間等を設定し、明記する。また、後記エに関し、適宜、支援及び指導・是正を行う。

エ　校長は、1（1）に掲げる「学校の部活動に係る活動方針」の策定に当たっては、前記アの基準を踏まえるとともに、学校の設置者が策定した方針に則り、学校部活動の休養日及び活動時間等を設定し、公表する。また、各部の活動内容を把握し、適宜、指導・是正を行う等、その運用を徹底する。

オ　休養日及び活動時間等の設定については、地域や学校の実態を踏まえた工夫として、定期試験前後の一定期間等、各部共通、学校全体、市区町村共通の学校部活動の休養日を設けることや、週間、月間、年間単位での活動頻度・時間の目安を定めることも考えられる。

（注1）「スポーツ医・科学の観点からのジュニア期におけるスポーツ活動時間について」（平成29年12月18日公益財団法人日本体育協会）において、研究等が競技レベルや活動場所を限定しているものではないことを踏まえた上で、「休養日を少なくとも1週間に1～2日設けること、さらに、週当たりの活動時間における上限は、16時間未満とすることが望ましい」ことが示されている。

（注2）学校教育法施行規則に定められている中学校の各学年の年間標準授業時数を、学習指導要領に示された年間の授業週数に照らして1週間当たりに換算すると、1週間当たりの授業時数は29単位時間（24時間10分）である。一方、スポーツ庁「平成29年度運動部活動等に関する実態調査」によれば、中学校の文化部活動の1週間の活動時間が「14時間を超える」と回答した生徒の割合は全体の42.0%、「21時間を超える」と回答した生徒の割合は全体の21.7%であり、学校の教育活動の中心である教育課程内の活動と比して、部活動の時間がそれに匹敵する程度に長時間になってしまうことは、生徒の負担等の観点から適切ではないと考えられる。こうしたことを踏まえて、本ガイドラインでは、1週間当たり長くとも11時間程度となる文化部活動の活動時間の基準を定めた（平日は少なくとも1日、週末は少なくとも1日以上を休養日とし、1日の活動時間は長くとも平日では2時間程度、休養日は3時間程度を基準とする）。

過熱した部活動への歯止めとしての「休養日」ですから、無理をしてしまう当事者（この場合は部活顧問及び児童生徒）本人に対して、「休むこと」を命じる制度と位置付けられます。言うまでもなく「ガイドライン」という性格上、法的拘束力はありません。しかし、無理をして働き続け、休もうとしない（あるいはできない）働く人を休ませる制度としての「有給休暇の取得義務（第1章4」）や「勤務間インターバル」（第1章5）、同様に無理をして投げ続け、やめようとしない（あるいはできない）高校生投手を守る「球数制限」（第5章2）、そして具合が悪いにもかかわらず登校しようとする児童生徒を休ませる「出席停止」（第9章）は、外から強制的に「休ませる」という点で、この部活動ガイドラインと同次元に並べることができます。これらに対してもはや日本社会は、場合によっては国が主導して外から強制的に休ませることが必要な段階にきていると考えることができます。ちなみに、「バカンス大国」として知られるフランスでも、休暇制度の導入は、国主導の法律によってであり、いわば強制的だったことが一般労働者の反発を買ったという面白いエピソードがあります（コラム7参照）。

2　部活動の「休み」？

私は、このガイドラインに「休むこと（＝休養日）」が明記されたこと自体、それ以前まで平日も土日も休み（＝休養日）がなく、活動時間も長い部活動があったからだと考えています。すべての部活動という意味ではありませんが、第5章で取り上げた高校野球などでそうした事例が確認できます。桑田真澄氏（二〇一一年）の調査によれば、高校時代の練習量は平日平均四・五時間、休日平均七・五時間、半数近く（四四％）が「一週間で練習オフ日はゼロ」と回答しています。(注1)

実のところ、一九九〇年代にも文部省（当時）が週二日の休みを求めたにもかかわらず定着しませんでした。さらに、二〇〇二年以降学校五日制で土日が休みになってからは、部はその二日とも活動するのが当たり前というところもあったようです（内田、二〇二二年）。第2章2で長時間労働の常態化は、週休二日制で減少した土曜日の労働時間が平日に上乗せされたという興味深い分析（森岡、二〇一三年）を紹介しましたが、それと重なるような動きに見えませんか。

そして、この傾向は運動部に限りません。それゆえにこそ、運動部に続いて文化部（例えば吹奏楽部など）のガイドラインが出されたのでしょう。実際、文化庁が顕著な活動実績がある学校の文化部活動の実態を把握しようとした調査(注2)があります。図11-1、2に示した通り、活動日数が多いほど活動時間も長く

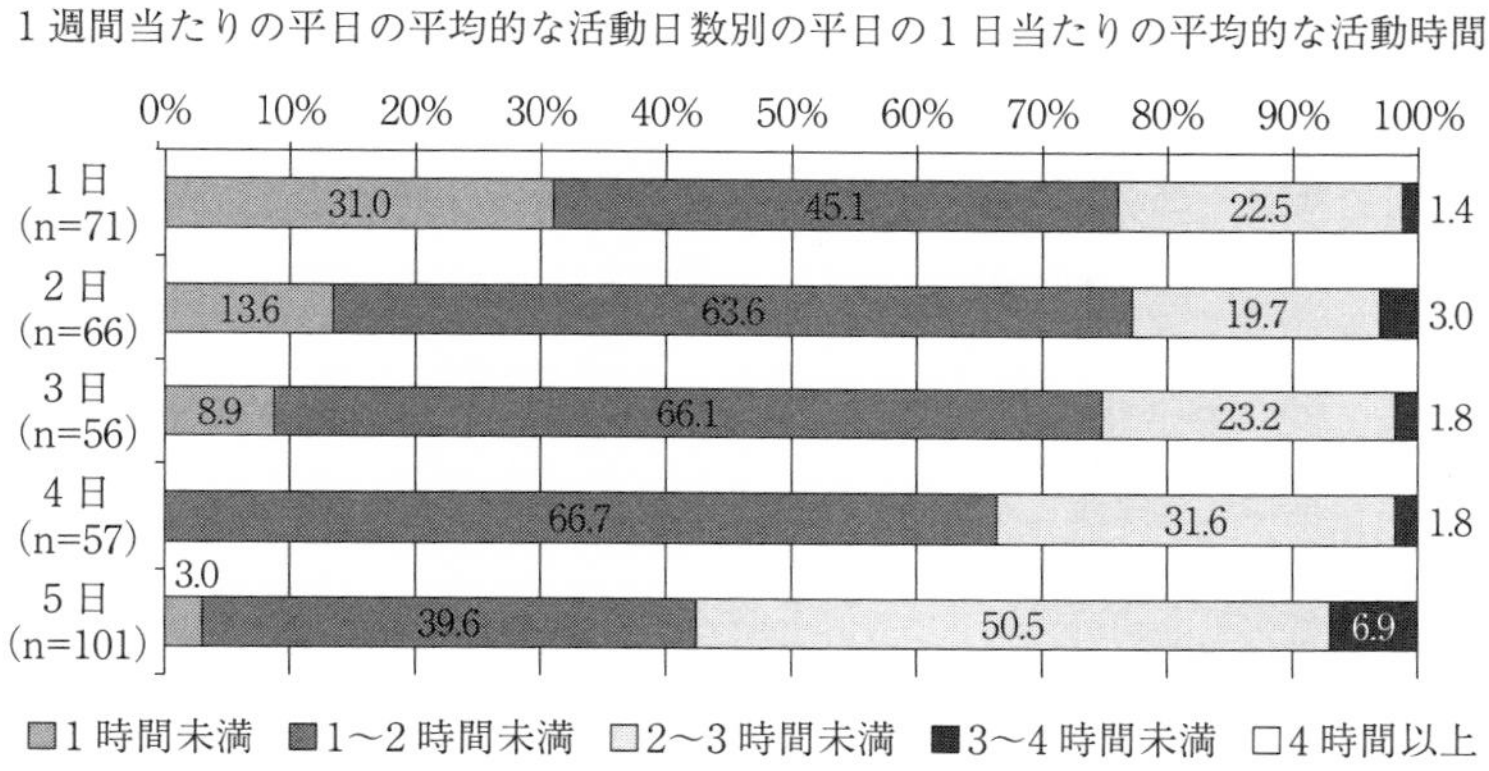

図11－1　「文化部活動の実態把握に関する調査」（3頁より転載）

なる傾向と、平日の活動日数が多いほど土日の活動時間も多くなる傾向が見られます。とりわけ「吹奏楽」と「マーチングハンド・バトントワリング」は、特にそうした傾向が見られると指摘されています(注3)。

　中学校教員の名児耶（二〇一九年）は、次のように述べています。「部活に入ったら朝から夕方まで練習に励むものだ、放課後は一目散に部室に向かうものだ、毎日休まず練習するものだ、という〝常識〟は学校という特異な文化の中で代々引き継がれていくものと思います」（五五頁）。それゆえ「平日・休日ともに部活動の仕事があることで家を不在にしがちな夫（引用者注：教員）を持つ妻」を指す「部活未亡人」といった言葉が存在しているのでしょう（内田、二〇一二年七九頁）。

　架空の物語ですが、ここで『響け！　ユーフォニアム』という高校の吹奏楽部を舞台とした小説（アニメ）を紹介したいと思います(注4)。

　主人公は、京都府立北宇治高校の吹奏楽部でユーフォニアムを担当する黄前久美子。彼女の入学と同時に北宇治高校に

1週間あたりの平日の平均的な活動日数別の土曜日の1日あたりの平均的な活動時間

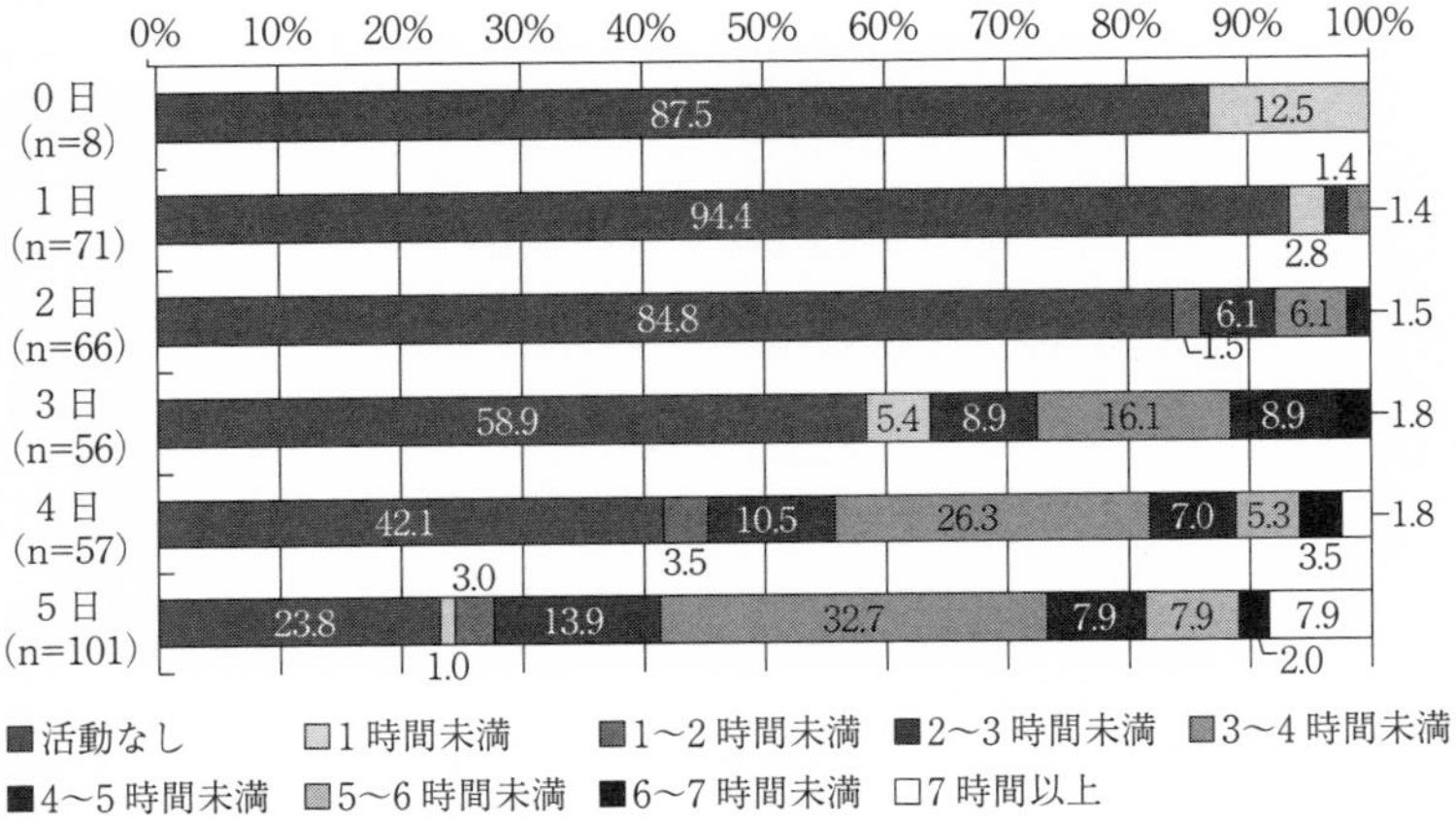

土曜日・日曜日ともに、
平日の活動日数が多いほど、
土日の活動時間も
多くなる傾向がみられる

1週間あたりの平日の平均的な活動日数別の日曜日の1日あたりの平均的な活動時間

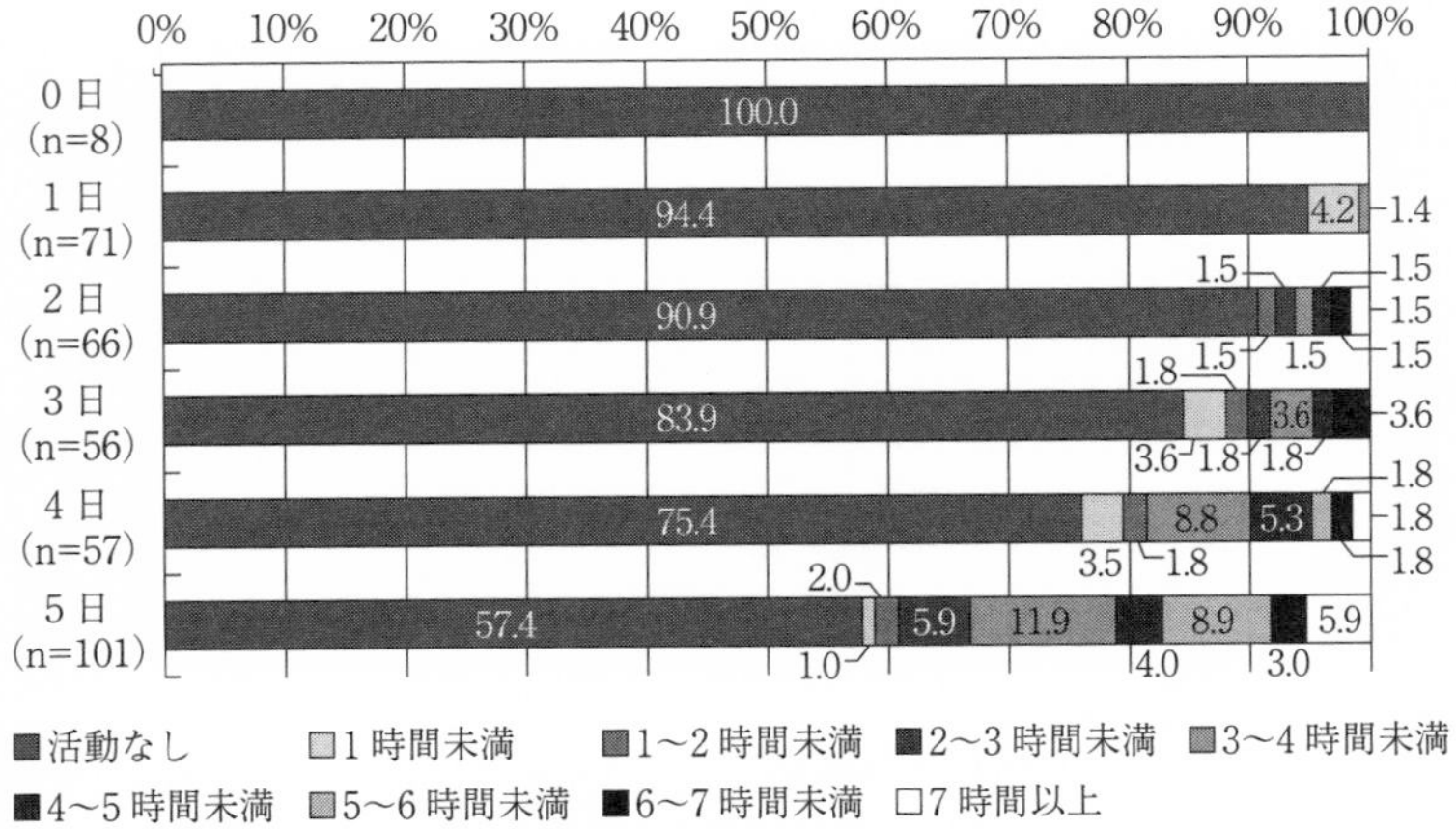

図11－2　「文化部活動の実態把握に関する調査」（7頁より転載）

は新たに音楽教員として滝昇が赴任し、吹奏楽部の顧問となります。部活動が本格的に始動する新学期初日に吹奏楽部の部員たちは、全国大会出場を本気で目指すかどうかを自分たちで決めるよう、顧問の滝先生から提案されます。そして、部員たちは、多数決で全国大会を目指すと決めて厳しい練習を選びます。こうして生徒たちが自ら選んだ目標（全国大会出場）に向かうという猛練習を納得して受け入れる環境が整います。吹奏楽コンクール京都府大会は八月五日と六日。京都府代表として関西大会に進めるのは三六校中の三校だけ、全国大会はその関西大会のさらに先にあります。全国一五〇〇以上ある高校の中で、その全国大会に出場できるのは三〇校足らずです。（実際の吹奏楽コンクールも、夏の各地方大会を経て秋に全国大会が行われます。）

それに向けて、まず平日練習が六月から一九時まで三〇分延長（ただし定期テスト前一週間は活動禁止）。さらに、土日もほとんど練習に費やされます。夏休みに入ってからはラストスパートということで、学期中の休日練習九～一七時が、二〇時までに延長されます。部員たちは八時過ぎにはほとんど音楽室に集まりますが、早い生徒は六時には来ています。二〇時に全体練習が終わってからも居残って個人練習する部員もいます。以下は、部活動終了後にも残っていた生徒（主人公・久美子）と滝先生のやりとりです。

生徒「もう帰らないといけない時間ですか。」
滝「様子を見に来ただけですから、まだ練習してもらって構いませんよ。」（中略）
生徒「でも、朝もいっつもいるじゃないですか。部活、大変なんじゃないですか？」
顧問という仕事は手当もほとんど出ないと聞いたことがある。部員の練習表が休みなくびっしり埋まっているということは、当然顧問である滝の休暇だってほとんどないということだ。部員の誰よりも早く来て、部員の誰よりも遅く帰る。

滝「私には妻も子供もいませんからね。仕事くらいしかやることがないんですよ。」

この部活動の休みはお盆休みの二日しかなく、この休み明けから三日間ホールを貸し切っての合宿がありましたが、その集合も朝七時でした。そして、合宿翌日からも練習が続きます。

つまり、図11-1、2にある活動日数が多いほど活動時間も長くなり、平日の活動日数が多いほど土日の活動時間も多くなる部活動（吹奏楽部）の一つとして描かれています。

当然、この部活動を取り上げたのは、本書のテーマである「休む」という視点から考えるためです。学校の「欠席」とは違う「休む」という表現になるのは、下記3のような部活動の位置付けがあるためです。学校の「欠席」とは違うため、学校に出席しても放課後の部活動には参加しないで帰る場合など、学校を休む＝「欠席」ではなく、この「休む」という言い方が必要になってきます。学校の「欠席」については、第9章で記した通り詳細な調査が継続されてきましたが、この部活動を「休む」ことについての調査等は見たことがありません。しかし、部活動の中には、この小説（アニメ）のように休みがほとんどないものもあったようです。

また、神奈川県の部活動の調査（二〇一四年）では、「一年間のある時期に活動しない時間を設けること」の是非を尋ねています。前掲のガイドラインで、「長期の休養期間（オフシーズン）」が提案されているからでしょう。(注5) その結果は図11-3のように、それに賛成の中学生・高校生は約七割もいたのに対して、大

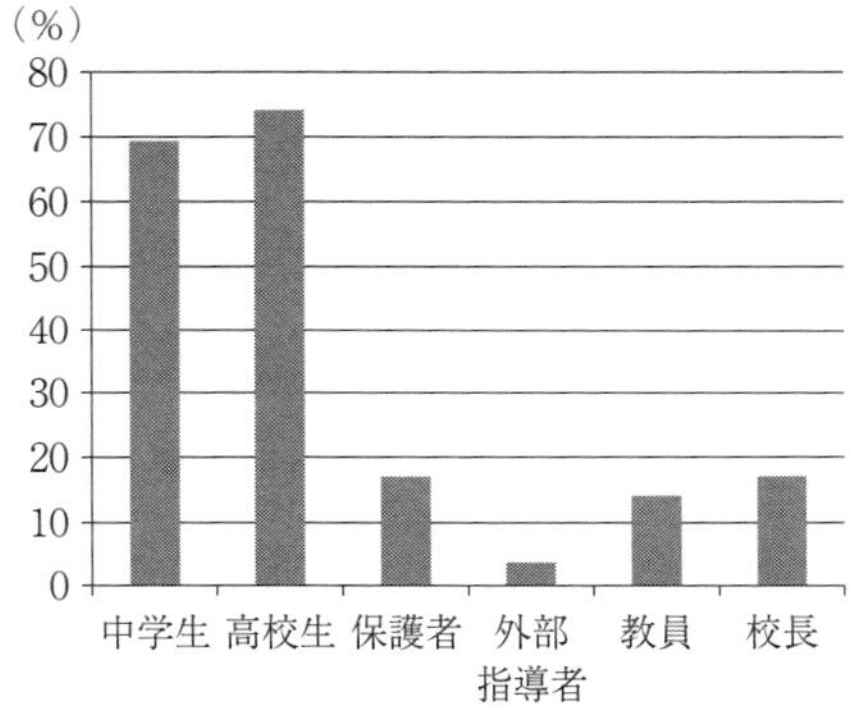

図11－3　1年間のある時期活動しない期間を設けることを「良いと思う」者の割合（出典：神奈川県教育委員会報告書　神奈川県教育委員会（2014年）より作成）

人たち（教員・保護者）の賛成は二割、外部指導者では四％しかいません。この結果を、生徒たちはまとまった休みを希望しているにもかかわらず、大人たちがそうはさせていないと分析する研究者（内田、二〇二二年）もいるほどです。

やはり国が主導するという外から強制的に休ませることが必要なのは、まずは大人たちということでしょうか。

3　部活動の位置付け

この学校の部活動には、学校に通っている児童生徒全員が参加しているわけではありません。小学校でも活動はありますが、主として中学校と高校で参加した（あるいは途中でやめた）という経験をしている人が多いでしょう。ある調査によれば、高校野球に代表される運動部の参加率は、二〇〇〇年以降中学校で七割以上、高校で半数といったところです（図11－4参照）。また、運動部以外の文化部を含めると、中学校では九割、高校では七割の生徒が参加し、九割の教員がこの部活動の顧問をしています（中澤、二〇一七年）。

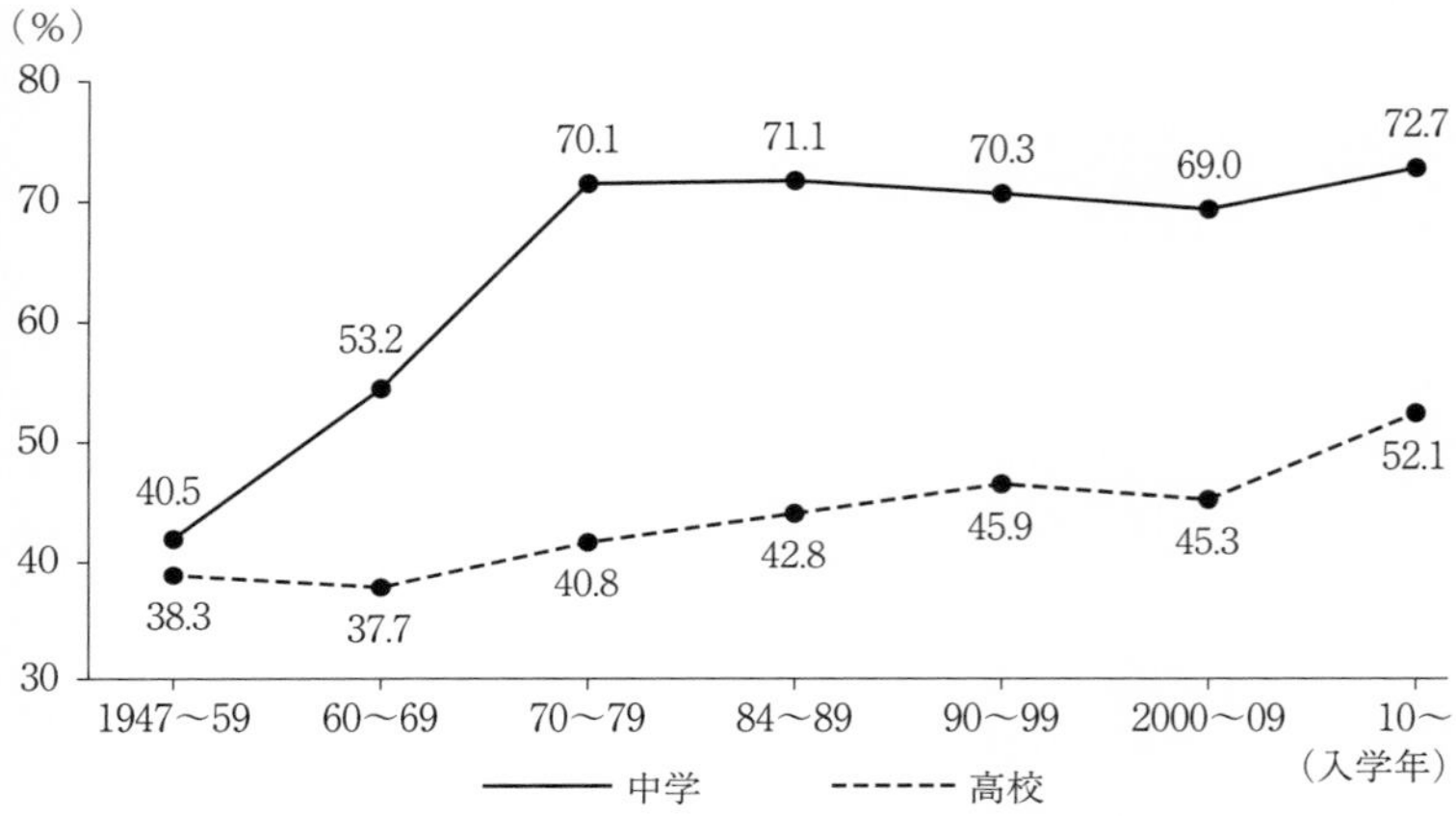

図 11－4　部活動参加率（内田、2021 年 6 頁転載）

それゆえ前掲のガイドラインの休養日の設定（表11－1）など「I学校部活動」は、中学校と高校への適用と明記されています。その他（新たな地域クラブ活動、学校部活動と地域の連携や地域クラブ活動への移行に向けた環境整備、大会等の在り方の見直し：本章コラム8参照）については、主として中学校の活動が対象となっています。

実は、この部活動は学校教育の課外活動、つまり教育課程の外にある活動です。学習指導要領によれば、部活動は生徒の自主的、自発的な参加により行われるものです。ところが、この学習指導要領上の部活動の位置付けには、かなり複雑な変遷があります（表11－2参照）。このうちのおおよそ一九七〇年代から一九九九年度までは、必修クラブと部活動が並存しています。この両者は一体的に運用されることが多かったようで、部活動は必修クラブとして教育課程内の活動にもなっていた時代があるわけです。その後、この部活動が学校教育の課外活動、つまり教育課程の外にある活動という位置付けになったのは二〇〇〇年度以降ということになります。それゆえ前掲のガイドラインで

表 11－2　部活動の学習指導要領上の位置付けの変遷（内田，2022 4 頁より転載）

改訂年／完全実施年		教育課程内	教育課程外
中：1947／1947 （高：1947／1948）[1]		自由研究 （クラブ活動）	
中・高：1951／1951		クラブ活動	
中：1958／1962 高：1960／1963[2]		クラブ活動	
中：1969／1972 高：1970／1973[2]		必修クラブ	部活動
中：1977／1981 高：1978／1982[2]		必修クラブ	部活動
中：1989／1993 高：1989／1994[2]	（1990）[3] （1990）[3]	必修クラブ	部活動 （代替措置）
中：1998／2002 高：1999／2003[2]	（2000）[3] （2000）[3]		部活動
中：2008／2012 高：2009／2013[2]			部活動
中：2017／2021 高：2018／2022[2]			部活動

注：1）小・中の学習指導要領一般編の補遺として通知された「新制高等学校における教科課程に関する件」の公表・実施年。
2）学年進行で実施。
3）移行措置により、特別活動は完全実施よりも前倒しで実施。

も、「学校部活動は生徒の自主的・自発的参加により行われるもの」（一二頁）と明記されています。

ところが、約四割の教師が、部活動の制度的な位置付けを正しく理解していない、つまり部活動は教科と同じように生徒が必ず取り組むべきものと誤解しているという調査結果があります（内田、二〇二二年）。それほど部活動は学校教育に根を下ろしているとも言えるのでしょう。

こうした経緯もあるの

でしょうが、生徒はしばしば部活動への加入（参加）を強制されているようです。スポーツ庁（二〇一八年）によると、中学校については公立四一四校のうち一三五校（三二・五％）、私立三二校のうち七校（二一・八％）が生徒に部活動の加入を強制していると調査に回答しています。また、高校では二七四校のうち六五校（二三・七％）が、私立九六校のうち七校（七・三％）が強制しています。調査結果では加入を強制している学校は少数派ですが、自主的なものが強制されているというおかしな実態があります。

一方で、こうした変遷を経ているため、部活動は「制度と呼ぶことができないほどあいまいな中で成立」（中澤、二〇一七年四頁）しているという研究者もいます。ちなみに部活動は、「海外では見られない日本独特の文化」（同、一〇頁）でもあります。こうした特殊性ゆえでしょうか、全国一斉の臨時休校の際にも一部の部活動が、不思議なことに「特別扱い」（例えば愛知県教育委員会の部活動再開を認める通知）された事例がありました（内田、二〇二一年一七九―一八〇頁）。高校野球はその中でもさらに「特別扱い」で、県代表に決まっていたある私立高校の野球部が、コロナ禍で開催中止となった全国大会（甲子園）の日程に合わせて開会式と練習試合を実施しました（小山、二〇二二年）。当然こうした活動は、文部科学省からは「自粛されるべきもの」と示されていたので、基本的には守られていました。（注6）

部活動は、学校の「欠席」とは違うため「休む」という言い方をすると先に述べましたが、関連して興味深い調査結果を紹介します。地域移行をいち早く進めたある市教育委員会の調査で、部活動の改善点を生徒に尋ねたところ、約三割が「欠席しやすくしてほしい」と回答しているのです。（注7）そもそも選択肢にこの「欠席しやすくしてほしい」という項目があること自体、そうした生徒たちの声が多くあることを項目作成者（教育委員会）が知っていたということでしょう。先に述べた通り部活動は自主的、自発的参加ですが、生徒側からすればそうではないように見える上に（あるいはそうだからこそ）、学校への出席と同じように「欠席」がしづらい状況が生まれている、少なくとも生徒にはそう感じられる状況がある、ということは言えそうです。

4　二つの「がんばる」

障害者文化論研究者を名乗る荒井裕樹氏は、「がんばる」には「はつらつ系」と「忍耐系」の二つがあると述べています。(注8)「はつらつ系」が「当人が好きなことや望ましいことに打ち込む様子を肯定的に捉える際に使われる」のに対して、「忍耐系」は「当人が不幸な出来事に巻き込まれた際、くじけそうな気持ちを鼓舞するために使われる」と説明しています。もちろん、「両者の区別は曖昧」ですが、「本当に必要な区別が付かなくなってしまう」ことがないよう「違いに自覚的でいたい」とも記しています。そして、日本社会が東日本大震災ではこの言葉を「自粛した」のに対して、コロナ禍では「むしろ積極的に使われてきた」と述べて、「もしかしたら両者をあえて取り違えたい人がいたのかもしれない」と結んでいます。

この説明を借りれば、部活動をがんばる子どもたちは、本来は「はつらつ系」と言えるでしょう。しかし、具合が悪いときでも学校に行こうとする子どもたちに使うとなると「忍耐系」が混じることになり、本書ではそうした「鼓舞」や「叱咤激励」はどうなのだろうかと疑問を呈していることになります。学校教育の中で、この「がんばる」ことは良いことであり、「がんばれ」という「鼓舞」や「叱咤激励」が多用されてきたことは間違いありません。これを部活動のところで説明したのは、「両者の区別は曖昧」で、

「本当に必要な区別が付かなくなってしまう」例として部活動が典型的だからです。例えば、高校野球で甲子園を目指す高校球児や吹奏楽部でコンクール全国大会出場を目標とする「はつらつ系」の「がんばる」生徒たち。そこには本章で示したデータのように長時間の練習が存在しがちです。しかも、それを生徒たちが望んだからという形をとり、目標に向かって当人が好きなことや望ましいことに打ち込む様子を肯定的に捉えてがんばるように励ます大人が導入したとも言えます。

この辺りについて、先に紹介した『響け！　ユーフォニアム』のエピソード（全国大会出場を本気で目指すかどうかを自分たちで決めるという顧問からの提案）に対して、主人公の心情は以下のように描かれています。

> 「自分で決める」という耳あたりのいい言葉がいかに厄介であるか、この大人（引用者注：提案した顧問の滝先生）は知っているのだろうか。久美子は息を吐くと、密かに周囲の様子を探ってみる。自分の意見だけが浮いてしまわないようにするためだ。（武田、二〇一三年五三頁）

もし、部員全員が「はつらつ系」ではないとしたら、それこそ「忍耐系」の「くじけそうな気持ちを鼓舞するために使われる」がんばれという叱咤激励が混じることになります。このような状態で「がんばれ」と励ます大人は二つの「がんばる」の違いを自覚しているのでしょうか。そこに「本当に必要な区別が付かなくなってしまう」ことはないのでしょうか。第Ｉ部で取り上げた過労死・過労自殺の裁判において、使用者側がその働き方、つまりは長時間労働を「本人が望んだ」と述べたことを考えると、この「忍耐系」への叱咤激励は、「長時間労働への依存」という日本社会の働き方の中でも起きていることではないでしょうか。

本書の主題である日本社会に広がっている「長時間労働への依存」を学校教育との関連から捉えようとしたとき、この部活動の影響はとても大きいのではないかと私は考えるようになりました。最後の第IV部では、この部活動も含めた学校教育が、「長時間労働への依存」という日本社会を作り出してしまったのではないかという「仮説」を、戦後教育全体を視野に入れて掘り下げてみたいと思います。

（注1）二〇〇九年実施のアンケート結果で、対象は現役プロ野球選手二四九名が回答した高校時代の練習量について（桑田、二〇一一年一五三頁）。なお、彼は二〇〇九年早稲田大学大学院スポーツ科学研究科（トップスポーツマネジメントコース）に入学し、修士論文でこの研究を行った。

（注2）「文化部活動の実態把握に関する調査」。調査対象校は、全国中学校総合文化祭直近の二年の出場校（四四中学校）と文化部活動事例集の直近二年の執筆協力校（三七高等学校）。調査期間：二〇一八年八月二四日〜九月五日。なお、「文化部のインターハイ」と呼ばれる全国高校総合文化祭は、一九七七年から始まり二〇二三年度鹿児島県開催で四七都道府県を一巡したが、学校現場の負担が増えるなど過熱化が懸念されている（二〇二三年七月三〇日付朝日新聞記事「『文化部のインターハイ』四七都道府県一巡：節目の総文祭確かな成果探る今後」）。

（注3）対抗試合であるコンクールに向けて猛練習する吹奏楽部は、運動部のようだと評される。そうした傾向の始まりを、部活動研究者の関朋昭氏は一九四〇年の全日本吹奏楽コンクールの開催だとしている（二〇二三年一〇月一一日付朝日新聞夕刊記事「猛練習『運動部みたい』転機は」）。

（注4）『響け！ ユーフォニアム』（Sound! Euphonium）は、武田綾乃による日本の小説シリーズ。宝島社より二

〇一三年に第一作『響け！　ユーフォニアム　北宇治高校吹奏楽部へようこそ』が刊行された。その後二〇一四年にコミカライズ、二〇一五年にテレビアニメ化され、続編を含めたシリーズ累計部数は一〇〇万部以上を記録している。

（注5）　高校野球でも「オフシーズン」が決められており、一二月から二月には対外試合が禁止されている（玉木他、二〇二三年）。

（注6）　コロナ禍の部活動について、調査研究のインタビュー（広瀬、二〇二一年）で東京都杉並区立荻窪中学校校長小澤雅人氏は次のように答えている。「部活は、区との取り決めで学校再開から約一カ月は基本的にやめることになりました。七月ぐらいから部分的に再開し、八月に入り夏季休校中は再開が増えて、二学期には部活の対外試合も行うようになりました。例年の時間や日数とはいきませんが九月、一〇月、一一月ぐらいまでに再開しました。土日の対外試合ではなるべく他の区や市に行くのは避けたりしました。一月一二日の再度の緊急事態宣言からの部活は本区では一切行っていません」（七七頁）。

（注7）　二〇二一年度実施、市内の全中学校二、三年生が対象。回答率はおよそ九割、うち部活に参加していない生徒は一割に満たなかった（中核市教育委員会データ未公表）。

（注8）　二〇二二年八月一〇日付朝日新聞記事「荒井裕樹の生きていく言葉：『がんばる』には二つある」。

コラム7　フランスはいかにして「バカンス大国」になったのか
──「休みベタな国」から「休むために働く国」へ

フランスにおいて国の制度として整えられてきたバカンスは、「数週間まとまった日数、仕事を休む」期間を意味します。現行の法律では、五月一日～一〇月三一日の間で原則一二～二四日間、自宅以外の場所で過ごすというのが典型的で、「バカンス大国」と言われるのもうなずけます。その制度が整うまでの歴史を紹介した高崎順子氏（二〇二三年）は、それが「自然のなりゆき」でそうなったわけではないと以下三つの段階を説明しています。

①バカンス元年（一九三六年）

全労働者共通に年次休暇制度として「勤続一年以上で一年に一回、原則連続取得で一五日間（可能な限り公教育の夏休み期間に合わせる）」が法律で保障されました。そして、国が主導してバカンスを取らせるための部署（「余暇整備・スポーツ担当局」）が誕生し、割引乗車券の発行など具体的な対策が打ち出されます。とはいえ当の労働者からの反応は冷ややかで、長い余暇など経験したことのない人々にとっては、その価値も意味も理解できないものでした。それまでバカンスは富裕層の慣習で、庶民にとってはむしろ悪い印象（金持ちの道楽）があり、また費用の問題も大きかったと考えられます。それゆえにこそ先の具体策（割引乗車券）などが有効だったのでしょう。

②戦後復興期における定着

戦後復興期から経済成長が続き、フランスでも「栄光の三〇年」と呼ばれる時期に国民生活が豊かになっていきます。それにつれて収入の一部を貯蓄から毎年のバカンス予算に回す余裕が生まれました。上記①の年次休暇に支えられた夏のバカンスがフランス社会に本格的に定着し、働く人の八割が長期休暇を取れるようになっていきました。同時に、高速道路の整備や、避暑地の開発などインフラの充実がそれを支えました。

③不況期の経済対策（一九八〇年代）

一九八〇年代には、不況対策として年次休暇とバカンスを活用しようとさらに制度を充実させました。ミッテラン大統領が「ワークシェア」を掲げ、国民の余暇時間を増やす方向（上記①の年次休暇を五週間に延長、週労働時間の段階的短縮、残業時間の上限規制など）を目指したのです（二〇〇二年、週三五時間労働法成立)。そして、経済格差解消のため「自由時間省」が創設され、福利厚生の一環としてバカンス小切手制度(バカンス取得に対する経済援助)が始まりました。

私がここから学べると考えたのは、やはり第一段階の国家主導という導入の形です。このスタートがあってこそ、人々の生活が豊かになっていく第二段階でバカンスが本格的に定着し、国中に広がっていったのでしょう。この時代に日本も同じような高度経済成長期を経験しながら、本書が注目する「長時間労働への依存」が始まってしまったことを考えると対照的です(第2章参照)。ちなみに、日本でも「休暇が経済活性化になる」とした報告書(副題は「一二兆円の経済波及効果と一五〇万人の雇用創出」)が二〇〇二年(経済産業省)に出されていますが、その中でもフランスが不況対策としてバカンスを活用したことがふれられています。しかし、今からでも経済対策としての働き方改革や「勤務間インターバル」導入(第3章参照)にあたり、こうした国主導が有効だと学ぶことはできます。

もう一つ大事なことは、「社会にはバカンスがなぜ必要か」、「どんな過ごし方をするのが望ましいのか」を国レベルで考えて整備してきたことでしょう。そもそも「余暇=自分が好きに使える、自由な時間」とし、その余暇こそ「生きる喜びと、人としての尊厳を知ることができる時間」と定義するというのが哲学の国フランスらしいと感じてしまいます。その定義をふまえて、国レベルで考えるという点は参考にしたいものです。

高崎氏は上記の法制化当時に反対した労働者たちの反発が日本と「そっくり」で、フランスもまた「休めない国」だったと知ったことが紹介のきっかけだったと記しています。「今の日本には、働き方と同じだけ、休み方を考えることが必要」という氏の提言に私もまったく賛成で、「学校を休むこと、そして仕事を休むこと」について考えることを呼びかけたいと思います。

コラム8　ガイドラインが求める大会の見直し

「学校部活動及び地域クラブ活動の在り方等に関する総合的なガイドライン」（以下ガイドライン）では、持続可能な運営のために大会の在り方について「国の考え方」が示されました。その中で、「生徒の安全確保」として開催時期、特に夏の暑さ対策（空調設備の整った会場確保など）が取り上げられ、試合数の調整や途中で大会を打ち切るなど、生徒の体調管理を最優先することが、大会主催者に求められています。そして、生徒や保護者等の心身への過重負担とならないよう、学校生活との適切な両立を前提とした全国大会の開催回数の精選（大会の統廃合）が求められているのです。さらには、トーナメント方式ではなくリーグ戦導入や、能力別にリーグを分けるなどの工夫についても記載されています。一方、学校の設置者や校長は、生徒や指導者に過度の負担とならないように参加する大会を精査し、参加大会の上限目安を定めることになっています。この大会の見直し内容は、働きすぎに対する歯止めと同じような位置付けとも言えるでしょう。

このガイドラインのうち大会の見直しは、主として中学校を対象とすると明記されていますが、高校段階についても「生徒の心身の健全育成等の観点から、学校等の実情に応じて」見直すことが望ましいとされています。こうした動きに呼応してか、本書が取り上げた高校野球についても大会の見直しの声が上がっています。とりわけ猛暑の真夏に行われる全国大会では二〇二三年度から様々な対策が取られました。熱中症警戒アラートが発令されているにもかかわらず、試合を実施することに批判的な声が上がるのも無理はないでしょう。環境省の「運動に関する指針」では、激しい運動は中止とされる「厳重警戒（気温二一～三五度）」の中で実施して、事故など何か起きたらどうするのかと心配になります。運営側では、気温が高い日中を避けて朝と夕方の二部制という議論が続いているそうですが、未だ実現には至っていません。(注1)

さらに抜本的な見直しとして、スポーツジャーナリストの玉木正之氏（二〇二三年）は、真夏の甲子園をやめようと明快に提言しています。また、スポーツ教育学・部活動学会会長の神谷拓氏も、高校野球には春夏の甲子園大会に加え、秋の国民体育大会と全国規模のトーナメント大会が三つもあることから、一つに減らすという改善策を述べています。(注2)

上記のガイドラインが述べているように、トーナメント方式の見直しも必要でしょう。このトーナメント方式が勝利至上主義の温床になっていると考えられます。そもそもトーナメントとは、中世ヨーロッパの騎士による馬上槍試合を指す言葉で、負けて馬から突き落とされた騎士は二度と戦えません。これと同様に、トーナメントでは負けると終わりというわゆるノックダウン形式で、一試合しかできないチームが出る一方で優勝チームは勝ち進んで最後まで負けずに終わります(一位=優勝する)。これに対してリーグ戦は総当たりの試合となり、各チームが同じ試合数を戦えることになります。

すでに高校バスケットボールなど、ガイドラインの提案通りに従来のトーナメント方式をリーグ戦方式に切り替える競技が出ています。二〇二一年には、新たな大会「日清食品リーグU18バスケットボール競技大会　関東ブロック二〇二一」が誕生しました。大会には関東の各都県のバスケットボール協会から推薦された男女各八チームが参加してリーグ戦を繰り広げました。また、ワールドカップでの日本チームの活躍で注目されているラグビーでは、部員数の減少から一つの学校で一チーム一五人の選手が揃わなくなり、また学校間の実力格差が広がって都道府県大会では大差の試合も多くなっています。実際、この高校ラグビーの地方大会予選と全国大会は「持続可能な運営」が難しくなってきています。そのため滋賀県ラグビー協会が主催する高校生のリーグ戦が、強者の論理ではない大会として注目されました。この大会に出場した六チームのうち、四つが合同チーム(福井県選抜、京都府合同など)です。(注3)

日本の出生数は、団塊の世代(一九四七~四九年)が二五〇万人超、団塊ジュニア世代(一九七一~七四年)が二〇〇万人超に対して、二〇一五年には一〇〇万人を割り込み、一九七五年から四〇年間で半減するという「少子化」が大きな課題と言われ続けてきました。さらに二〇一九年には九〇万人を下回り、二〇二二年は八〇万人未満となり、首相が「異次元の少子化対策」という表現を使うまでになっています。こうした状態で現在ある高校の部活動が持続可能ではないのは明白で、いわゆる「シーズンオフ」をおいて、生徒が複数部活動をすることも視野に入れる必要があるでしょう。

先の玉木氏は、野球はトーナメントではなくリーグ戦でやるべき競技であるとして、高校生が様々なレベルのリーグ戦のあり方を考えることを提案しています。つまり、全国大会の見直しには、その大会数の削減と試合方式の検討が含まれているのです。それが心身への過重負担という観点から求められているという点では、本書が注目した「働き方改革」と重なるものと言えるでしょう。

また、本書第6章に関連して、日本オリンピック委員会が、第一九回アジア競技大会（二〇二三年一〇月）に向けてメダル数の目標を掲げることをやめたことが注目されます。競技力向上と「心の健康」を両立させるためのテストケースとのことです。メダル数の目標はこれまでメダル獲得の重圧で選手を疲弊させるなどマイナス面も指摘され、「勝利至上主義」と同じように「メダル至上主義」と批判されてきました。国際オリンピック委員会は、二〇二三年七月メンタルヘルス行動計画を策定し、二〇二六年末までの重要課題としたことを考えれば当然のことかもしれません。(注4)

（注1）　二〇二三年八月一六日付朝日新聞デジタル記事「(アルプス席) 暑さ対策　朝夕の二部制実現を第一〇五回全国高校野球」。この記事の中でも「熱中症警戒アラートが出ている状況での試合は、気候も人々の意識も変わるなか、違和感が募る」とある。

（注2）　二〇二三年六月二七日付朝日新聞記事「高校野球、アップデートしていますか？：『お前たちのため』から脱却を」。

（注3） 二〇二三年六月一〇日付朝日新聞記事「強者の論理ではない『大会』を」。なお、前掲のガイドラインがあげている「能力別リーグ」がすでに具現化されているという記事を書いたのは、上記注1の記事を書いた中小路徹編集委員で、「現場の創意工夫で、それぞれのレベルで切磋琢磨できる場を私的に整えられる」と述べている。

（注4） 二〇二三年九月二九日付朝日新聞記事「『心の健康を』メダル目標をやめた日本：杭州アジア大会開会式」。

第Ⅳ部　「休むこと」について考える

第12章　「欠席」からみた戦後学校教育

1　「学校は行かなくてはならない」という通念

戦前の日本において、教育は納税、兵役と並んで「臣民」の三大義務の一つでした。国家に役立つ臣民の育成こそが教育の目的だったからでしょう。ただし、憲法上で定められたものではありませんでした（沖原、一九六四年）。

この「義務」ゆえに、「欠席」など許されないものだったと考えられますが、ほとんど議論されたこともないようです。そこで、本書に関わる興味深いエピソードとして、戦争中に「夏休み」を「夏季授業ヲ行ハザル日」と言い換えたことをあげておきます。戦場で休みなく戦っている「皇軍の兵士」を思えば、子どもや教員が「休む」などということはありえない、という理由から日常的に使うように指導されました。このため教員たちは、一九四五年八月一五日のラジオ放送「終戦の詔勅」をこの「夏季授業ヲ行ハザル日」に学校で聞いたことになります（大田、一九七八年二四頁）。こうしたことから考えても、戦前は学校を「休む」ことなどとんでもないことで、学校に行くのが当然の義務という位置付けだったと言えるでしょう。

それが、戦後の新憲法（一九四六年公布）において、「国民の教育を受ける権利」として規定され、「義務教育」は根本的に転換されました。まず、この憲法の条文を確認しておきます。

第二六条第一項：すべて国民は、法律の定めるところにより、その能力に応じて、ひとしく教育を受ける権利を有する。

同第二項：すべて国民は、法律の定めるところにより、その保護する子女に普通教育を受けさせる義務を負ふ。義務教育は、これを無償とする。

一九四七年八月に文部省（当時）が発行した「あたらしい憲法のはなし」は、この新憲法の精神について普及啓発するために作成された中学一年生用の教材です。(注1) この中の憲法第九条に関わる戦争放棄についての説明はよく取り上げられますが、教育を受ける権利についての引用はあまり見かけません。その中では「基本的人権」として、次のように説明されています。

みなさんは、勉強してよい国民にならなければなりません。国はみなさんに勉強をさせるようにしなければなりません。そこでみなさんは、教育を受ける権利を憲法で与えられているのです。この場合は、みなさんのほうから国にたいして、教育をしてもらうことを請求できるのです。これも大事な基本的人権ですが、これを「請求権」というのです。（高見、二〇一三年四六―四七頁）

さらに、教育基本法（一九四七年）でも、以下のように規定されました。（注2）

第三条（教育の機会均等）
第一項：すべて国民は、ひとしく、その能力に応ずる教育を受ける機会を与えられなければならないものであつて、人種、信条、性別、社会的身分、経済的地位又は門地によつて、教育上差別されない。
第二項：国及び地方公共団体は、能力があるにもかかわらず、経済的理由によつて修学困難な者に対して、奨学の方法を講じなければならない。
第四条（義務教育）
第一項：国民は、その保護する子女に、九年の普通教育を受けさせる義務を負う。
第二項：国又は地方公共団体の設置する学校における義務教育については、授業料は、これを徴収しない。

しかし、これほどの大転換をしていながら、新たな憲法においても教育基本法においても、戦前と同じ「義務教育」という表現を使用し、「就学義務」という表現とはなりませんでした。これについて教育学者の堀尾輝久氏（一九九七年）は、「学校は国民すべてが行かなければならないところ」という「通念」が根強くあると主張して、次のように述べています。

この通念は、戦前においては、そこでの義務教育の観念と結びついており、就学は国民の国家・社会に対する義務としてとらえられ、不就学は処罰の対象とされていた。戦後は、憲法・教育基本法の成立を通して、教育は国民の権利へと大転換し、義務教育の観念も、国民の義務から、国家・社会の就学保障の義務へと大きく変わったにもかかわらず、親の責任（親義務）の視点を介して、子どもを学校に行かせなければならないという観念は、「権利としての教育」の観念を侵食し続けてきた。（一二二頁）

戦前から「学校は行くべきところという意識は連続している」ということの主張には、私もまったく同意します。戦後の教育史に関する書籍（国民教育研究所、一九七三年）において、一九七〇年代まではこの義務から権利への大転換が記述されているのに対して、一九八〇年代以降ではなくなってしまうことも気になります（例えば、山住、一九八七年、木村、二〇一五年など）。学校に通うようになる子どもたちに、改めて教育を受ける権利が憲法で保障されていて、国家・社会・保護者にこそ「就学保障の義務」があることを伝える機会はどこにあるのでしょうか。

2 「学校を休むのは悪いこと」

(1) 長期欠席調査の影響

第二次世界大戦後の日本社会は、それまで直面したことがないほどの混乱の中にありましたが、早くも一九四七年には新制中学校が発足します。これによって、小学校六年間と合わせて義務教育は九年間という新たな学制（六・三制）が始まりました。公式の就学率としては当初から九九％を超えていたと報告されていますが、実際には貧困による長期欠席や戦災孤児らの不就学が問題となっていました。そこで、新制中学校の三年間を含めて義務教育を終えた中学三年生が初めて卒業を迎えた直後の一九五〇年五月、内閣府の中央青少年問題協議会が「一九四九年度間」における長期欠席児童生徒の全国調査を実施しました。これによって、初めて全国的に統一された「長期欠席」の数を把握するとともに、都道府県ごとの比較もできるようになりました（文部省、一九五二年）。

その結果、年間三〇日以上の長期欠席者が、小学校で約四〇万人（四・一五％）、中学校で約三四万人（七・六八％）、合計約七四万人となり、大きな社会問題として注目を集めました。(注3)このため文部省も、一九五一年度から長期欠席児童生徒の全国調査を継続的に開始しました。ただし、この一九五一年度は四月から一〇月末までに五〇日以上欠席したものを調査対象としましたが、一九五二年度から一年間で五〇日以上の調査となりました。この調査では欠席理由が「本人による場合」と「家庭による場合」に大きく分けられていましたが、一九五六年度から「病気」と「学校ぎらい」(注4)になりました。そして、この間（一九五三―五九年度）の結果は、文部省から『公立小学校・中学校長期欠席児童生徒調査』として毎年発表されてきました。

この長期欠席調査は、一九六〇年度から学校基本調査（国の指定統計第一三号）の中に取り入れられました。データとしては前年度、すなわち一九五九年度の長期欠席調査からの掲載になりますが、一九六二年度までこの理由別は一時姿を消します。それが一九六三年度の長期欠席調査から再び理由別（病気、経済的理由、その他）が加わり、「その他」とは「主として学校ぎらいによるものと思われる」と記述されています（一九六四年度学校基本調査、二六頁、二八頁）。また、一九六六年度の長期欠席調査から理由別に「学校ぎらい」が復活しますが、この「学校ぎらい」が一九九八年度データから「不登校」に変更されて現在に至ります。さらに、この五〇日以上の調査に加え、一九九一年度から八年間は三〇日以上と五〇日

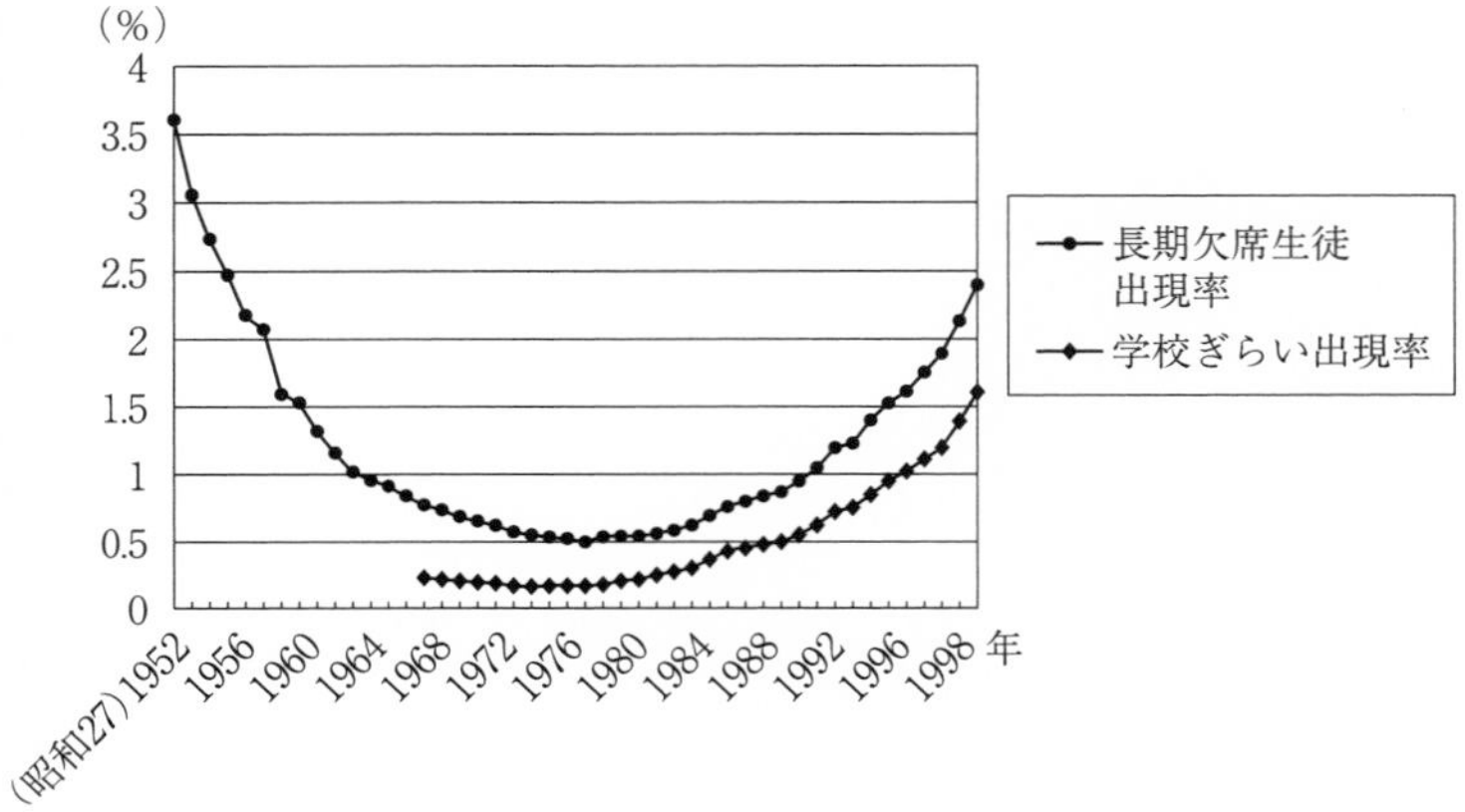

図 12－1　長期欠席率（中学校）

以上の二本立てで調査され、一九九九年度から三〇日以上に統一されました。つまり、長期欠席と言っても、時代によってその定義（日数）が変遷していることに注意する必要があります。

この一九五二年から一九九八年までの年間五〇日以上の長期欠席生徒の出現率（全生徒に対する割合）を小中学校別に図12－1、2に示しました。なお、この図には理由別の「学校ぎらい（現在の不登校）」が登場した一九六六年からのデータを加えてあります。先に述べたように、一九五二～五九年度までは理由別のデータがありますが、一九六〇～六二年度だけ理由別データが存在しません。そのためこれまでの「不登校」研究においては、この一九六六年度からの「学校ぎらい＝不登校」データを示すことが多いのですが、こうした経緯をふまえていないことを指摘しておきます。

背景要因として、一九五一年から小学校の児童数が、一九五七年から中学校の生徒数が、毎年五〇万人以上というすさまじい勢いで増加したことがあげられます。小学校の

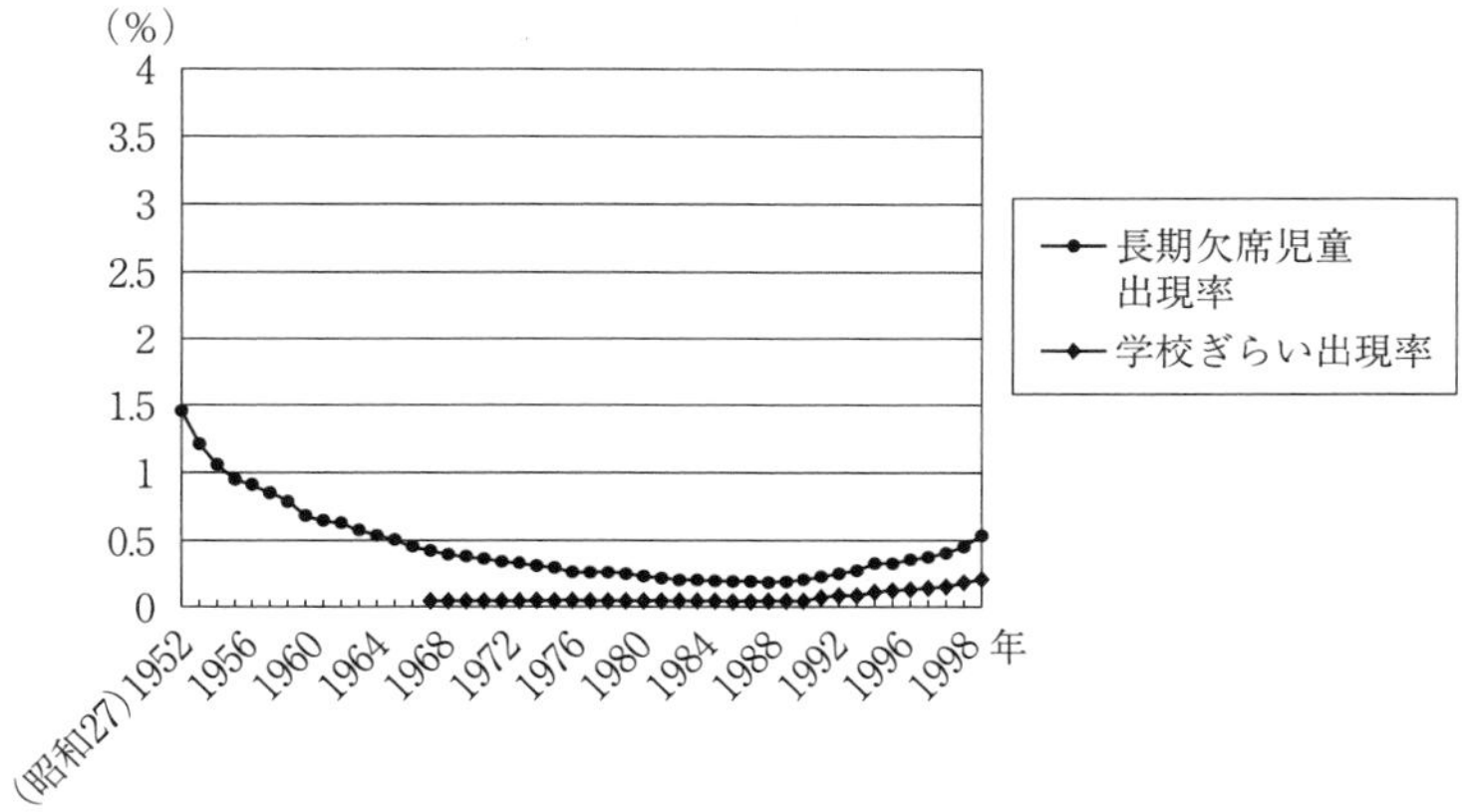

図12－2　長期欠席率（小学校）

教室が足りなくなり、都市部では午前登校、午後登校に分ける「二部授業」が実施されていました。全国でも小学校のうち児童五一人以上の「すし詰め学級」が三分の一もあるという劣悪な教育環境でした。一九五〇～六〇年代とは、そうした子ども人口が激増した中での不就学・長期欠席問題であったことを確認しておく必要があります。一九五〇年代からの欠席調査は、不就学と長期欠席の実態をふまえた対策の始まりだったのです。

そして、夜間中学校（注5）の設置など各都道府県委員会が様々な取り組みを実施しました。その結果、一九五〇～六〇年代の長期欠席率は図12－1、2のように減少しました。当時の不就学・長期欠席は、その要因として貧困問題が大きかったために、生活保護法や総合的な就学奨励制度など、就学援助体制（注6）が整えられていったからと言えます。また、その背景には一九五〇年代から日本社会全体が高度経済成長期（一九五五～七四年）に入り、現実的な生活の中で教育に価値を見出せるようになっていったことが考えられます。

（2）学校化社会の到来

この高度経済成長を背景に、子どもたちの日常生活だけでなく、家族の価値観にも、「学校的価値」が浸透し、社会全体が学校化する＝学校化社会が成立したとされます（堀尾、一九九七年）。そして、学校に行くことが明日への幸せにつながるという見通しを持った人々が、子どもたちを毎日学校に通わせる「学校の黄金期」が出現しました（広田、一九九九年）。この「学校の黄金期」に、図12-1、2にみる通り長期欠席率が中学校一％以下、小学校〇・五％以下（一九七〇年度）へと激減した頃に高校進学率も、八〇％から九〇％台（一九七〇～八〇年代）へと上昇し続けます。こうして子どもたちが皆学校に行き、その多くが高校に進学するようになった頃、「子どもは毎日学校に行かなくてはならない」という観念が国民各層にいきわたったとも言われています（長岡、一九九五年）。私自身もこの時代に学校生活を送りましたが、「学校を休むことは悪いこと」という雰囲気を強く感じていたことを覚えています。ちなみに生来虚弱で病気がちだった私は、小学校入学後も「病気」でよく学校を休みました。小学校六年生のときには虫垂炎（盲腸）の手術で入院したこともあり、一年間で五〇日以上欠席したので長期欠席児童の一人でしたが、自分以上に休んだ同級生を知りません。

こうして国を挙げての長期欠席対策が取られた結果、年間五〇日以上欠席する児童生徒は激減しました。教育社会学者の加藤美帆氏（二〇一二年）は、この長期欠席対策こそ「戦後の新たな教育システムを秩序立てていくうえでも重要な役割を果たしていた」と指摘しています。毎年の長期欠席調査は、都道府県別データを示してその減少を競わせる傾向も生み出していました。

前節で述べた通り、戦前からの「学校は国民すべてが行かなければならないところ」という「通念」が根強く残り、そのうえさらに小中学校（学校教育）において「長期欠席」を減らそう（あるいはなくそう）とする強力な政策等が推進されていったということになります。こうして一九七〇年代までには、「学校を休むのは悪いこと」、つまりは「欠席してはいけない」という雰囲気も醸成され、その後も存在し続けたのではないかと考えています。

児童精神科医の小野善郎氏（二〇一九年）は、現在でも子どもは学校から逃れることはできず、実際の親子の会話では「学校に行くのは子どもの仕事だ」と納得させられているとして、次のように述べています。「子どもが学校に行きたくないと言っても、「義務教育だから行かなければならない」と説明する親は多いし、そうだと思っている子どもも少なくないと思います」（八四頁）。つまり、「学校に行かなくてはならない」、そして「欠席してはいけない」という通念は、現在でも幅広く存在するということでしょう。

（注1） 法制局（内閣）が「新憲法の解説」で、この新憲法が「権利と自由とを主張して、その裏づけとなる義務の点について消極的ではないかと評する者がある」と述べていることは興味深い。そして、「どの条文を見ても『義務』という文字は少ない」として、「普通教育に関する義務（第二六条）」、「勤労の義務（第二七条）」、「納税の義務（第三〇条）」の三つをあげている（高見、二〇一三年）。このうち二六条二項に「義務教育（compulsory education）」という表現が出てくる。

（注2） 二〇一六年に教育基本法第四条は次のように改正された。「第五条　国民は、その保護する子に、別に法律で定めるところにより、普通教育を受けさせる義務を負う」。そして、九年間の義務教育については学校教育法第一六条で規定されることとなった。「第十六条　保護者（子に対して親権を行う者（親権を行う者のないときは、未成年後見人）をいう。以下同じ。）は、次条に定めるところにより、子に九年の普通教育を受けさせる義務を負

う」。

（注3） ただし、この調査では東京都と高知県が除かれており、戦災孤児らの不就学も把握されていない。それを考慮すると、一〇〇万人を超えるとされていた（保坂、二〇〇〇年）。

（注4） 当時の「学校ぎらい」の下位項目は、「勉強ぎらい、学用品がない、衣服や履物がない、学校が遠い」となっており、背景に貧困問題が想定されていた（保坂、二〇〇〇年）。

（注5） 文部省（当時）は、学校教育施行令にある二部授業として位置付けられる夜間学級と呼んでいた。開設当初から、学齢期の生徒が対象とされたが、実際には学齢期に学校に通うことができなかった義務教育修了者（一五歳以上）も受け入れていた。ここには実質的な不就学である義務教育の未修了者が多数存在していた（大田和、二〇一七年、保坂、二〇一九年）。

（注6） 生活保護の見直しを求める朝日訴訟（憲法で保障されている「健康で文化的な最低限度の生活を営む権利＝生存権」への侵害）を経て、一九六〇年に生活保護基準が大幅に引き上げられ生活保護のあり方が転換した。また、一九五六年「就学困難な児童のための教科書の給与に対する国の補助に関する法律」が制定され、生活保護に規定する要保護者に準ずる程度に困窮している者に対して教科書の給与を行う市町村に国がその全額を補助することとなった。その後、公的な経済支援は、給食費・医療費等の補助へと拡大され、現在の就学援助制度が整えられていった（保坂、二〇一九年）。

第13章　具合が悪くても休まない学校教育

1　「長期欠席」から取り出された「不登校」

学校化社会の成立とともに学校における様々な「問題行動」が噴出し、第三の波と言われる非行・校内暴力・いじめといった事件が大きく報道されるようになります。そうした「問題行動」の一つとして「登校拒否」、あるいは「不登校」が注目を集めていくことになります。一方で、戦後の学校教育においては大きな課題であった長期欠席・不就学がまったくなくなったわけではありません。両者は連続したものとして捉えられていたのですが、その減少とともにもはや解決したかのように注目されなくなりました。そして一九七〇年代になると、この「長期欠席」と入れ替わるように「登校拒否」、そして「不登校」が登場します。

前章2（1）で述べたように、こうした中で文部省（当時）が学校基本調査の中で一九六六年度から「学校ぎらい」を理由に五〇日以上欠席した児童生徒を調査・発表したため、これ以降調査項目の「学校ぎらい」が「登校拒否」として定着していきます。当時はこの学校基本調査における「学校ぎらい」が、「他に特別な理由はなく、心理的な理由から登校をきらって長期欠席した者」と定義されていたため、「学校ぎらい」つまり「登校拒否」は、「心理的な理由」による「長期欠席」という見方が主流となっていきました。

やがて一九八〇年代以降、「登校拒否」と並んで「不登校」が使われるようになります。(注1) そして、文部省が設置した「学校不適応対策調査研究協力者会議」の『中間まとめ』（一九九〇年）で初めて「登校拒否（不登校）」という表記が使われ、一九九八年度データから学校基本調査の理由分類「学校ぎらい」が「不登校」に変更されました。なお、この「不登校」の定義は、当初「何らかの心理的、情緒的、身体的、社会的要因・背景により、児童生徒が登校しないあるいはしたくてもできない状態にあること（ただし、病気や経済的な理由によるものを除く）」とされました。またすでに述べた通り、この五〇日以上の調査に加え、一九九一年度から八年間は三〇日以上と五〇日以上の二本立てで調査され、一九九八年度データから三〇日以上に統一されていきます。

逆に「出席」に目を転じれば、第I部第2章で述べた通り、一九九二年度九月から月一回の土曜日の休みが導入され、三年後の一九九五年度四月から月二回、そして一〇年後の二〇〇二年度四月から学校五日制が完全実施となりました。つまり、この一〇年間で学校に行くべき日数は、およそ二四〇日から二〇〇日へと四〇日も減ったことになります。(注2)「長期欠席」調査開始時点の年間出席二四〇日のうちの五〇日以上の欠席と、二〇〇二年度以降二〇〇日のうちの三〇日以上の欠席をまったく同じに扱うことはできないはずです。こうした出席すべき日数や、長期欠席・不登校の定義が変化してきた経緯から言えば、長期欠席・不登校が以前と比べて増加（あるいは減少）という比較には無理があります。ましてや、第Ⅲ部第9章で詳述したように「出席停止」の扱いを変えてしまった二〇二〇年度以降の調査結果から「長期欠席」

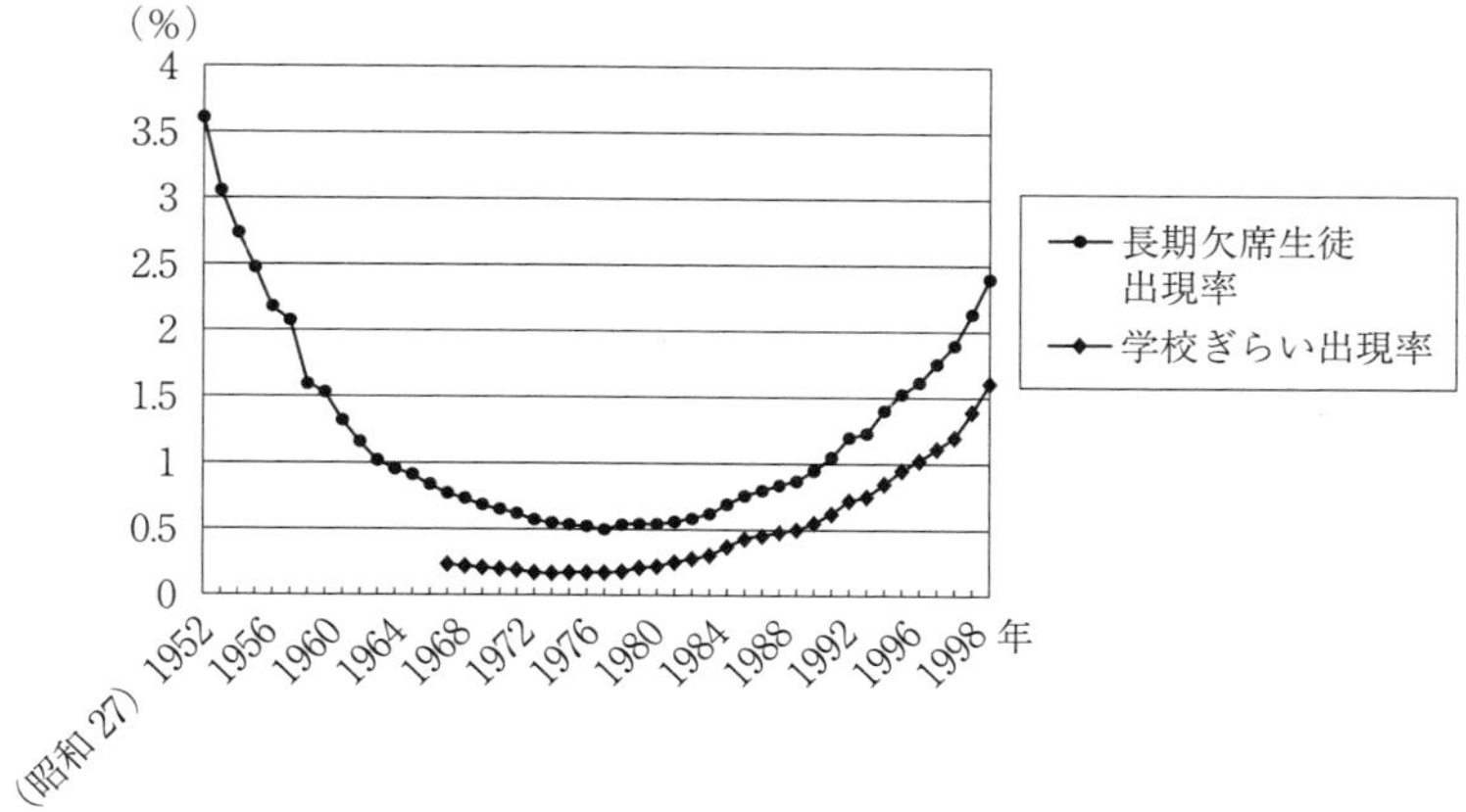

図 13 - 1　中学生の長期欠席率（1952-98 年度）（第 12 章図 12 - 1 を再掲）

「不登校」の増減を論じることはできないというのが私の判断です。

それにしても図13 - 1、2に示した通り、長期欠席にしても、そのうちの「学校ぎらい（不登校）」にしても、一九八〇年以降増加し続けます。この増加を受けて、一九八五年から文部省は、「児童生徒の問題行動の実態と文部省の施策について」の中で、長期欠席の一分類であるこの「学校ぎらい＝登校拒否」だけを取り上げて詳細な調査を行うようになります。（さらに、高校の長期欠席・不登校調査も二〇〇二年に加わりました。）

その結果、「長期欠席」全体は置き去られ、「学校ぎらい（一九九七年度データまで）」つまりは「登校拒否」、そして「不登校（一九九八年度データから）」だけが注目を集めることとなっていきました。なお、この調査の名称は一九九九年から「児童生徒の問題行動等生徒指導上の諸問題に関する調査」に変更されました。また、二〇一五（平成二七）年度調査からは学校基本調査の理由別長期欠席調査の中に取り入れられて「小学校及び中学校における長期欠

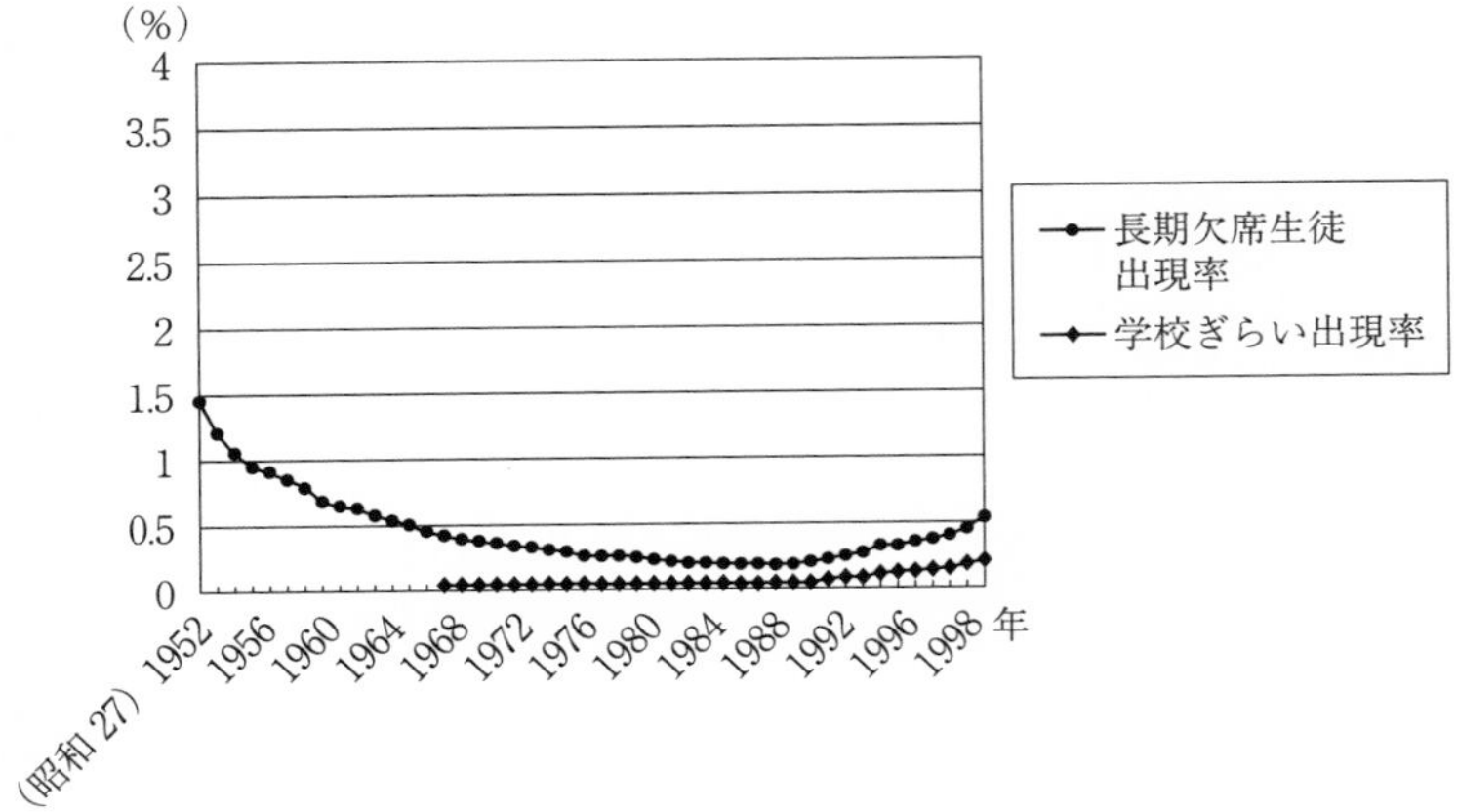

図 13－2　小学生の長期欠席率（1952-98 年度）（第 12 章図 12－2 を再掲）

席（不登校等）の状況等」と統一されて発表されます。

さらに言えば、二〇一六年に「義務教育段階における普通教育に相当する教育の機会の確保等に関する法律」が公布されます。タイトルからはわかりにくいのですが、「不登校児童生徒等に対する教育機会の確保」、及び「夜間その他特別な時間において授業を行う学校における就学の機会の提供」がその狙いです。これによって「不登校児童生徒」とは、「相当の期間学校を欠席する児童生徒であって、学校における集団の生活に関する心理的な負担その他の事由のために就学が困難である状況として文部科学大臣が定める状況にあると認められるもの」となりました。特筆すべきは、「不登校」は問題行動ではないと宣言されたことでしょう。この結果、二〇一六年度から調査名も「児童生徒の問題行動・不登校等生徒指導上の諸課題に関する調査」と変更されたわけです。それにしても、調査名称の「問題行動」から「不登校」だけを取り出して「問題行動」ではないことを示すというのはいかがなものでしょうか。

このような経緯を辿りながら、先に記したように結局「長期欠席」調査の一部である「不登校」だけが注目されることに変わりはありませんでした。

2 「学校を休んではいけない」という呪縛

作家の雨宮処凛氏は、第12章で論じた学校化社会を「学校に行かないことであらゆる扉が閉ざされてしまうような「学校中心」の社会」と表現しています（雨宮、二〇二一年二六頁）。一九七五年生まれの氏は一九八〇年代に小中学校を過ごしていますが、「絶対に学校を休んではいけない」と本気で思い、「不登校」という選択はなかったそうです、当時「「一日休む」ということは、人生そのものを台無しにすることに等しかった」（一九頁）とまで述べています。(注3) また、同書に不登校経験者として登場するお笑い芸人の山田ルイ五三世氏も中学の登校時に遭遇した猛吹雪のエピソードを語っています。横殴りの暴風の中でバスを待つも、いつまでもバスは来ないので三時間近くバス停に立ち尽くした後、結局必死に歩いて登校しました。他にバスを待つ人も現れない。車道を走る車もなく、見渡す限り真っ白で、人の姿もまるでないという猛吹雪で、バス会社は危険と判断して運休したことをあとで知ります。それでも登校すると、「こんな吹雪なのにうちのクラスは全員が登校して偉い」と担任は喜んで「吹雪に打ち勝つ」ことが評価されたそうです。結局、「身の危険など二の次で、「耐える」ことばかりを求める昭和の価値観」に縛られ、「こんなことで学校を休んだら先生に叱られる」と思っていたそうです(注4)（一一四―一一五頁）。この山田氏も雨宮氏と同じ一九七五年生まれで、一九八〇年代が小中学校時代にあたります。なお、この節で使用した「「学校を休んではいけない」という呪縛」は、雨宮氏の同書見出しで使用された表現です。

「長期欠席（不登校）」が増加するこの一九八〇年代は、高校進学率が上昇していったこともあり、「長期欠席（不登校）」の子どもたちの高校進学が生徒本人やその保護者の関心事となります。それゆえ不登校生徒のための進学情報が求められ、後にそうした情報がまとめて出版されるようになりました。(注5)一方で、不登校生徒の高校進学状況は厳しいということが調査結果等で明らかにされます。(注6)

こうした中で、一九八九年筑波大学医学部稲村博教授の調査研究を元にした下記のような記事が発表され、不登校生徒本人や保護者の不安を大きくする事件が起きます。

三〇代まで尾ひく登校拒否症　早期完治しないと無気力症に
「登校拒否症」は、早期完治しないと学校をやめている場合はほとんどのケースが二〇代、三〇代まで「無気力症」として尾を引く。（朝日新聞一九八九年九月一六日付夕刊記事）

この問題は、その稲村氏が所属する児童青年精神医学会の「子どもの人権に関する委員会」において調査され、厳しい批判を受けることになりました。(注7)その委員の一人である高岡氏（一九九二年）は、稲村氏の実践において本人にとっては強制的な医療保護入院の基準として「［引用者注：高校生で］欠席日数のリミットが迫っていること」（後述：第15章1）に疑問を呈し、かつ十分なインフォームド・コンセント（説明と同意）を得ていないことを問題視しました。

当時は、こうした長期欠席したまま中学卒業後にどこにも所属しない「無職少年」を保護・支援する施設もスタッフもみつけにくい実態がありました。そうした中で、ある民間のヨットスクールの訓練中に三人が死亡、一人が行方不明になるという事件（戸塚ヨットスクール、一九七九〜八二年）や、埼玉県の矯正施設から脱走したことへの体罰によって死亡者が出た事件（不動塾、一九八六年）、広島県の民間施設で罰として貨物コンテナの中に監禁されていた二人が死亡するという事件（風の子学園、一九九一年）が起こります。いずれも被害者は一〇代の無職少年で、不登校の「治療」としてヨットスクールや施設に預けられていた人たちでした（加藤、一九九三年）（奥地、二〇〇五年）。また、稲村氏の実践のように病院の多くも「不登校」の収容施設となっていたと言われています。その後、こうした事件をふまえて行われた調査によって、不登校の子どもに対応する民間施設にこうした「無職少年」が多く在籍することが明らかにされ（金子他、一九九二年）、学校教育としての組織的、かつ予防的な対応が求められます。これによって各地に「適応指導教室」(注8)が設置されていくことになりますが、その背景には上記のような民間施設での不幸な事件があったわけです。

しかし、当時の中学三年生の長期欠席者数から言えば、その多くが高校に進学していました。つまり小中学校時代の長期欠席が高校進学という道を全く閉ざしてしまうわけではなかったのです。また、小中学校時代の長期欠席者の高校進学率が上がっていくのは一九九〇年代であることが確認できます（保坂、二〇〇〇年）。長く不登校問題を牽引してきた奥地圭子氏（二〇〇五年）も、「不登校をしたら進学できない、ということはない」と記しながら、次のように回想しています。「東京シューレを設立した一九八五年頃は、登校拒否の子どもは高校に敬遠され、なかなか入学できませんでした。「入れてやっても通学できないのではないか」「選抜だから中学時の出席もしっかりできている子がよい」「学校も対応が大変では」などの理由からでしたが、実際的には、次第に生徒の入学希望に沿ってくれるようになりました」（一二一―

二二二頁)。

さらには、文部省の見解(注9)もあり、一九八〇年代まで長期欠席・不登校の生徒が中学校の卒業証書をもらえない、つまりは除籍となる事例が多数ありました(前川、二〇一八年)。正確なデータ等は確認できませんが、一九八〇年代後半から中学校での欠席が多くても卒業証書を出すという方向に変わってきたと言われています。

とはいえ、一九八〇年代までは実際に欠席を続けると卒業できない、高校に進学できない事例があり、そして人生の「扉が閉ざされてしまう」死亡事件もありました。こうして「不登校」と名付けられた「長期欠席」が「人生を台無しにする」という不安を掻き立てていったと考えられます。

第1章で概観した日本社会では、戦後復興期から高度経済成長期にかけて日本中が、猛烈に働いていた時代です。その後、「二四時間戦えますか」というバブル期の一九八〇年代まで、年休など目もくれずに働く、つまりは休まないのは当たり前だった時代が続きました。また、第5章で述べたように、高校野球では一人の投手(エース)が一八回(あるいは一五回)まで投げ続けたことを讃えていた時代でもあります。そうした時代に学校教育において、毎日休まず学校に行くことがよいことであり、「休むことは悪いこと」という「学校を休んではいけない」という呪縛が作り出されたことには、日本社会全体の動向が影響したと私は考えています。

3　毎日学校に行く児童生徒

先に引用した二人（雨宮氏・山田氏）の気持ちは、まだ毎日学校に行っていた頃のものです。ここから毎日学校に行っている大多数の子どもたちに目を向けてみたいと思います。これまでの「不登校」研究では、当然年間五〇日以上（あるいは三〇日以上）欠席した児童生徒に注目してきましたが、その他の児童生徒はそこまで「欠席」することなく学校に通っているわけです。こうした大多数の児童生徒は年間でどれくらいの欠席をしているのでしょうか。そうした実態調査は見つけることができませんでした。

そこで私は、千葉県内の小学校一六校と中学校八校で五年間の全児童生徒について、毎月の欠席状況を調べてみました(注10)。その結果、各年度の一年間の小学生の平均欠席日数は四～五日、中学生の平均欠席日数七～八日でしたが、この平均値からは全体像を摑むことはできません。そこで、表13‐1のように欠席日数を段階的に分けて示すことにしました（保坂、二〇〇九年）。

この表では、一年間無欠席の児童生徒が小一から中三にかけて増加していることが注目されます。また、小一ではおよそ六分の一（一七・六％）ですが、中三では半数近い四四・五％と二・五倍になっています。逆に、欠席が一～四日の児童生徒は、小一の四三・三％から中三の三三・五％、同じく欠席五～九日の児童生徒は、小一の二五・五％から中三の一〇・三％というように学年が上がるにつれて減っていきます。大多数の児童生徒、およそ八割から九割（小六では八九・七％、中三では八八・三％）は欠席一〇日未満であること、そして、その児童生徒は、学年が上がるにつれて欠席を減らしていくということがわかります。ここから小中学校の児童生徒は、ほとんど「欠席」することもなくよく学校に行っているという事実

表13－1　児童生徒（小1～中3）の欠席日数

（%）

学年＼欠席日数	0日	1～4日	5～9日	10～19日	20～29日	30～39日	40～49日	50日～	計
小1	17.6	43.3	25.5	10.6	2.0	0.5	0.2	0.3	100.0
小2	19.6	44.1	23.9	9.5	1.7	0.6	0.3	0.3	100.0
小3	22.2	45.5	21.0	8.6	1.4	0.5	0.3	0.5	100.0
小4	23.9	45.7	19.5	8.1	1.6	0.5	0.2	0.5	100.0
小5	24.9	45.8	18.3	7.9	1.6	0.6	0.3	0.6	100.0
小6	28.7	44.7	16.3	7.2	1.4	0.6	0.3	0.8	100.0
中1	34.4	38.4	14.5	7.2	1.8	0.7	0.6	2.4	100.0
中2	34.2	36.3	14.0	7.7	2.4	0.9	0.7	3.8	100.0
中3	44.5	33.5	10.3	5.2	1.4	0.9	0.5	3.7	100.0

があらためて確認できます。これだけ多くの児童生徒が、ほとんど休むことなく年間二〇〇日も毎日のように学校に通っていること、しかもその「登校する」という習慣が学年が上がるにつれてより定着していくということは、日本の学校教育の輝かしい成果と言うべきものでしょう。様々な学校批判がある中で見過ごされてきたこうしたデータの意義をあらためて強調しておきたいと思います。加えて、日本の児童生徒の学力データは、国際的に比較しても高いことが確認されています（小松・ジェルミー、二〇二一年）。

なお、表の右側に注目すれば、五〇日以上の長期欠席者が、小六の〇・八%から中一では二・四%と増加しています。同様に、三〇日以上で合算しても一・七%から三・七%の増加になります。従来から「不登校」や「いじめ」が中一で急増する現象は「中一ギャップ」と言われ、マスコミにも取り上げられるなど一般にも知られています。しかしながら、これは全体からいえば数少ない「不登校」（ここでは「長期欠席」）から見えてきた問題なのです。一方で、残りの大多数の児童生徒は毎日よく学校に通っているというのもデータが示す事実です。

多くの不登校の子どもたちに会ってきた児童精神科医の滝川一廣氏（一九九四年）も、逆に大多数の児童生徒が休まず登校するのはなぜか、から出発して、「目に見えない（いうなれば無意識の）規範力が子どもたちを学校に向かわせる内面の力として働いてきた」（一七二頁）と指摘しています。そして、「子どもたちを登校させる心的な力」を生んできたのが、「社会のなかで共有されている文化的な規範」である「学校を絶対で聖性を帯びた場とみなす観念」（一七六頁）と説明しています。前章で述べた、一九八〇年代の学校化社会の到来までに形成された「学校は行かなくてはならない」、「学校を休むのは悪いこと」という通念と同じようなものと考えられます。

4 「不登校」のグレーゾーン

今から三〇年前に不登校の「グレーゾーン」という概念が提唱されました。教育社会学者の森田洋司氏（一九九一年）が、中学二年生を対象とした調査で、「学校に行くのがいやになったことがある」という質問に「はい」と答えた生徒は「登校回避感情」を持っていると考えたのです。そして「①登校回避感情を示すが、がまんして登校する生徒、②登校回避感情を示し、遅刻早退行動を取る生徒、③登校回避感情を示し、遅刻早退行動を含めて欠席行動に至る生徒」を「不登校のグレーゾーン」と呼びました。このうち②と③の遅刻早退・欠席行動を報告した生徒は全体の四分の一（二五・一％）になります。これに①を加えると全体のおよそ三分の二（六七・一％）にもなります。

最近になって、この不登校の「グレーゾーン」を捉えようとした調査結果が二つ発表されました。一つは、二〇一九年四月に日本財団が行った「不登校傾向にある子どもたちの実態調査」です。この調査で「一年間に合計三〇日以上、学校を休んだことがある／休んでいる」生徒は三・一％でした。さらに、不登校傾向にあると思われる生徒として、①「一週間以上学校を休んだことがある／休んでいる」に加えて、②「学校の校門や保健室、校長室などには行くが、教室には行かない：校門や学校の玄関まで行ったが、校舎に入らなかったことがある。授業中に、保健室や校長室など、教室以外の場所で過ごした・勉強した（一～三回以上、もしくは一週間続けて）」、③「基本的には教室で過ごすが、授業に参加する時間が少ない：一ケ月に遅刻・早退を五日以上したことがある／している。授業を受けずに給食だけを食べるために登校したことがある」、④「基本的には教室で過ごすが、みんなとは違うことをしがちであり、授業に参加する時間が少ない：教室にはいたが、みんなとは別の勉強など、他のことをしていた（二～三回以上、もしくは一週間続けて）」が捉えられました。そして、文部科学省調査と同じ三〇日以上欠席の①「不登校」は一・八％、不登校傾向にある②と③を合わせて四・〇％という結果でした。また、先の森田調査と同様に、④教室で授業にも参加しているが、心の中では「学校に通いたくない・学校が辛い・嫌だと感じている」（つまり「登校回避感情」を持つ）生徒は四・四％でした。(注11)

もう一つの二〇一九年五月にNHKが行った調査では、三〇日以上欠席の不登校四・五％、教室外／部分登校（別室登校や一部の授業に参加する）一四・三％、仮面不登校（授業に参加しているが、ほぼ毎日登校したくないと思っている＝つまり「登校回避感情」を持つ）九・三％でした。(注12)

私はこうしたデータから、毎日楽しく学校に通う児童生徒ばかりではなく、心の中では「学校に通いたくない・学校が辛い・嫌だと感じている」、つまりは我慢して通っていた児童生徒もかなりいたのではないかと考えています。そして、そうした児童生徒の中にも、学校を「休んではいけない」という呪縛はかなり広まっていたのではないでしょうか。

すでに第8章で述べた通り、学校を一日も休まないことを称する「皆勤賞」がいつ頃からどれくらい広がっていたのかはわかりません。しかし、「毎日学校に行くことは良いこと」と皆が考えて学校に通っていたのが光だとすると、学校を「休んではいけない」という「呪縛」はいわば影の部分です。それゆえ学校を「休んではいけない」という呪縛は、それほど意識されないまま児童生徒の多くに広がっていたのではないかと私は考えています。また、皆勤賞の存在によって、あるいは「毎日学校に行くことが良いこと」とされれば、この学校を「休んではいけない」という呪縛には、多少具合が悪くてもがんばって無理をしてでも休まないことまでもが含まれていきます。さらには、第10章でみたように、高校の入学試験をはじめとして「欠席」が想定されずに追試が実施されない体制が当たり前であったことは、インフルエンザ罹患など体調不良で受験しないという選択肢はないという状態に追い込まれます。必然的に無理をして、具合が悪くても受験する。つまりは休まないという方向へと児童生徒を追いやることになっていったことでしょう。それがまた、追試を用意しない体制をそのまま維持し、第10章2で述べた高校入試の追試設定という文部科学省の通達をも無視する結果へとつながったのかもしれません。高校を受験する生徒や保護者、中学校で進路指導を担当する学校関係者などから、この追試等を要望する声すらあがらなかったことにも驚きます。具合が悪くても学校に行くのが当たり前になってしまうと、疑問を持たずに具合が悪くても入学試験を受験する、つまり追試という選択肢すら思いつかなくなってしまうということでしょうか。受験生本人がそうした状況に追い込まれてしまうことはあるにしても、保護者や教員など大人たちまでもが「追試」という選択肢を検討しなかったことには疑問を感じざるを得ません。

こうして追試を想定しない入試体制も含めて、具合が悪くても欠席しない（つまりは学校を休まない）学校教育が成立していったと考えられます。しかし、第9章で詳述したように、それはコロナ禍の「出席停止」で見直されることになります。（注13）

（注1）原因論を単純化すれば、「少数の特別な存在＝病気」と「どの子にも起こりうる＝病気ではない」と考える立場がある。前者が「登校拒否」、後者が「不登校」を用いてきた経緯がある（保坂、二〇〇〇年）。

（注2）一九九二年度のある中学校の欠席理由を調査した長岡（一九九五年）は、出席すべき日数を二三九日と報告している。

（注3）中学校ではいじめに遭いながらも登校。高校ではライブに行ってそのまま何日か戻らないという「プチ家出」を繰り返し、日数が足りない分は補習を受けてなんとか卒業した。

（注4）中二の夏休み明けからどうしても学校に行くことができなかった。そして、六年間にわたるひきこもり生活が続いた。

（注5）『学校が合わない親と子のための学校に行かない進学ガイド　一九九〇』、別冊宝島、ＪＩＣＣ出版局、『もうひとつの進学情報　一九九〇』、スクールソーシャルワーク研究グループなど。

（注6）東京都教育研究所（一九八五年）など。

（注7）『児童青年精神医学とその近接領域』（一九九二年）、第三三巻、七七―一〇八頁。

（注8）「学校以外のところに、登校拒否の児童生徒を集め、その学校生活への復帰を支援するため様々な指導援助を行う」（文部省、一九九二年）とされた。

（注9）　兵庫県教育委員会から文部省への問い合わせに対する回答（文部省行政）によれば、第三学年の「半分以上欠席した場合」は「原級留置（留年）・除籍が適当」という見解が示された（保坂、二〇一九年）。

（注10）　この調査の対象となった小学校の全児童総数は約五万人、学級総数は一四八九。中学校の全生徒総数は約一万七〇〇〇人、学級総数は四九四。調査時期は小学校二〇〇四年八月、中学校二〇〇五年八月。

（注11）　日本財団ＨＰ「日本財団ジャーナル」。中学生（一二〜一五歳）六五〇〇人を対象とするインターネット調査。

（注12）　不登校新聞五〇七号（二〇一九年六月一日）。中学生約一万八〇〇〇人を対象としたＬＩＮＥリサーチ。

（注13）　文部科学省はあらたに新型コロナウィルスの五類移行をうけて、都道府県教育委員会に対して高校入試での配慮に関する通知を出し、追試の対象例として感染症や自然災害、痴漢被害などをあげた。さらに公立高校入試の受験日に月経（生理）が重なった生徒への対応について「追試は可能」とする通知を出したところである。しかし、この追試を希望する場合に診断書等を求めるかどうか各県教育委員会で判断がわかれるなど検討課題は多い（二〇二三年一二月三一日付朝日新聞記事「月経に伴う体調不良、追試は受診が必要？　奈良と滋賀では分かれる対応」）。

第14章　「長期欠席」に注目しなくなった学校教育

1　不就学への無関心

第12章と第13章では、「休むことは悪いこと」という学校も入試も「休んではいけない」という呪縛、つまり児童生徒の考え方に注目してきました。いわば多くの児童生徒、そして教員・保護者も「欠席」から目を逸らしてきたのではないかということになります。それに加えて私は、組織としての学校教育も「長期欠席」から目を逸らしてきたのではないかと考えるようになりました。それには以下に述べるような不就学への無関心を含みます。

すでに述べたように、戦後の長期欠席調査では「長期欠席」と不就学は連続したものとして捉えられていました。より具体的には、就学を免除、あるいは猶予された「認められた不就学者」がいる一方で、就学免除／猶予が認められず学校に籍があるために「長期欠席の体裁をとっている実際上の不就学者」＝「事実上の不就学者」がいました。これは新設された中学校に特有の問題で、茨城県教育委員会はこれを「不就学不規則欠席」と記していました（富田、一九五三年）。当時は、「長期欠席」とはいえこうした事実上の不就学生徒たちは、原級留置となって義務教育年齢が過ぎると除籍され、中学校卒業資格を得られませんでした。しかし、こうした不就学者についてはまったく調査ができず、それゆえ就学率九九％と発表されていたのです。しかし実際は、一九五三年当時の松本少年刑務所に収容されていた青少年受刑者二五二人のうち四分の三以上にあたる二〇〇人が義務教育未修了でした。このため一九五五年にこの松本少年刑務所の中に松本市立旭町中学校「桐分校」が開校され、以来二〇〇九年度第五五回生まで六九一人の卒業生を輩出しました（角谷、二〇一〇年）。また、それゆえに夜間中学校（第12章2）が、学齢期に学校に通うことができなかった義務教育修了者（一五歳以上）のために、次々と設置されたということになります。

ようやく文部・厚生・労働事務次官共同通達「義務教育諸学校における不就学および長期欠席児童生徒対策について」が一九五五年に発出され、「不就学児童生徒」が次のように定義されました。(注1)

学齢期にある者のうち、学齢簿に記載されていない者および学齢簿に記載されている者で、義務教育諸学校に入学していない者である。この不就学児童生徒の中には、次のような者が含まれる。

a．保護者が就学させない児童生徒
b．保護者が学齢児童生徒の所在地の変更中途退学、区域外就学等の場合の手続きを怠り、また誤ったため不就学となっている児童生徒
c．戸籍面からの脱落、または居所不明等により不就学となっている児童生徒
d．就学義務の猶予または免除を受けて就学していない児童生徒。

この不就学は、右記ｄのように就学猶予と就学免除に分かれますが、その児童生徒数の変化を表したも

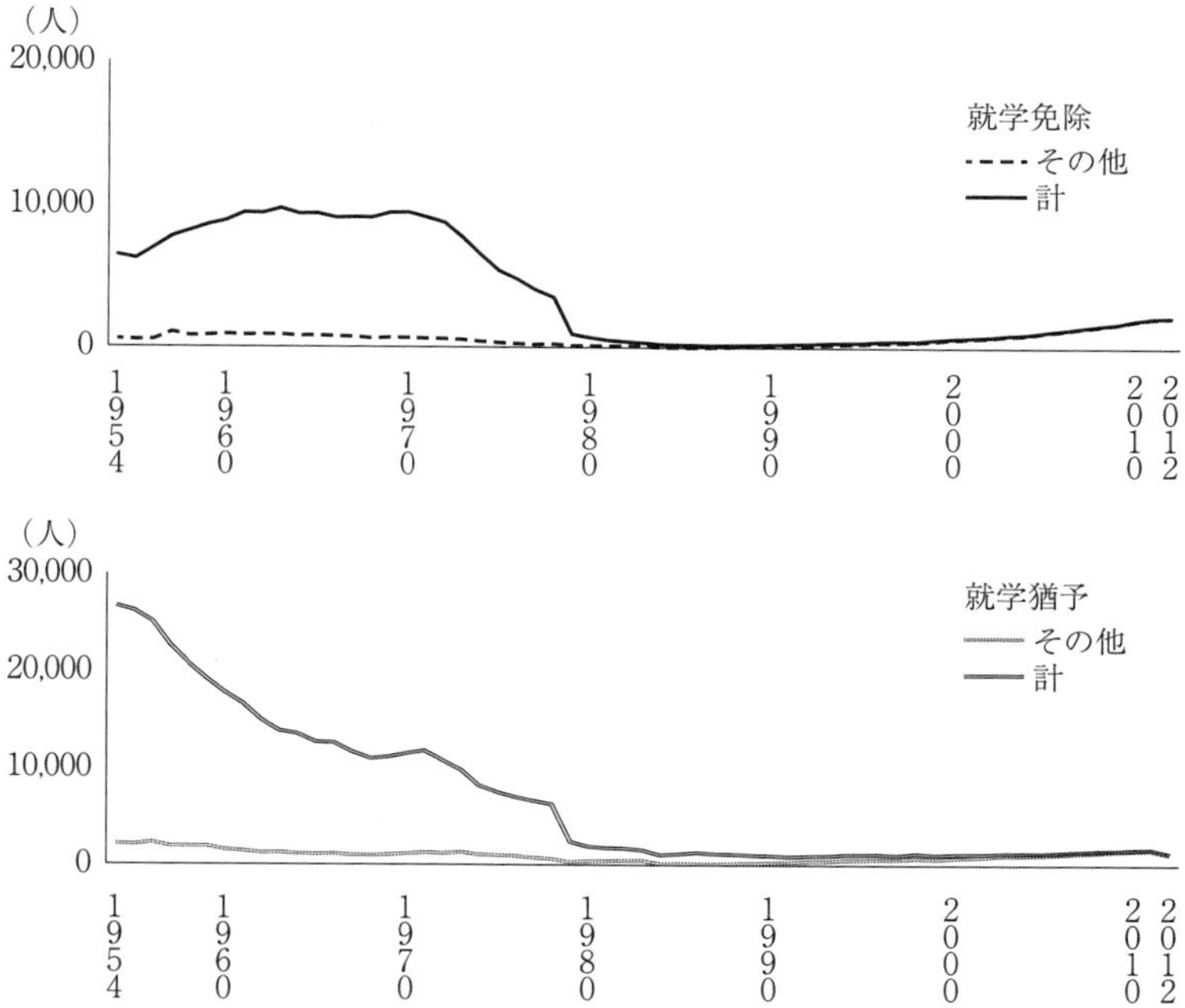

図14－1　就学免除・猶予者の推移

のが図14－1です。一九六〇～七〇年代にかけて「長期欠席」と同様に減少していきましたが、一九七九年度からさらに大きく減少するのは養護学校（現在の特別支援学校）の義務化によるものです。視聴覚障害児については、戦前から制度的に確立されていた盲・聾学校が一九四八年から学年進行で義務制となり、一九五六年に完全実施されていました。そのほかの障害児は、養護学校が未整備であったため戦前から引き続き就学猶予・免除の扱いを受けていましたが、一九七九年度から義務制が実施されたわけです。（注2）（言うまでもなく、この「義務」は保護者による「就学義務」です。）

図14－1に見る通り、その後増加に転じるのですが、この増加については

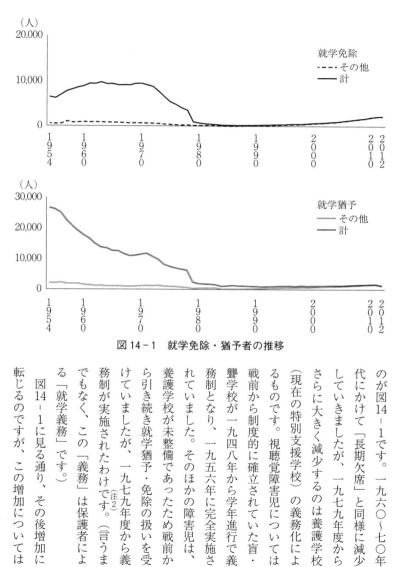

表 14－1　就学免除・猶予者数（2013 年度）

区　分	2012 年度	2013 年度
就学免除者	2,249	2,393
肢体不自由（※ 2）	1	—
病弱・発育不完全（※ 1）	4	11
児童自立支援施設又は少年院にいるため	18	8
重国籍のため	—	2,046
その他	2,226	328
就学猶予者	1,272	1,179
肢体不自由（※ 2）	3	—
病弱・発育不完全（※ 1）	27	31
知的障害（※ 2）	9	—
児童自立支援施設又は少年院にいるため	47	31
重国籍のため	—	858
その他	1,186	259

※ 1　2012 年度は「病弱・虚弱」
※ 2　2013 年度は項目から外されている

学校関係者が注目することもなく、研究者等によって取り上げられることもありませんでした。

しかし、この図に加えた「その他」（区分）が示す通り、全体の増加は「その他」によるもので、二〇一二年度には就学免除者の九九％を占めるまでになっていました。その実態はわからないままでしたが、ようやく二〇一三年度の学校基本調査から「重国籍のため」という新区分（表14－1参照）が登場して、それが日本に在住していない「日本国籍」を持つ子どもたちで、在住地の国籍を持ちその国の教育は受けていると推測できるようになりました(注3)。

しかしいまだに、この「重国籍」を除く「その他」の実態はわかりません。それ以外の理由としては「児童自立支援施設にいるため」があがっています。しかし、一九九七年の児童福祉法の改正によって、児童自立支援施設に学校教育を導入することが明文化され、「児童自立支

援施設にいるため」という就学免除及び猶予は、事実上の違法状態と指摘されています。(注4)

現在も学校基本調査の質疑応答集では、「保護者の願い出により、就学義務を猶予（免除）し、学校に籍がなくなることになるため、在籍者として扱いません」となっています。ここでは児童福祉法の改正による児童自立支援施設への学校教育の導入が想定されていないようです。

私（保坂、二〇一九年）は以前、この不就学調査（正式には「不就学学齢児童生徒調査」）が形骸化していることを指摘しましたが、今では学校教育が「長期欠席」に注目しなくなったことと関連する無関心さではないかと考えています。

2　一年以上居所不明児童生徒の見落とし

いわゆる「行方不明の子どもたち」への無関心も指摘できます。一九五七年には「学齢簿および指導要録の取扱について」（文部省初等中等教育局長通達）が発出されました。その中で上記1の「不就学児童生徒」のうち「学齢児童生徒の居所が一年以上不明であるときは、住民票が削除されるまでの間、その旨を異動事項欄に記入し、学齢簿の編成上、就学義務の猶予または免除のあった者と同様に別に簿冊を編成すること」になります。そして、図14‐2に示した通り、この「一年以上居所不明児童生徒数」が一九六一年度以降学校基本調査の「不就学」の中に掲載されるようになって現在に至るわけです。

そして、この「一年以上居所不明児童生徒数」（図14‐2）で目立つ、二〇一〇年度データからの急増は、以下のような経過によるものです。二〇一一年一月一日の産経新聞が、この「一年以上居所不明児童

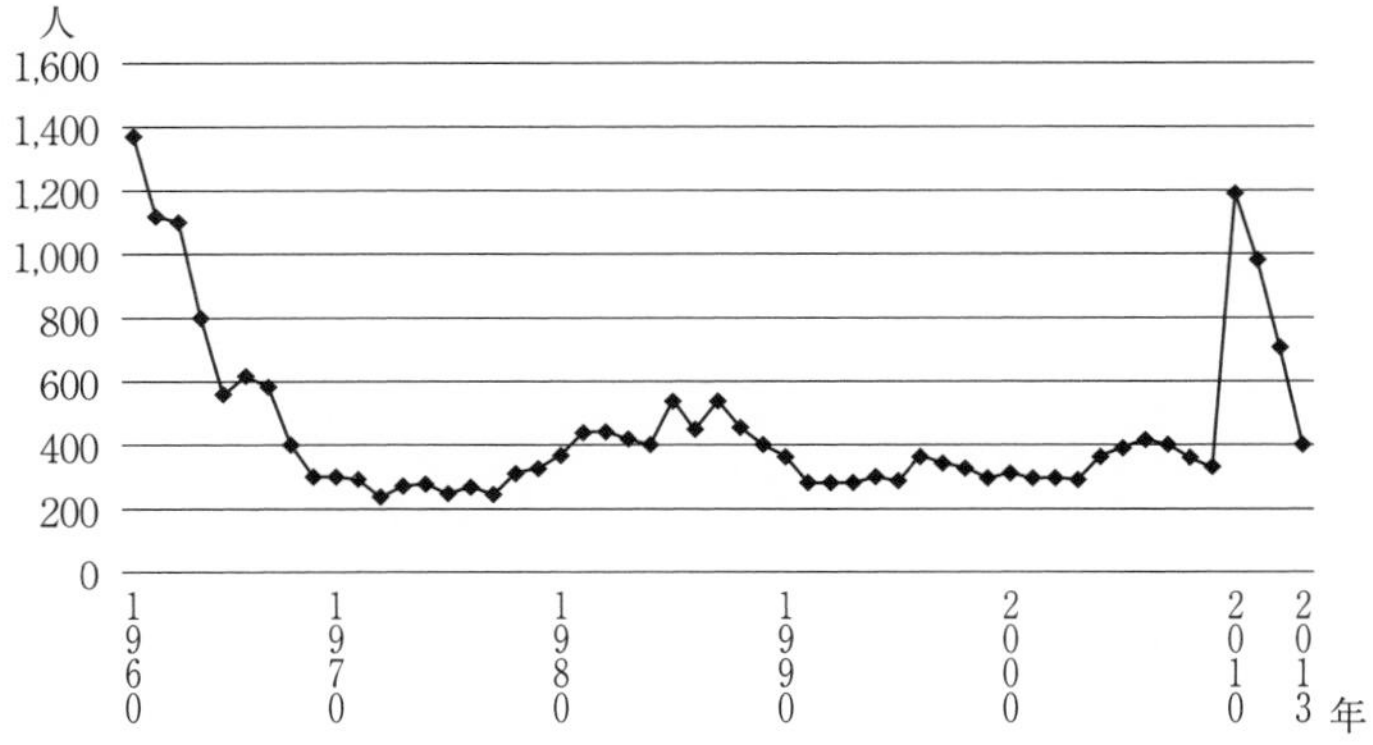

図 14－2　1 年以上居所不明児童生徒数

生徒数」、いわゆる「行方不明の子どもたち」として大きく取り上げました。(注5) この中で同紙は、二〇一〇年一一～一二月にかけて一九の政令指定都市に対して独自の聞き取り調査を行い、学校基本調査に正しく回答していたのは三市（相模原、北九州、福岡）にすぎない実態を報告しました。

この報道を受けて、文部科学省は調査方法についての緊急調査（「平成二三年度学校基本調査「不就学学齢児童生徒調査」における「一年以上居所不明者数」の計上方法について」二〇一一年一月）を実施します。これによって様々な調査上の不備等が見つかり、この「一年以上居所不明児童生徒数」がまったく見落とされていたことが明らかになります。そして、同年四月には「学校基本調査「不就学学齢児童生徒調査」における「一年以上居所不明者数」の取扱いについて」および「義務教育諸学校における居所不明の児童生徒への対応について」（文部科学省初等中等教育局初等中等教育企画課長通達）が出されました。この通知の参考法令等として掲載されたのが、一九五七年通知「学齢簿および指導要録の取扱について」（文部省初等中等教育局長通達）で、現在でも適用されていることに驚いた方は多いはずです。
先に述べた通り、一九六一年度から学校基本調査の「不就学」という項目の最後に「一年以上居所不明児童生徒数」が掲載されてきましたが、これまでまったく注目されることはありませんでした。およそ半世紀（五〇年間）にわたって、この一年以上居所不明児童生徒を学校教育がまったく見落としていたことについて、私はとても不思議でした。

3　虐待及び非行事件を契機とした「長期欠席」調査

上記2の見落としは、次のようなことからもうかがえます。二〇〇三年一一月、大阪府岸和田市で長期間学校を休んでいた中学三年男子生徒が、その父親と内縁の妻によって餓死寸前まで放置され、意識不明の昏睡状態で病院に運ばれました。事例概要は以下の通りです。

虐待事例：岸和田事件
大阪府警捜査一課と岸和田署は二五日、同府岸和田市トラック運転手と内縁の妻の二人を、中学三年の長男に対する殺人未遂容疑で逮捕。長男は事件前に四一キロあった体重が二四キロにまで減少、意識不明の重体。一年半にわたり長男にたばこの火を押し付けたり、殴るけるの暴行を加え、数日に一食程度しか食事を与えないなどの行為があった。長男が死亡したと考えた容疑者が一一九番通報するまでの間、虐待し続け「放置すれば死亡するのは明らかな状態だった」と判断され、「未必の故意」による殺人未遂容疑が適用された。（保坂、二〇一九年）

この事例は、後に岸和田中学生虐待事件として知られるようになったものです（佐藤、二〇〇七年）。事件そのものは、学校や児童相談所が、虐待のおそれがあるという情報を得ていたにもかかわらず、適切な援助が行われなかったという点で社会全体に大きな衝撃を与えました。さらには、学校側が内縁の妻の「登校していないが、元気に出歩いている」という説明を信じて「不登校」と認識していたことが、学校関係者にとってはあらためて長期欠席児童生徒の状況をどう把握するかという問題を浮き彫りにしました（中谷、二〇〇四年）。

実際、この事件が全国的な大規模調査「現在長期間学校を休んでいる児童生徒の状況及び児童虐待に関する関係機関等への連絡等の状況について」（文部科学省、二〇〇四年）の実施に直結することになります。この緊急に実施された全国調査において、「学校を三〇日以上連続して休んでいる児童生徒数」は約五万人、このうちおよそ二割（九九四五人）が「学校も他の関係機関の職員も会えていない」と報告されたのです。この学校も関係機関等の職員も会えていない理由として、「児童生徒が家出・徘徊等により在宅していない」五％（四五七人）、「その他」一六・七％（一六五六人）となっています。注目すべきは、この「その他」の具体的内容として「居所が不明（家庭が多額債務等により転居を繰り返し、所在がつかめない）」、「連絡が取れない（電話連絡が取れず、家庭訪問しても誰も出てこない）」、「外国籍の児童生徒が帰国したまま戻ってこない」といった例が報告されていたことです。しかし、この調査報告においては、上記2の「一年以上居所不明児童生徒数」についてはまったくふれられませんでした。

ここからおよそ一〇年後、再び文部科学省は、二〇一五年二月に川崎市で発生した中学生殺人事件をふまえ、同じような危機にある児童生徒を把握するために「児童生徒の安全に関する緊急確認調査」を実施することになります。この事件の中学一年生の被害者が長期欠席中であったからです。なお、この全国調査の契機となった事件の概要は以下の通りです。

非行事例：川崎中学生殺人事件

二〇一五年二月二〇日早朝、神奈川県川崎市の多摩川沿いの土手を散歩中の地元住民が、河川敷に全裸で転がっている遺体を発見。被害者は一月以降登校していなかった中学一年生の少年。一週間後、主犯格の少年（一八歳）が警察に出頭し、共犯の少年二人（ともに一七歳）が殺人容疑で逮捕された。彼らは日頃から被害者を子分のように扱い、犯行当日は態度が悪いと言いがかりをつけて暴行。さらに寒夜に裸で川を泳がせた末、カッターで致命的な傷を負わせたまま放置。被害者は暴行を受けた後、助けを求めるため這って移動している途中で死に至った。（保坂、二〇一九年）

この事件で学校は、「危険な欠席」（保坂、二〇一三年ａ）と認識するに足る情報を持っていなかったのではないかと考えられます。それをふまえて、緊急に文部科学省によって①「七日以上連絡が取れず、その生命または身体に被害が生じるおそれがあると見込まれるもの」、②「学校外の集団（成人が主たる構成員であると思われるものを含む）との関わりの中で、その生命または身体に被害が生じるおそれがあると見込まれるもの」が全国調査されました。その結果、それぞれ①二三二人、②一六八人の計四〇〇人、①については「不登校状態が続いているものの、保護者の協力が得られないため、児童生徒本人と連絡が取れない事例」や「家出で捜索願が出されている事例や行方不明で捜索願が出されている事例、家族を含めて居所不明で連絡が取れない事例」が含まれていると発表されました(注6)（文部科学省、二〇一五年）。

そして、この緊急調査においても、各都道府県教育委員会からあげられた事例の中には「一年以上居所不明児童生徒」も含まれていたと考えられます。しかし、各教育委員会も文部科学省もそれにまったく気付かないままこの緊急調査だけを集計して分析していました。それほど「一年以上居所不明児童生徒」は、学校教育から見落とされていたということでしょう。

この両調査が、一年以上居所不明児童生徒についてまったくふれていないことは、私にとってはまったく理解できないことでした。しかし、先にもふれた二〇一一年に発覚した一年以上居所不明児童生徒調査の緊急調査まで、住民票があっても転居などにより居住実態がないと学齢簿を作成していない委員会があるなど、その杜撰さはまったく呆れるほどでした（保坂、二〇一九年）。それも含めて、組織としての学校教育が「長期欠席」や「不就学」に注目しなくなった結果として、深刻な「長期欠席」である一年以上居所不明児童生徒にも目を向けなくなったと考えると腑に落ちます。

4　日本社会における「不登校」という認識とバックラッシュ

上記3であげた岸和田事件では、学校が「不登校」と認識することで、危険な長期欠席であること、そしてその陰で行われていた保護者による虐待が学校からは見えなくなっていました。第12章で詳述したように、調査項目としての「学校ぎらい」が「不登校」に変更されて以降、この「不登校」という名称が定着します。そして、学校関係者だけではなく、一般的にも長期に学校を休むこと（つまりは長期欠席）は、「不登校」と表現（あるいは記載）するようになっていきます。例えば、それは報道（新聞記事）においても以下のようになります。

①「話を聞いてくれない担任の先生も嫌だったし、勉強もうまくいかなかったことも（不登校の）最初のきっかけ」（二〇二三年六月二五日付朝日新聞記事「息子たちの居場所ここにあった」）。
②「不良グループの子たちとけんか騒ぎを起こして児童相談所に短期間入る。出た後、不登校に」（二〇二三年七月二五日付朝日新聞夕刊記事「『人と違う道』で得たもの」）。
③「今春、文部科学省の職員になった藤井健人さん（三〇歳）は、小中学校時代に不登校を経験しました」（二〇二三年八月二八日付朝日新聞記事「葛藤抱えながらもがいていた」）。

また、学力の国際比較データを詳細に報告した小松光氏（二〇二一年）も、「小学校から中学校にかけて不登校気味」で、「「病気や経済的理由以外で年間三〇日以上の欠席」という不登校の基準を概ね満たしていた」と述べています。しかし、記事も含めてここで「不登校」と記載されているのは、本来「長期欠席」です。より具体的に言えば、この欠席が年間三〇日以上になったとして、学校がその「理由」を文部科学省調査において「不登校」と報告したかどうかはわかりません（第9章コラム5参照）。

そうした事実は傍らに置かれて、本人、あるいは家族はこのように「不登校」と表現してしまいます。こうして一九八〇年代以降、「欠席」及び「長期欠席」という言葉は使われなくなっていき、先の記事のように「長期欠席」あるいは「欠席」という意味での「不登校」が定着していったと考えられます。(注8) しかし、一方で「不登校」を含めた「長期欠席」の事例研究からは、経済的な不安定層（貧困家庭）では保護者の養育能力欠如という点で虐待とつながる「危険な欠席」があることが指摘されていました（斎藤、二〇〇七年）。上記の川崎事件の保護者は、ひとり親でダブルワークのため連絡もつきにくかったことがわかっており、経済的な不安定さがうかがえます（磯部、二〇一七年）。もう一つの岸和田事件も含めて、「不登校」という認識が虐待（ネグレクト）を隠してしまうマスキングが起きやすい事例が確認されていきます。しかし、上記3の二つの緊急調査においては、長期欠席あるいは行方不明の児童生徒が貧困問題という視点から分析されることはありませんでした。やがてこうした「長期欠席」を「不登校＝心の問題」として限定的に捉えることの危険性が明らかになり、その後の「子どもの貧困問題」（阿部、二〇〇八年）と学校の新たな役割（貧困問題のプラットフォーム(注9)）へとつながっていきます。

「登校拒否」に代わって「不登校」が使われるようになった一九八〇年代以降の日本社会は、「心の時代」と総括されるほど、「心」に注目するようになった時代でもありました（斎藤、二〇〇三年）。学校教育に限っても、スクールカウンセラー配置の開始が一九九五年、学校で「心のノート」の配布が始まったのは二〇〇二年です。「不登校＝心の問題」という見方だけに偏った背景には、この「心の時代」という影響があったと考えられます。第4章で教員の休職者数全体ではなく、その中の「精神疾患」（つまりは心の問題）を理由とするものだけに注目することも、それと同様に第9章の児童生徒の長期欠席全体ではなくその中の「不登校」だけに注目することも、「心の時代」の影響かもしれません。

そうした中で、「不登校」と言えば、明言されることもないまま「心の問題、例えば学校ストレス」と認識されます。厳密に言えば、文部科学省による「不登校」の定義は、当初の「学校ぎらい」の「心理的な理由などから学校をきらって長期欠席する者」から、「何らかの心理的、情緒的、身体的、あるいは社会的要因・背景により、児童生徒が登校しないあるいはしたくともできない状況にある者」へとより複雑に変遷してきましたが、一般には「心理的な理由＝心の問題」という捉え方におさまっています。

そして、この「不登校」は、少数の特別な子どもに起こる「病気」ではなく、「どの子にも起こりうる」ものと認識することを通じて、現行の学校教育を改革する方向性を目指していました（奥地、一九九一、二〇〇五年など）。実際、これまで述べてきたように、「不登校」を問題行動とする考え方から、教育機会確保法（二〇一六年）で問題行動ではないとするまでの変遷は、一条校だけが保障する[注10]「義務教育」に対して、学校外での「義務教育」を認めよという不登校運動の成果とも言えます。具体的には、一九九二年の、学校外の施設（教育支援センター、フリースクール等）に通っている児童生徒に対して指導要録上の「出席扱い」とした文部省通知（一九九二年）や、学習指導要領によらずとも不登校の児童生徒に配慮した特別な教育課程を編成・実施することを認めた不登校特例校[注11]をあげることができます。教育機会確保法以降も、フリースクールに通う児童生徒の授業料や交通費を補助する自治体が増加しています。また、二〇一九年には文部科学省が「不登校」の児童生徒に対して、「学校に戻ること」を前提としない方針を打ち出し、学籍を置く学校長はさらにフリースクールへの通学を「出席扱い」にしやすくなりました。さらに二〇二三年八月には、不登校の高校生が自宅で双方向オンライン授業を受けた場合は、三六単位まで取得を認める方向性を打ち出しています。

しかし、こうした学校改革を迫る存在としての「不登校」は、児童生徒全体からすれば少数の存在ということになります。とはいえ、常に「不登校」の増加は注目され、学校が変わる方向への力となっていきました。こうした動きと並行して家族旅行による欠席の公認など徐々に「学校を休むこと」に対しても、社会が容認していくようになります（保坂、二〇〇〇年）。前章で引用した滝川氏は、当時（一九九四年）すでに「個々の子どもたちを理屈抜きに学校へ向かわせる無意識の力」が弱くなっているとまで述べています。そうした日本社会全体の動向とは逆に、学校教育は組織として「学校に行かなくてはならない」、「学校を休むことは悪いこと」という呪縛をかけるというバックラッシュ（逆ネジ）を招いたのではないかと、私は考えるに至りました。最近でいえば、滋賀県東近江市長によるフリースクールを否定する発言もバックラッシュを象徴しているように思えます。(注12)

本節で述べた「欠席」という「行動」ではなく「心」に注目してしまう「不登校」という表現が当たり前になってしまったことも、学校教育が不就学・行方不明を含む「長期欠席」に注目しなくなっていった動向も、こうしたバックラッシュの中で起きたのではないでしょうか。第9章コラム5で詳述した調査方法の変更に対する無関心さもその一つと言えそうです。

(注1)　この通達の解説が、翌一九五六年の『文部時報』で詳細に取り上げられ、前章で述べた不就学・長期欠席対策の原点となった（保坂、二〇一九年）。
(注2)　文部科学省ＨＰ「養護学校義務制への道」より内容要約。
(注3)　一九八五年から施行された国籍法の改正により、出生による国籍の取得について、それまで父親が日本国民の場合に限られていたものが、母親が日本国民の場合も可能となったことが影響していると考えられる（文部

省初等中等教育局長通知「国籍法の一部改正に伴う重国籍者の就学について」昭和五九年一二月)。そして、文部科学省は、「重国籍者の就学義務の猶予免除について」、保護者から願い出があれば認めるとして、以下のような例をあげている。「重国籍者が家庭事情等から客観的に将来外国の国籍を選択する可能性が強いと認められ、かつ、他に教育を受ける機会が確保されていると認められる事由があるとき」(文部科学省HP「一、就学義務の猶予又は免除について」)。

(注4) この改正以前においては全国五七施設のうちわずかに一〇施設でしか学校教育が行われていなかったが、国立きぬ川学院が二〇〇一年、国立武蔵野学院も二〇〇六年に導入して、二〇〇九年四月時点で実施率は七割となった(小林他、二〇〇九年)。その後、法改正から一二年が経過した二〇一〇年時点で未だ一五施設で学校教育が行われていないことが判明し、全国児童自立支援施設協議会から厚生労働省に要望書が提出されている。

(注5) 「所在不明の小中学生三二六人、教委ずさんな調査、毎年度『ゼロ回答』も」。

(注6) また、東京都教育委員会では、①にあたる三三人を、さらにa「不登校で保護者とも連絡が取れない」、b「学校や自治体に届け出ずに転居した」、c「本人が家出して保護者も行方を把握していない」に分類し、aのケースが半数以上であることを明らかにした(二〇一五年三月一四日付朝日新聞記事)。

(注7) この藤井健人氏は、後に月刊『生徒指導』の連載「不登校・定時制の「その後」に待ち受けるもの」を始めるにあたって当時を振り返り、小五から中学卒業まで「不登校」であったことに加えて、高校の出席は「皆勤」であったと記している(藤井、二〇二四)。

(注8) 当初、本書の副題は「「欠席」から「働き方改革」まで考える」であったが、校正段階で「「不登校問題」から「働き方改革」まで」に変更することとなった。この「欠席」から「不登校問題」への変更は、出版社の要請に基づくが、ここで記述してきたことと関連するエピソードとして記しておきたい。

(注9) 「子供の貧困大綱」の中で、学校は貧困対策の「プラットフォーム」と位置付けられるようになった(山野、

二〇一八年)。

(注10) 学校教育法第一条に列挙された学校(=一条校)への就学だけが「就学義務」の履行となっている(大桃、二〇二〇年)。このため通学(出席)を前提とする日本の「義務教育」では、「出席扱い」が重要となる。宮口(二〇二〇年)は、コロナ禍の臨時休校・「出席停止」等と不登校の子どもの教育保障に通底する課題として、「通学できない状況においても教育を保障できるものへと公教育を再編すること」を指摘している(五七頁)。

(注11) 学校教育法施行規則の一部改正により二〇〇五年から、不登校児童生徒等の実態に配慮した特別の教育課程を編成する必要があると認められる場合、特定の学校において教育課程の基準によらずに特別の教育課程を編成することができるようになった。二〇二三年度には全国で二四校が設置されているが、二〇二三年六月閣議決定された第四次教育振興基本計画の中では三〇〇校の設置が掲げられた(二〇二三年六月二七日付朝日新聞社説「教育基本計画新目標へ説明と対話を」)。なお、二〇二四年八月に文部科学省はこの「不登校特例校」の新名称を「学びの多様化学校」とした。

(注12) 「フリースクールは国家の根幹を崩しかねない」、「善良な市民は嫌がる子どもを学校に押し込んででも義務教育を受けさせようとしている」と発言し、多方面から批判され撤回に追いこまれた(二〇二三年一〇月二七日付朝日新聞社説「フリースクール：多様な学び当たり前に」)。

コラム9 コロナ禍における学校の「休み」について

第9章2で述べた通り、学校保健安全法には、児童生徒の生命安全の保護と、学校を感染ルートとする感染拡大防止を目的とする措置として、①感染症にかかっており、かかっている疑いがあり、又はかかるおそれのある児童生徒の出席停止(第一九条)と、②学校の全部又は一部の臨時休業(第二〇条)とが定められています。前者は校長、後者は教育委員会の権限に属します。二〇二一年一月二八日に、新型コロナウイルス感染症は、「新型コロナウイルス感染症を指定感染症として定める等の政令」で指定感染症に指定されたため、校長は新型コロナウイルスに感染した児童生徒の出席を停止することになりました。

ところが、二〇二〇年二月二七日、安倍首相（当時）が突然、全国一斉に三月一日から春休みまで休校（正確には上記第二〇条に基づく臨時休業）するよう要請したために日本中が大騒ぎになったわけです。このため文部科学省は二月二八日に「新型コロナウイルス感染症対策のための小学校、中学校、高等学校及び特別支援学校等における一斉臨時休業について」を出し直し、法的根拠のない首相の要請を理由に臨時休業を「お願い」する形を取ることになりました。これを受けて、三月一日以降、ほぼ全国一斉に臨時休業（休校）が始まったわけですが、後に感染者が一人も確認されていない地域にまで休校を求めることには疑問が寄せられました（中嶋、二〇二一年など）。なお、末冨（二〇二二年）らの調査によって、特別支援学校など三月中に休校しなかった学校も確認され、一斉休校といえども「多様性」があったことがわかっています（二〇六―二〇八頁）。

さらには、同じコロナ禍で起きたにも関わらず、はっきりと疑問を呈された「休み」もありました。山口県岩国市は休校していた市内小中学校を五月七日から再開しました。このときアメリカ軍岩国基地は、コロナ禍の感染対策として基地の日本人従業員と出入りする契約業者らに、子どもを小中学校に登校させないよう要請しました。アメリカ軍人らの子どもたちには通学を控えて自宅にいるようにしているため、同様の要請をしたとのことです。岩国市教育委員会によると、基地関係者の子どもで一〇〇～二〇〇人程度が休んでいるとみていたそうです。なかには、基地関係者の保護者が家族と一時的に別居して、子どもを学校に通わせているケースもあったといいます。市教委は、こうした「児童生徒の欠席」については、やむを得ない事情による「出席停止」の扱いにしましたが、市内市民団体からは子どもの教育権を保障するよう申し入れが

なされました。(注1)

また、二〇二〇年度当初、全国で唯一新型コロナウイルス感染者が確認されていない岩手県内の四市町村教育委員会は、県内転入後の二週間は登校しないよう保護者に求めていました。これに応じて四月の学校再開以降、二三人の児童生徒が登校を見合わせていました。そのひとつである一関市教育委員会は、理由として「感染予防といじめ」をあげ、保護者に説明して苦情は寄せられていないそうです。この対応について、岩手県教育委員会は、「登校自粛要請は行き過ぎ」と指摘し、文部科学省も「不適切」とコメントしました。また、教育評論家の尾木直樹氏は、「明らかに違法行為」として関係者の処分や謝罪を訴えました。(注2)なお、報道等ではふれられていませんが、この登校自粛も「出席停止」扱いだったと考えられます。

ここまで取り上げたそれぞれの「出席停止」に関わる首相及び文部科学省からの要請も、またアメリカ軍岩国基地からの要請、岩手県内自治体教育委員会からの要請も、その正当性には疑問があることで共通しています。

最後に、夏休みの短縮についてふれておきます。二〇二〇年度一学期の臨時休校により、授業時間数を確保するために各学校は夏休みを大幅に短縮しました。学校教育法施行規則で小中学校の標準時間数が定められているためです。文部科学省は、コロナ禍でこの時間数を下回っても規則違反とはならないとしながら、「その確保に努力することは当然」と通達したからです。例えば、東京都杉並区立荻窪中学校では、一学期終了は八月八日(例年に比べて三週間延長)、二週間の夏休みを取って二学期は八月二四日が始業式となりました(広瀬、二〇二一年)。こうした動きは他の国(シンガポール・スペイン・ドイツ・スウェーデン・フランス・イギリス・アメリカ・ブラジル)では見られず、日本の特徴とされています(園山他、二〇二二年)。これもまた、文部科学省からの通達(違反ではないが、努力は当然)を要請と認めて夏休み短縮が実施されたことになります。これに対して、教育関係者からの疑問はほとんど出ていませんが、決められた授業時間を確保することは、「休む」ことよりも重要という判断に疑問はないのでしょうか。

（注1） 二〇二〇年五月二三日付朝日新聞デジタル「米軍要請、一〇〇人登校自粛 岩国基地 日本人従業員らの子 新型コロナ」。

（注2） 二〇二〇年六月二六日付読売新聞オンライン記事「感染ゼロの岩手、県外からの転入生に二週間の登校自粛を求める」、二〇二〇年六月二五日付 Yahoo! ニュース「尾木ママ 岩手県での県外からの転校生へ登校自粛要請に抗議『厳重に処分されるべき』」など。

第15章　「休むこと」についてのルールと無知学

1　高校の「欠席」についてのルール

これまでは小中学校を中心にして述べてきましたが、ここで高校に目を転じたいと思います。第4章コラム3でもふれた「令和の日本型学校教育の構築を目指して」（中央教育審議会、二〇二一年）では、「新時代に対応した高等学校教育等の在り方について」が取り上げられています。そして、義務教育段階（小中学校）の進級・卒業要件は年齢主義を基本とする一方で、高校については「原級留置の運用もなされており、修得主義・課程主義」が取り入れられていると記載されています。この修得主義の説明を通じて、本節では小中学校とは違う高校の「欠席」についてのルールを取り上げます。

本書に即して具体的に言うならば、小中学校では、授業に出られない児童生徒が、保健室（別室）登校をしている場合でも「出席」となります。ところが、高校では生徒が保健室（別室）登校していても、さらにどの授業が欠席、厳密には「欠時間数（＝欠時）」となるかが問題となります。高校では、それぞれの科目（単位）の「履修」と「修得」が進級・卒業要件として重要なので、ここが小中学校の出席／欠席と大きく違うところです。

まず高校の「履修」とは、例えば各教科・科目の年間授業時数（法定時数）の三分の二以上の出席をもって認定されるので、欠席が三分の一を超えてしまうと「欠席時数（欠時）超過」で「未履修」となります。この「履修」が認定、つまりは出席三分の二以上と確認された上で、さらにある一定水準以上の評価を得ることによってその科目（単位）の「修得」となります。これが「修得主義」という制度です。つまり、高校における進級・卒業の基本となる「単位認定」は、「履修」と「修得」の両方が確認されて初めて「認定」されます。従って、保健室（別室）登校をしていても、その日にある各授業科目に出なければ「欠時」とカウントされ、それが三分の一を超えると当該科目は「未履修」となって単位認定されません。もちろんこの「欠時」が三分の一未満でも、定期試験等による成績が不良であれば単位修得とはなりません。そして、このようにして決められた単位が修得できない場合、学年ごとの課程修了とならず、いわゆる留年（原級留置）となります。この留年は生徒たちから避けられることが多く、結果として転学を含む中途退学（以下中退）へと至ります。なお、卒業要件だけがある課程主義の単位制高校の場合は学年ごとの留年とはなりません（保坂、二〇二三年b）。

従って、高校においては欠席よりも「欠時」に注意が向きます。(注1) 例えば、千葉県立高等学校管理規則第一九条には、「履修」認定における三分の二以上の出席、つまり、欠時は三分の一未満というルールが明示されています。加えて「特別の事由がある場合には、補講その他適切な指導を実施し、その時数を授業時数に算入することができる」という例外規定もあります。なお、校長が「欠席扱い」としない理由（同四〇条）としては、「忌引」、「学校保健安全法第一九条による出席停止」（インフルエンザ、コロナ感染症）、災害（暴風・洪水・火災など）に加え、その他「校長が必要と認める場合」があげられています。そして、これがそのまま「欠時」の例外規定（上記特別の事由）となっていますが、この「欠席」についてのルールは、県立学校では確立されています。(注2)

　さらには、単位修得に必要な定期試験（中間・期末テスト）での「欠席」をどう扱うかという問題もあります。やむをえない欠席に対して、この定期試験の追試は原則として各学校で実施していません。代わりに、前の試験の八割を「見込み点」とする内規等として、教員だけが知っているルール（内規・申し合わせ等）に留まっていました。近年は、入学後のガイダンス、あるいは一回目の授業冒頭などで生徒や保護者に知らせるようになってきています。(注3)

　ここまで詳しく「欠席」にまつわるルールについて説明してきたのには理由があります。高校に進学する生徒やその保護者に、学校教育が小中学校と高校の違いについて組織的に説明する機会を設けていないからです。現在の高校進学率を考えれば、中学卒業に際して、中学校教員から小中学校と高校の進級（つまりは「欠席」の扱い）の違いについて説明をすることも検討に値するのではないでしょうか。もちろん、このルールについては高校入学後、千葉県のようにホームページ（以下ＨＰ）(注4)上で公開していたり、生徒に配布される資料（学習の手引き・生徒手帳等）で説明されています。上述の定期試験の「欠席」についても、それぞれの学校で説明がなされるようになってきています。しかし、私が知る限りでは、生徒たちと保護者にそうしたルールの周知が徹底しておらず、十分に理解していない場合が散見されます。

　これまで見てきたように、小中学校でほとんど欠席することもなく、毎日のように学校に通ってきた生徒たちは、高校でも当然のように毎日通学してきます。小中学校のときには徒歩、あるいは自転車通学だったものが、バス・電車通学になって時間がよりかかるようになるにもかかわらずです。第13章で紹介し

表 15－1　高校の欠席

（%）

欠席日数 / 年度	0	1～4	5～9	10～19	20～29	30～39	40～49	50～	計
2003	39.65	38.27	12.00	6.28	1.76	0.99	0.39	0.66	100
2004	45.03	35.32	10.26	6.13	1.93	0.44	0.28	0.61	100
2005	45.75	34.91	10.45	5.99	1.48	0.55	0.05	0.82	100
平均	43.46	36.17	10.91	6.13	1.73	0.66	0.24	0.70	100

た小中学校の欠席調査と同じように高校でも調べてみました。(注5) その結果の一部（二校）を表15－1に示しましたが、この二つの高校は進学校で、欠席ゼロが約四割、一〇日未満が九割以上でした。小中学校でもほとんど休まず通っていた生徒たちほど成績も良くてこうして進学校に入学するわけですから、当然の結果でもあります。他に、千葉県柏市立柏高校の三年生九クラスのうち二クラスの生徒全員が「一年間無欠席」の目標を達成したことが記事になったりしています。(注6) また、就職を目指す生徒にとっては、高校独特の「一人一社制」(注7) のもとで、欠席が少ないことが有利であることも知られています（朝比奈、二〇二一年）。つまり高校でも、小中学校と同じように欠席しない方向への強い力が働いています。

しかし、高校においては休学という制度があります。管理規則より上位の学校教育法施行規則第九四条には、「生徒が、休学又は退学しようとするときは、校長の許可を受けなければならない」と規定されています。これをふまえて、千葉県立高等学校管理規則においては以下の通りとなっています。なお、学校教育法施行規則にはない期間（三月以上一年以内）が明記されています。

第三十六条　病気その他やむを得ない事由のため三月以上出席することができない生徒は、その事由及び期間を具し、保護者と連署して、医師の診断書等その事由を証するに足る書類を添え、校長に休学を願い出ることができる。
2　校長は、前項の事由を適当と認めるときは、休学を許可することができる。
3　休学の期間は、三月以上一年以内とする。ただし、校長が必要と認めるときは、その期間を延長することができる。

一九八〇年代の文部省（当時）が公刊している指導集には、「登校拒否」の高校生で「休学中の生徒の指導事例（登校拒否から休学、立ち直った事例）」と「休学期間中に学校と教育センターが連携して指導に当たった事例」が掲載されています。また、最近では定時制の高校での休学事例の報告もあります（西野、二〇二三年）。

ところが、学校がこの休学制度について、入学する生徒たちにも保護者にも説明する機会はほとんどないようです。中途退学や長期欠席のように調査もないため、高校生の休学者の実態はまったくわかりません。しかし、ここに潜む問題が垣間見えた調査が、「公立の高等学校（全日制及び定時制）における妊娠を理由とした退学に係る実態把握結果」（文部省、二〇一八年）です。調査対象となった約二千人の生徒のうち、休学が二割と報告されました。一方で、保護者など関係者が「休学」を含めて学校に残って勉学を続ける可能性を検討することもなく自主退学させてしまうケースが多いことが明らかになりました。この調査とは別の新聞記事ですが(注8)、「休学の選択肢を含め、学校と両立する方法を、生徒の意志を尊重しながら考える方針」のもと、次のような実践例が紹介されていました。「体育は見学、代わりにリポート課題を出す。出産予定日の五週間前から出席停止。休み中は各教科の先生が課題を出す」。なお、当該生徒は、一年生の春休みに妊娠がわかりましたが、このような対応により二年生で出産し、子どもを保育園に通わせながら学業を続けて三年間で卒業を迎えたことが報じられています。(注9)

その一方で、学校によっては「出産＝退学」という暗黙のルールがあるとまで指摘されています(注10)(幸崎、二〇一七年)。それゆえ先の調査で、保護者など関係者が「休学」を含めて学校に残って勉学を続ける可能性を検討することもなく自主退学させてしまうケースが多いことが明らかにされたのでしょう。つまり、この調査で「休学」という制度があることを、選択肢として提示することすらしていないという問題点が浮き彫りになりました。

一方で、二〇二二年に改定された生徒指導提要では、「多様な背景を持つ児童生徒」(一三章)の中で「特に行政が積極的に支援を行うもの」として「特定妊婦」があげられています。この「特定妊婦」とは、「出産後に養育について出産前において支援を行うことが必要と認められる妊婦」(二八三頁)と定義され、以下のように記載されています。「児童虐待と同様に、児童生徒本人や保護者の意向にかかわらず、通告の義務や情報提供の努力義務が課せられます。通告や情報提供について守秘義務が適用されませんので、学校は福祉機関に適切に情報を伝えることが求められています」(二八四頁)。そして、「児童生徒が妊娠した場合、妊婦SOS等の相談機関の情報提供のみではなく、保健所など関係機関と連携して支援を行っていくことが必要」として、上述の文部科学省による実態把握をふまえた通知「公立の高等学校における妊娠を理由とした退学等に係る実態把握の結果等を踏まえた妊娠した生徒への対応等について」をあげていますが、「休学」についてはまったくふれられていません。

また、従来から小中学生の低い死亡率に対して一〇代後半（高校生）の死亡率は倍増することが知られています。その多くは病気ではなく自殺と不慮の事故によるもので、この上位二つの死因が全体の三分の二を占めます（小野、二〇二〇年）。精神疾患も発症しやすい年代であることを考えれば、高校の休学という制度の重要性が指摘できます。それにもかかわらず、多くの高校生とその保護者に、この休学制度そのものが知らされていないのです。このように高校生が「休むこと」についてのルールを知らない、あるいは知らされないという実態を確認して先に進みます。

2 働く人にとっての「休むこと」についてのルール

私は、次第にこの高校生と同じようなことが教員にも起きているのではないかと考えるようになりました。まず教員も「欠席」しない高校生（とりわけ先ほどのデータが示す進学校の高校生）と同じようにほとんど休みません。「体調不良で休んだことはない」、「子どもが学校に来ている日に休むことはない」と言い切る先生が多いことなどからの推察ですが、年休（有給休暇）の取得率も極めて低いでしょう。（これについては第16章3でも取り上げます。）第8章で紹介したように、休まない先生に対して「皆勤賞」を授与していた学校があったほどです。そうした実態ゆえでしょうか、有給の病気休暇の制度も休職制度も、その存在は知っていても、詳しいことは担当者（及び制度利用者）以外知りません。(注11)

具体的には、群馬県教育委員会では、「休暇・休職の手続き」として、「定められた休暇日数を使い果たすに至ったとき」に休職の手続きに入ると解説されています（森部、二〇〇七年）。「病気休暇と休養休職をどのように扱うかは任命権者に委ねられている面があり、群馬県では、所定の休暇期間を使い果たした後、なお回復しないときに休職する、という経過をたどらせる」（森部、二〇〇七年七五頁）ということになるそうです。こうした運用上の違いによって、第4章で指摘した各都道府県教育委員会の「三〇日以上病気休暇者」の割合の大きな違いが生じている可能性が考えられます。

同じく第4章で取り上げた復職プログラムは、現在すべての都道府県と政令指定都市の教育委員会で制度化されています。このプログラム自体あまり知られていないことも問題ですが、驚くような運用の違いが放置されています。復職プログラムの適用者を一年以上の休職者に限定しているところと、長期（例えば三ケ月以上）の病気休暇者にも適用しているところがあるのです。例えば、千葉県教育委員会は休職者だけですが、千葉市教育委員会は病気休暇者も対象としています。他に都道府県教育委員会では、岩手・山形・栃木・群馬・新潟・山梨・静岡・兵庫・山口・高知県が、政令指定都市では、仙台・京都・神戸市が病気休暇者も対象としています。逆に、奈良県教育委員会のように、一年以上の休職者だけにとより厳しく限定しているところもあります。

一方で、復職支援プログラムの利用者数とその結果として復職した人数を発表しているのは高知県・相模原市・新潟市教育委員会だけという有様です。(注12) 本来、こうした実態を分析しなければ、文部科学省がコメントした支援プログラムの効果（第4章2）など論じることはできないでしょう。各地の教職員労働組合も気がついていないのか、まったく問題になっていないことにも驚きを禁じえません。教員もまた、休職制度も含めて「休むこと」についてのルールに無関心すぎると思うのは私だけでしょうか。

さらに、私はこの「休むこと」についてのルールへの無関心は、教員に限らず働く人皆に共通したことではないかと考えるようになりました。そう考えるようになったきっかけは、次のようなエピソード(注13)です。

二〇一八年六月一八日朝七時五八分、大阪府北部を震源とする大きな地震（最大震度六弱）が発生しました。死者六人と六万棟を超える住宅被害をもたらしましたが、発生時間が通勤時間帯と重なったため通勤困難者など都市型災害の課題を浮き彫りにしました。このとき無理に出社することは、二次災害につながる危険があったにもかかわらず、出社の判断は会社によってなされたため様々な混乱が起きました。出社した人の帰宅時間まで交通網の混乱があり、駅周辺は人で溢れる事態になり、中には歩いて帰った人もいました。（なお、第13章2で取り上げた山田氏が、このエピソードにふれて、「昭和の学校っぽい」とコメントしています。）

この地震の翌二〇一九年九月には大型台風一五号が関東地方に上陸し、首都圏で大規模な鉄道の計画運休が行われました。この決定が午前四時であったため、通勤時間帯の駅には人が溢れてしまいました。つまり、大阪北部地震の教訓は生かされず、混乱が繰り返されたわけです(注14)。

これまでも大きな災害が発生するたびに、ＳＮＳ上では「会社からの出勤命令」が話題になっていました(注15)。労災保険では、この通勤中の災害（通勤災害）についても補償が行われるのが原則です（荘司、二〇二三年）。それゆえに、本書（第３章）で注目する「勤務間インターバル」においても、この通勤時間を考慮すべきではないかと考えた次第です。また、「有給休暇の権利行使」について法律では申出の基準はありませんが、「前日までに意思表示（つまり申請）すれば成立する」と解されています（荘司、二〇二三年）。また、その理由によって休暇を認めないという取り扱いはできません。当然、災害のようなやむを得ない事情で交通機関が止まっていれば歩いてまで出勤する義務はないとされています。にもかかわらず、会社からの無理な出勤命令や、迷ったら出社する方を選択することには疑問を呈さざるを得ません。こうしたことを契機に、災害時の対応方針である「事業継続計画（ＢＰＯ：Business Continuity Planning）」[注16]の策定が進んだと言われていますが、働く人に対してどれほど周知徹底されているのでしょうか。例えば、国立大学法人千葉大学の就業規則（第四十二条）には、「特別休暇」の一つとして「地震、水害、火災その他の災害又は交通機関の事故等により出勤することが著しく困難であると認められる場合」が定められています。が、私も東日本大震災のときに担当者からの一斉メールでこの特別休暇を初めて知りました。

産業医によれば、第1章コラム１「病気休暇と休職制度」で取り上げた「復活有休制度」など、そもそもその会社で働く人はよく知らないというのが実態のようです[注17]。調査でも、自分の勤務先で「復活有休制度」があるかどうかわからないと答える人が一七％、あるとしても「積み立て日数」はわからないと半数近くの人が回答しています（三菱ＵＦＪリサーチ＆コンサルティング、二〇二一年）。

上記１で説明した履修ルールのもとで欠時数が多くなって単位が取れなくなるほど欠席してしまった生徒を個別に呼び出して、進級できない、つまり留年（原級留置）になる可能性があると警告して今後の進路について相談するのが高校教員です。病気等で長期の療養が必要になった場合の社員に、その会社の人事担当者（加えて必要に応じて産業医）が病休及び休職制度、場合によっては復活有休制度や休職期間などを説明し、今後について相談する姿と重なります。いずれにしても、そうした事態になってから初めてルールを知って考えるというのはいかがなものでしょうか。このように日本社会では、多くの働く人が、「休むこと」についてのルールを知らなすぎます。

社会学者の犬飼裕一氏（二〇二一年）も、上記の災害時のエピソードを取り上げて興味深い分析をしています。すなわち、「日本の企業風土として、有事であっても出社する姿勢が評価され、仮に出社しなければなんらかのペナルティが与えられる」（一七八頁）という「規律構造＝世間体」に人々が従ったというのです。企業の利益にもならないこうした行動から、「出社に向けて努力しよう」という強固な規律がある（もしくはあると信じる）ことに加え、「それに反した場合の罰である「職場での明示的・暗示的な評価が下がる」という構造がある」（二五一二六頁）という分析です。こうした出社に向けて努力する姿勢を重視する「世間体」が、「サービス残業に象徴される過剰な労働を強いる」ことやパワーハラスメントを生む構造につながっているにもかかわらず、「多くの日本人がそれに縛られている」（一七九頁）と解説しています。

この犬飼氏がいう「多くの日本人がそれに縛られている」規律構造を、学校教育が身に付けさせたのではないかという仮説を提示しているのが本書になります。さらに私は、こうした規律構造だけではなく、以下に示すように日本社会全体に「休むこと」についてのルールに対する「無知」が存在すると考えるようになりました。

3　無知学(注18)という視点

科学史家の鶴田想人氏（二〇二三年）は、無知学を「歴史のなかで「無知」がいかに作られてきたかを探求する学問」（二五九頁）と説明し、次のように述べています。「私たちに知識をもたらすとされる科学が、決して社会（企業や国家などの利害関係）から独立したものではなく、そのさまざまなアクターと思惑によって時に意図的に、時に意図せずして無知をも作り出すことを雄弁に示唆している」（二六頁）。

この「無知学」の先達であるプロクターによれば、喫煙と肺がんの因果関係が示唆されて以降、タバコ業界は喫煙と健康に関する独自の研究を推し進めて、タバコががんの原因であるという事実から人々の目を逸らすと同時に、自分たちが喫煙の健康リスクの究明を最大限やっているというアリバイ作りをしました。さらに、タバコの発がん性を示す証拠には疑問を投げかけ、さらなる研究が必要と主張し続けます。こうしてタバコは規制を受けることなく売り続けられ、人々が安心して依存するように仕向けられたと分析されます（鶴田、二〇二三年二五―二六頁）。これはまさに意図的に「無知」が作り出された例ですが、「休むこと」のルールに関する「無知」は、学校教育の中で意図されずに形成されてしまったと考えることができます。

つまり、小中学校で「学校は行かなくてはならない」、「学校を休んではいけない」と刷り込まれ、その上で高校では「休むこと」のルールについて「無知」な状態に置かれてしまいます。そのまま社会に出た場合、働く場合の「休むこと」についても「無知」となってしまうのではないでしょうか。実際、先の調査では、およそ四分の一（二三・六％）が自分の有給休暇の日数がわからない（把握していない）、またおよそ三分の一（三三・五％）がその繰越日数がわからない（把握していない）などと回答しています（三菱ＵＦＪリサーチ&コンサルティング、二〇二一年）。

これに加えるならば、大学の休学制度は高校段階よりも周知され、休学者数も各大学から公表されています。そして、コロナ禍では文部科学省による詳細な調査も実施されました。(注19) しかし、学生は休学した場合の授業料などルールについての詳細を把握していないことが多く、その大学に所属する専任教員ですらよく知らないため説明できないというのが実態です。基本的に国立大学法人では休学した場合の授業料を支払う必要はありませんが、私学では何らかの費用を求められることが多いようです。しかし、こうした基本的なことでさえ、大学関係者の共通理解になっていません。従って、大学・大学院を通じて国立大学だけを経験して私立大学の教員になった場合に休学に費用が伴うことを知らなかったり、その逆に私立大学出身で国立大学の教員になった場合は休学に授業料がかからないことを知らないという事態が起きています。

こうしたことも含めて、広く「休むこと」のルールに「無知」なまま、子どもたちは学校から社会へと「大人」として送り出されていきます。こうしたことが、結果的に「長時間労働への依存」を支えていると考えられないでしょうか。

（注1）年間五〇日（後に三〇日）以上の長期欠席調査は、第8章2で詳述した通り小中学校調査は一九五二年度から始まった。これに対して高校は二〇〇四年度（三〇日以上）からで、中途退学調査の方が先（一九八二年度）に開始された理由がここにある。

（注2）全国の公立高校の多くは三分の一だが、私立高校では違う場合がある。ある私立校では、「単位認定の基準」として五分の一（三五単位時間のうち七回）と明記して生徒に提示している。

（注3）上記（注2）の私立校では、「正当な理由で定期考査を受験できなかった者については、原則としてその学期中に行った他の定期考査の八〇%の成績を上限として評価することができる」と明記し、生徒に提示している。

（注4）県の管理規則と同様に、千葉市立高等学校管理規則にも第四四条（履修の認定、単位の修得の認定）において記載されている。その他の教育委員会も高等学校管理規則を公開しているが、そこにこの履修についてのル

ールを明示してはいない。なお、北川（一九八九年）は、各都道府県の管理規則を比較検討して、その内容が多様であることを明らかにした。

（注5）A県内公立高等学校九校、二〇〇三〜〇五年度の全生徒数約二万三〇〇〇人、調査方法等は小中学校調査と同じ（保坂、二〇〇九年）。なお、表15-1はそのうちの二校、延べ全生徒数（三年間）は約五五〇〇人の結果である。

（注6）二〇〇七年三月九日付産経新聞Sankeiweb（地方：千葉）記事「『全員無欠席』笑顔で卒業　市柏高二クラス〝快挙〟」。SNSでは、病気になった人は朝のホームルームだけ出席して早退する方法を使ったと投稿されていた。

（注7）就職希望の高校三年生が応募できるのは、高校に送られてきた求人票から一社だけという制度。以前からこの制度に対する疑問はあったが、高校生は未成年だから守られるべきという理由も、二〇二二年四月から一八歳成年となっていることを考えれば見直しが必要であろう（二〇二三年六月一二〜一四日朝日新聞夕刊連載記事「フレーフレー就活高校生①〜③」など）。

（注8）二〇二二年三月二〇日付朝日新聞記事「西成高校の巣立ち1：先生がいたから頑張れた」、同三月二一日付記事「西成高校の巣立ち2：団長に挑戦　いつか娘に話せたら」。

（注9）「出産予定日の五週間前から出席停止」は、上記1で述べた校長判断による「出席停止」と考えられる。

（注10）岩手県のある県立高校には妊娠すると退学処分にするという内規があったが、外部からの指摘で二〇一五年に削除したという（二〇一八年五月一六日付朝日新聞記事「高校生の妊娠　学びの機会守る：一五、一六年度の公立校の自主退学　計六七四人」）。

（注11）筆者は、千葉県教育委員会参与としてこうした事案を担当する部署の会議等に参加してきた（保坂、二〇一一年など）。

（注12）　ただし、文部科学省は最新の二〇二二年度データ（令和四年度公立学校教職員の人事行政の状況調査について）からあらたに「復職支援プログラムの利活用状況」を都道府県（政令指定都市を含む）別に発表するようになった。

（注13）　二〇一八年六月一九日付日本経済新聞デジタル記事「出社か帰宅か割れた判断　大阪北部地震　通勤時襲う」、産経WEST記事「大阪北部地震の教訓は活かせたか『無理して出社させない』通勤時の被災対策」など。

（注14）　二〇一九年九月九日付朝日新聞デジタル記事「首都圏の大規模な鉄道計画運休は二回目　台風一五号」、二〇一九年九月一一日付朝日新聞社説「台風被害　鉄道、空港に課題残し」など。二〇二三年八月一四日台風七号でも各地に暴風・大雨警報が発表され、鉄道の計画運休が実施されたが、同じような議論が繰り返された（NHK NEWS WEB二〇二三年八月一八日付記事「それでも出勤しなきゃダメですか？台風・大雨――出社の判断は」）。

（注15）　二〇一八年七月二〇日付弁護士ドットコムニュース「大雨警報が出ているのに『出勤命令』の悲劇、もうやめよ！」。この記事では、「地震で電車止まり出勤できないと上司に伝えたところ、『何がなんでも来い』と指示されたことに反旗を翻した新入社員が、一斉に退職届を出す騒ぎが起きた」と紹介されている。また、NHK NEWS WEB二〇二三年八月一八日付記事「それでも出勤しなきゃダメですか？台風・大雨――出社の判断は」においても、上司から「電車が止まったら徒歩で出勤、あるいはタクシーで出勤」と言われたという声が掲載された。

（注16）　二〇二四年一月一日の能登半島地震では、このBPOによって速やかに立ち直った企業があったと報道された（二〇二四年二月二日付朝日新聞記事「被災企業　BPO生きた：緊急時に事業継続させる計画」）。

（注17）　二六年間の専属産業医経験を持つ中田暁医師（千葉産業保健総合支援センター所長）への聞き取り調査による。なお、「働き方改革」に伴う労働安全衛生法の改正（二〇一九年）により、産業医の役割がこれまで以上に

重要となった。例えば、これまでも時間外労働が月一〇〇時間を超えた労働者に対して、本人の申し出により医師の面接指導が義務付けられていたが、この改正により月八〇時間以上に拡大された。

（注18）無知学（agnotology）は無知（agnot-）と学（-ology）を組み合わせた語（鶴田、二〇二三年　二七頁）。

（注19）文部科学省（二〇二二年）「学生の修学状況（中退者・休学者）に関する調査【令和三年一二月末時点】」、二〇二二年三月二日付朝日新聞デジタル記事「コロナ影響の中退、一・四倍増」。

第16章　学校教育における「しつけ（躾）」

1　学校教育の社会化機能

最後にこの問題を「しつけ（躾）」という観点からまとめてみます。日本文化に根付いている「しつけ」とは、もともと広く一人前に仕上げる意味に用いられていました。例えば、江戸時代の「しつけ奉公」と呼ばれるものは、一人前にしてもらうために他所の家に仕えることを意味します。さらに広く、様々な場面でも使われ、稲のしつけとはきちんと苗を植え付けることであり、着物のしつけ糸はその縫い目が整って仕立てが崩れないように縁を縫っておく糸を指します（大島、一九八八年）。

幼児教育を専門とする岡本夏木氏（二〇〇五年）は、この「しつけ」を次のように定義しています。「その文化社会で生きてゆくために必要な習慣、スキルや、なすべきこととなすべきでないことを、まだ十分自分で実行したり判断できない年齢の子どもに、はじめは外から賞罰を用いたり、一緒に手本を示してやったりしながら、教え込んでいくこと。そしてやがては自分で判断し、自分の「行動」を自分でコントロールすることによって、それを自分の社会的「行為」として実践できるように、周囲の身近なおとなたちがしむけてゆく営み」（二五頁）。

学校教育が、その文化社会で生きてゆくために必要な習慣を子どもたちに身につけさせる社会化機能をこの「しつけ」と表現することも可能です（保坂、二〇一〇年）。つまり学校の提示するルール＝教育目標に基づく行動規範を修得させるプロセスとその結果ということになります。このとき学校において、子どもたちの前に大きな存在として立ち現れるのが学級担任です。小学校では特に、全教科の学習指導と生活指導、すなわち子どもたちの学校生活すべてにわたって面倒をみる唯一の大人に他なりません。子どもたちの学校生活、とりわけ低学年の生活は、この学級担任に大きく依存した形で展開していくことになります。当然、その影響力はきわめて強く、極端にいえばこの学級担任が提示する行動規範や作法というべき教育方針が子どもたちにとって唯一絶対のルールとなります。また、子どもたちの仲間関係の大きな力を考えれば、学校生活におけるもっとも重要な準拠集団である学級の存在が大きな意味を持つことはいうまでもありません。それが小学校においては、主として学級担任による学習指導と生活指導を通して行われていくことになります。この過程を学校臨床心理学の立場から近藤邦夫氏（一九九四年）は、「大人が子どもをその文化特有の特定の人間的なあり方に馴染ませていく日常的な働きかけや方向づけ」（四三頁）と説明しています。

2　発達課題としての勤勉性再考

この時期に子どもが獲得すべき発達課題として「勤勉性（industry）」があります（エリクソン、一九七七年）。生まれ育った文化社会の中で子どもに必要とされる基本的技術を学ぶ時期として初等教育が確立されると、その中の重要な発達課題として「勤勉性」が位置付けられました。

この「勤勉性」とは本来学習に向けたものだけを指すのでなく、むしろ遊びも含めた様々な活動に集中し没頭する態度を形成していくことを意味しています。従って、学習指導面においては望ましい学習態度、生活指導面においては望ましい生活態度として身につけるべきもののベースになっています。そして、このベースとなる具体的な態度とは、学習面では与えられた課題（九九の暗唱・漢字の習得など）、生活面では清掃などに注意と関心を向け、ある一定時間持続的かつ集中して取り組んで、期待される到達点に近づくよう努めることを指します。より抽象的なスローガンでは、学校教育でよく使われる「がんばること」（注1）という表現になるでしょう。

ここまでの説明でわかるように、勤勉性の獲得において毎日学校に通うことはまさに適合的な活動そのものになります。単純化して言えば、近代市民（産業）社会における学校教育は、「大人」になるために「読み、書き、そろばん」が必要であり、それを教える機関として出発しています。提唱者のエリクソンは、「勤勉性（industry）」は工場で仕事をすることを意味するとも述べていて、産業社会で必要とされるものであることを認めていました。当然、がんばって毎日学校に行き、「読み、書き、そろばん」を学ぶために努力することが奨励されます。まさに、「大人が子どもをその文化特有の特定の人間的なあり方に馴染ませていく日常的な働きかけや方向づけ」（近藤、一九九四年）に他なりません。

学校を「欠席する」ことは、こうした子どもに期待される行動を身につける機会を失するわけですから、まさに「問題行動」になります。また、学校の学習が一斉授業で実施されることが基本である以上、「欠席」は問題行動となるわけです。ちなみにあまり意識されていないことですが、学校教育の一斉授業においては「休むこと＝欠席」が想定されていません。一斉授業でクラスの学習は毎日進みますが、欠席に対する補習などは制度化されておらず、欠席者は自助努力で追いつくことが当然となっています。もちろん実際には、授業担当の教員が何らかの手段で欠席した場合の学習の遅れを支援していますが、制度化されているわけではないという意味で「想定外」ということです。

第12章と第13章で論じたように、日本の学校教育の場合、「学校は国民すべてが行かなければならないところ」という「通念」が根強く残る中で、「長期欠席」を減らそうとする、あるいはなくそうとする動きが強力に推進されていきました。そうした中で「欠席」することが悪いこと、つまり「欠席してはいけない」と学校教育が子どもたちを「しつけ」ていったのではないかと考えられます。また、協同作業が多い日本の学校は様々な活動、それも一斉活動を通して、所属する集団の中で「欠席」することは迷惑をかけるという風土も醸成されていきます（恒吉、一九九二年）。それゆえ「休むと周りに迷惑をかける」という「しつけ」も学校教育でなされていったのではないでしょうか。

さらに言えば、発達心理学者の東洋氏（一九九四年）は、日米の比較から「与えられた課題を黙って受け取ってやる」という日本の仕事ぶりを特徴として取り出し、「受容的勤勉性」と名付けました。実際、「与えられた課題を黙って受け取って勤勉にやる」習慣（態度）は、産業社会に適したものであり、まさに日本の戦後復興と高度経済成長を支えたものであると言えます。しかし、今や第3章1で取り上げた報告書で、日本社会の働き方における構造的な問題として「超過勤務命令を受ければ残業をする、という働き方が当然のこととされてきた」と批判されるに至りました。

第I部で見てきたように、いま与えられている仕事をする以上の努力が要請される日本社会では、生活全体を仕事志向としてしまうことが、半ば強制的、半ば自発的に要求される労働環境があります（熊沢、二〇〇六年）。具体的には、「休暇取得者の仕事をカバーするリリーフマンが置かれている欧米とちがって、日本の職場ではふつう、休んだ人の仕事は出勤者にばらまかれてしまいます。だから日本の正社員は、休んだ人のぶん増えた仕事をなんとかこなす工夫を要請されるわけですが、同時に、そのようになかまに迷惑をかけることがいやで権利としての休暇取得を控えてしまいもするのです」（熊沢、二〇〇六年四〇頁）。

まさに、この「休むこと」が「迷惑をかける」という表現は、私が教員たちからよく聞いた（あるいはレポート等に書かれていた）言葉です。政府の文書（労働時間等見直しガイドライン、二〇〇八年）でも次のようにあります。「年次有給休暇については、周囲に迷惑がかかること、後で多忙になること、職場の雰囲気が取得しづらいこと等を理由に、多くの労働者がその取得にためらいを感じている」（七頁）。また、第3章で紹介したブリントン（二〇二二年）が、面接調査から取り出した男性が育児休暇を取れない「懸念材料（職場の同僚にしわ寄せがいく）」でも、同じように「迷惑」という言葉を使っています。第11章コラム7でフランスの休暇事情を紹介した高崎（二〇二三年）も、日本の「『同僚や取引先に迷惑をかける』とネガティブに捉える根強い慣習」は「胸が痛いほど知っている」とまで述べています。それゆえ彼女もフランスで働き始めた当初、休みをなかなか言い出せず、周囲のフランス人のように気持ち良く休めなかったそうです。また、労働法を専門とする野田進氏は、休暇が取りにくい日本の状況について「権利ではなくごほうびという発想がいまだ残っている」と指摘しています。(注2) やはり、「与えられた課題を黙って受け取って勤勉にやること」という「受容的勤勉性」を身につけるとともに、この「休むと迷惑をかける」から学校は「欠席してはいけない」、そして仕事は「休んではいけない」と「しつけ」られているのでしよう。

しかし、先に引用した岡本氏（二〇〇五年）は、喩えのしつけ糸について次のようにも述べています。「着物を縫う時、あらかじめ形を整えるために仮に縫いつけておくのがしつけ糸ですが、大切なことは、いよいよ着物が本格的に縫い上がると、しつけの糸ははずす、ということです。糸はもはや不要であり、それが残っていることはおかしくなります。この「はずす」ことが、子どもの発達にとって重要な意味をもつのです」（二六頁）。この喩えを使うならば、「欠席」（あるいは「休むこと」）に関する「しつけ糸」が、学校から社会への移行を経てもなおはずされることなく続いてしまうことによって、「長時間労働への依存」を支えてしまったと考えられます。

3 年休をどのように使っていますか？

この見出しは、小学校教員を目指す学生から現職教員に向けられた質問です（注3）。具体的には、以下のような問いです。「小学校の先生たちは、年休を年にどれくらい取れているのでしょうか。そして年休の具体的な使い道についても教えて下さい」。

これに対して、教職経験二五年の小学校教員が以下のように回答しています。

「ご質問の年休の件ですが、子どもが学校にいる時間にはまず取れません。平日にはむりだと考えた方がよいでしょう。私も年休を取るのは夏休み、春休みなど長期休業中がほとんど。年休は年間二〇日程度ありますが、消化できるかどうかは難しいところです」。

なお、質問の冒頭には以下のような学生の意見が述べられています。

「最近、教師の多忙化をよく聞きます。『やりがいを持てば休みが少なくても働ける』という意見も聞くのですが、やはり祝日などに自分の時間を持ち、視野を広げることも必要だと感じています」。

これに対して回答者は次のようにも述べていることを補足しておきます。

「いいですね。あなたの意見に全面的に賛成します。二四時間教師であり続けてはいけません。いつでも教師であり続けると、あなたが心配しているように視野が狭くなってしまいます。クラスにはいろいろなタイプの子どもや保護者がいます。うまく対応するためにも教師は人間の幅を広げるべきです。また二四時間ずっと教師であり続けると間違いなく心と体を壊します。教師として働く時と、そうでない時の切り替えが大切なのです」。

しかし、このやりとりには、「年休」＝有給休暇が、働く人にとって「権利」であるという発想がまったくないことに驚いてしまいます。（注4）

偶然にも同じ頃、「店長は土日に休んではだめ？」という投書をめぐってのやりとりが新聞に掲載されました。（注5）その女性の「声」を要約して紹介すると、大手小売りチェーンで店長をしている夫が土日祝日は出勤で休みは平日というのが普通。子どもの行事に参加できないため、運動会のある土曜日に休みを取ったところ、上司から「パワハラになるので休むなとは言えないが、休む理由としては弱い。この仕事をしているなら考えた方がいい」と言われてしまったそうです。「でも、普段いろいろ犠牲にして働いているのは家族のためだと思います。繁忙期でない時期ぐらい、たまの子供の行事で土日に休むのを快く受け入れてくれないものでしょうか」と結ばれています。

これに対して、休むことに賛成する四人の声が寄せられました。そのうち会社役員の方が「権利の保障は経営者の務め」として、次のように記しているのが印象的でした。「有給の権利は法律にも定められており、社員が持つ数少ない権利であると考えている」。それにしても、労働者の権利としての「休み」という考え方が経営者から示されても、働く側からは出てこないことに、学校から社会への移行を経てもなおはずされることのない、強力な「しつけ糸」の存在を感じてしまいます。

この後者の記事では年二日の「スクールイベント休暇(注6)」がある高島屋の例が紹介されているのですが、私が注目したのはこの導入が「労使の話し合い」によるとされている点です。本来、働く場合の「休むこと」に関する権利とその保障には、「労使の話し合い」が必要で、それこそ労働組合の出番です。しかし、第15章で紹介した調査（三菱ＵＦＪリサーチ&コンサルティング、二〇二一年）では、労働時間等について「労使間で話し合う機会がない」と回答した人がおよそ半数（四九・六%）にもなるという現状です。働き方改革を契機に作成された「労働時間等見直しガイドライン」においても、事業主は「労働時間等設定改善委員会及び労働時間等設定改善企業委員会（以下「設定改善委員会等」という。）をはじめとする労使間の話合いの機会を整備すること」（五頁）が明記されています。

そもそも日本では、労働組合の組織率が低いだけでなく、それに代わる過半数代表者(注7)についても十分に理解されているとは言い難い現状があります（神内、二〇一九年、人事・労務、二〇二三年）。また、これまでの企業内組合（必ずしも正社員以外のパート・アルバイトも含めた過半数で組織する労働組合ではない）、あるいは適切に選出されたとは言えない過半数代表者(注8)が、三六協定（第3章2参照）を結んで長時間労働を容認し、過労死を促進してきたという意見も社会に広く浸透しています（今野、二〇一九年）。こうした現状には、第15章で論じた高校段階以降の「休むこと」への無知につながる「しつけ」が残っていることの影響が大きいのではないかと考えてしまいます。これもまた、結果的に「長時間労働への依存」を支えてきたと考えられないでしょうか。

4 「休まない美学」と「休む美学」、そして再び「皆勤賞」

ここで高校時代に「休まない美学」をたたき込まれたという投書（兵庫県三三歳）を紹介します。「休まない」ことを「美学」と表現していたのが私には印象的でした。

始業前に部活の朝練。昼休みはグランド整備。放課後は、自主練習。引退の翌日から、お弁当を食べる間も電車の中でも受験勉強。それらが当たり前の環境で、疑問はなかった。「他が休んでいる時に新人が休んでどうする。差を埋めるために働け」。社会人になっても、上司の言葉を真に受け、走り続けた。三年後、心が折れた。何に対しても力が入らず、辞職（後略）。

その後、この方は「余白の大切さ」に気づき、「ぼちぼち行こうか」と週休三日にして心穏やかに健康的になったそうです。そして、「休憩しよう。寝よう。空を見上げよう。余白で心身を整える「休む美学」。高校時代の自分に教えてあげたい」と結んでいます。(注9)

この方が言う「休まない美学」こそ、「欠席するのはいけない・迷惑をかける」という学校教育の「しつけ」と同じであり、そのまま走り続けたことによって心が折れて辞職に至ったのではないかと推察できます。その後、「余白の大切さ」に気づいて「休む美学」に至るまでが、「休むこと」について考え続けた「しつけ糸」をはずすプロセスだったと私には思えます。

最後にもう一人、「皆勤賞の廃止」に寄せられた声を紹介します。(注10)

高校教員で、「就職したての頃、三九度の熱でも休まなかった私の「こうあるべし」は強制できないと思う」として、以下のように述べています。

考えてみると、私たちは「休んではいけない」という強い強迫観念にとらわれていると思う。例えば、有給休暇を取る際や、退勤時間なのに働いている人を尻目に退勤する時に後ろめたく感じる。皆勤賞をなくすことがそうした観念を破る手段の一つとなるのであれば、むしろ喜ばしいことなのかもしれない。

私は、「休んではいけない」という強い強迫観念を破る一つの手段として、皆勤賞がまだ残っている学校には、その廃止についての議論をすることをお勧めします。

(注1) フランス子ども家庭福祉研究者の安發(二〇二三年)は、フランス語で「がんばる」に当たる言葉がないことを指摘している。こうしたことから勤勉性=がんばることが世界共通ではないことがわかる。

(注2) 二〇二三年八月一八日付朝日新聞デジタル記事「日本の夏休みはなぜ短い? バカンス大国フランスとの

付表　年次有給休暇の付与日数

通常の労働者（週５日）

継続勤務年数（年）	0.5	1.5	2.5	3.5	4.5	5.5	6.5 以上
付与日数（日）	10	11	12	14	16	18	20

	週所定労働日数	１年間の所定労働日数	継続勤務年数（年）						
			0.5	1.5	2.5	3.5	4.5	5.5	6.5 以上
付与日数（日）	4 日	169 日 ~216 日	7	8	9	10	12	13	15
	3 日	121 日 ~168 日	5	6	6	8	9	10	11
	2 日	73 日 ~120 日	3	4	4	5	6	6	7
	1 日	48 日 ~72 日	1	2	2	2	3	3	3

違いとは」。

（注３）　二〇一七年五月一八日付教育新聞記事「教えて先生 Ｑ＆Ａ」より内容要約。

（注４）　なお、「年休について年間二〇日程度」については東京都教育委員会ＨＰより補足しておく。

「年次有給休暇（四月一日採用の場合は年間二〇日）、病気休暇、妊娠出産休暇（一六週間）、慶弔休暇、生理休暇、夏季休暇（五日）、介護休暇（無給）、育児休暇（三歳未満の子を養育する者、無給）等」（令和五年度東京都公立学校教員採用候補者選考（六年度採用）実施要綱（二八頁）「休暇等」）。

ただし、年次有給休暇の法定付与日数は付表の通りであり、教員の休暇制度は恵まれている（第1章コラム1参照）。

（注５）　二〇一七年六月四日付朝日新聞「声：店長は土日に休んではだめ？」、同七月一九日付「声：どう思いますか」。

（注６）　土日・祝日が忙しい百貨店勤務のため、運動会など子どもの学校行事への参加にあたり気兼ねなく休めるよう年二日「スクールイベント休暇」を二〇〇七年に導入した（注５：七月一九日記事中「豊かな休みあってこそ」）。

（注７）　過半数代表者は、正社員だけでなく、アルバイト・パートなども含めたすべての労働者の過半数を代表している必要があり、民

主的な手続き（投票・挙手・話し合いなど）をとらなければならない（神内、二〇一九年）。

（注8）これにより労働基準監督署から是正勧告が出された事例も確認できる（一橋大学：「くみあいニュース」二〇一二年一二月期六号、千葉大学：しんぶん赤旗二〇一二年二月二六日付記事「違法な雇い止め告発：千葉大学職員ら会見」）。

（注9）二〇二三年五月一四日付朝日新聞「声：たたき込まれた『美学』改めた」より一部引用。

（注10）二〇二三年八月二三日付朝日新聞「声：休めない既成概念　破る手段なら」。なお、これは序章注4の「声：どう思いますか　皆勤賞の廃止」（六月二九日及び七月一四日）の投書を受けて「オピニオン&フォーラム」で取り上げられた八人のうちの一人の「声」である。

終章　欠席と遅刻

学校において、欠席とともに「問題行動」とされるのが遅刻です。最後に本書の問題意識から両者の類似性についてふれておきます。

時間規律、つまり時間を守ることに厳格であるのは日本人の長所とされています。しかし、明治維新前後に日本を訪れた外国人が共通に指摘したのは、日本人が時間を守らないことだったというのは有名な話です。とりわけ近代日本が、産業社会として西欧列強に追いつくために雇われた「お雇い外国人」技術者にとって、日本人の仕事ぶりが彼らの時間感覚と違い、そもそも「遅刻」という概念がなかったことが共通の悩みでした。それまでの日本社会の生活が、昼時間と夜時間をそれぞれ等分する「不定時法」であり、「お雇い外国人」技術者が馴染んでいた一日を等分する「定時法」、つまり今の時計の進み方とは違っていたからです。従って、「遅刻」は明治以降に誕生したわけです（橋本・栗山、二〇〇一年）。ちなみに、「不定時法」時代に由来する言葉としてはいまだに「正午」、「お八つ」が残っています。そして、この定時法の導入は、一八七二（明治五）年のグレゴリウス暦による改暦事業が契機とされています（内田、二〇〇一年）。つまり、日本における近代学校教育のスタートである学制発布と同じということになります。

この明治維新以降、日本人は鉄道・工場・学校、そして軍隊を通して定時法を身につけていきました。

それこそ第16章の視点を借りれば、これらの組織が時間規律をしつけていったことになります。このうち学校に注目すれば、一斉授業がこれに大きく寄与しています（寺﨑、一九九六年）。江戸時代の寺子屋の教育方法は、学習速度の異なる子どもたちに対する個別指導が中心でした。それが学校において一斉授業が導入されたことによって（柳、二〇〇五年）、欠席と遅刻が「問題行動」となったわけです。(注1)加えて、日本人の時間規律において鉄道の定時運行の影響は大きなものですが（三戸、二〇〇一年）、工場での労働や軍隊の影響もあり、戦中・戦後を通してこの時間規律の厳格さが社会全体へと広がり、現代まで続いていると考えられます。

ここで諸外国が驚いた鉄道の「遅れ」についてのエピソードを紹介します。二〇一七年、首都圏を走る「つくばエクスプレス」が、電車を定刻より二〇秒早く出発させたとしてホームページに謝罪文を掲載しました。言うまでもなく、公表されている駅の時刻表は分単位で、当然これに対して乗客からの苦情もありませんでした。しかし、この厳格さは海外のニュース（米紙タイムズ・英紙ガーディアン・英ＢＢＣ）で驚きを持って取り上げられました。(注2)そして、その中に二〇〇五年に起きた脱線事故について、運転士の遅れを取り戻そうとした焦りが一因とされるとふれたものがあったのです。(注3)

日本の鉄道の定時運行は素晴らしいものです。しかし、鉄道という移動手段において最優先されるべきは安全に運転することであり、定時運行はそのための一つの手段にすぎません。この定時運行よりも安全運転、とりわけ乗客の生命が大事であることは自明であるにもかかわらず、それが見失われてしまいました。同様に、学校に「出席」することも大事ですが、それが決して最終の目的ではなく、本来は一つの手段であるということを強調しておきたいと思います。

義務教育の類型として就学義務制を取る日本では、いわゆる一条校（＝学校教育法第一条：第14章注9）での教育保障の仕組みを整えることを重視し、全国どこにいても同じ免許状を有する教員によって同じ内容の教育が保障されています（大桃、二〇二〇年）。その学校を「欠席」することは、「普遍的で共通の教育」が保障されないということで、「欠席」は「問題行動」だったわけです。しかし、第14章4で述べたように、不登校運動が、多様な学びの場を求めたことによって日本の教育制度の多様化と個別化が進み、「令和の日本型学校教育」の「個別最適な学び」へとつながっていくことになりました。さらに、「新型コロナウィルスの感染拡大によって、学校における教育保障を長期的に行えなくなる事態が生じ、通学を前提とする日本の公教育制度のあり方が、新たな形で問われること」（宮口、二〇二〇年五七頁）にもなったのです。こうしてすべての子どもに教育を保障することを目的とする公教育が、「不登校」やコロナ禍で通学できない子どもも含めて考える必要に迫られて、「普遍的で共通の教育」から「最低限必要な教育」を抽出することが重要な課題となったと考えられます。

こうした動向の中で、学校の欠席は「問題行動」ではなくなり、新しい時代に相応しいものとして生まれ変わろうとしています。そして、それは労働に対しての「休むこと」への意識をも変える可能性があります。序章で述べた通り、私はコロナ禍を契機に「休むこと」に対する意識も変わるのではないかと考え始めたのですが、本書で戦後教育全体を見渡すことにつながりました。さらに、時間のスパンを明治以前にまで広げると、「遅刻」の誕生も視野に入って「欠席」との類似性に気がついた次第です。

私は、学校教育が小中学校段階で児童生徒に「欠席するのはいけない・迷惑をかける」としつけたこと、そして高校段階で「休むこと」についてのルールを伝えてこなかったことが結果的に「「長時間労働への依存」を支えた」という仮説を提示しました。この前提として大事なことは、学校教育そのものが大きく変わろうとしているということです。同時に、「働くこと」の意味も大きく変わりつつあり、それを通じての「働き方改革」が注目されています。

それでもなお、この仮説はそもそも証明できるものではないと思っています。また、ここまで読んでいただいたとしても、読者の方々の同意をどれほど得られるかは自信がありません。他領域のことですが、経済学者の渡辺努氏（二〇二二年）は、「世界インフレ」の謎に挑んで、「情報主犯説」という仮説を提出しています。パンデミックによる経済被害は、感染に関する「情報」を受け取った人々が自主的に行動を変えたことによるものであり、その「後遺症」として予想外の世界インフレが起きたという「仮説」です。そして、その仮説については、実際に観察された事実と合致することを確かめる必要があると述べていますが、本書の「仮説」は残念ながらそのレベルには達していません。それゆえにこの仮説への賛同者という意味で、投書など多くの人の声を紹介する形を取ってきました。

これを読んだ方が、学校を休むこと、そして仕事を休むことについて考えるきっかけになれば、というのが私が本書を執筆した動機です。ここまでお付き合いいただいた読者のみなさんへ、「学校を休むこと、そして仕事を休むことについて改めて考えませんか」という呼びかけでもって本書を締めくくりたいと思います。

（注1）　早くも一九七三年に文部省が制定した「小学校心得」には、「毎日参校ハ授業時限一〇分前タルベシ」とい

う規則が登場した（西本、二〇〇一年）。

（注2）　二〇一七年一一月二一日付朝日新聞記事「電車が二〇秒早く発車して謝罪　驚く海外」、「海外メディアは見た　不思議の国ニッポン」（クーリエ・ジャパン、二〇二二年）など。

（注3）　二〇〇五年四月二五日、ＪＲ西日本・福知山線（塚口駅～尼崎駅間）のカーブで、列車が制限速度を大幅に超えるスピードで進入し、先頭車両から五両目車両までが脱線。乗客一〇六名と運転士一名が死亡、また五六三名の負傷者が出るという大惨事となった（ＪＲ西日本ＨＰ「福知山線列車事故について」より内容略記）。

あとがき（ここから先に読む方を想定して）

序章で述べた私の「欠席」へのこだわりについて記しておきたいと思います。

生来虚弱で病気がちであった私が、小学校をよく休んだことはすでに述べました。中学校・高校へと進学しても、相変わらず体調不良で休むことは続いていました。しかし、困ったことに小学校にはなかった中間・期末考査という定期試験が難敵（？）でした。ある冬の朝、定期試験当日に高熱が出て休まざるを得ない状態になってしまいました。しかし、「災い転じて福」ではありませんが、これによって定期試験を受けられない場合、見込み点（最大八割）がつくというルールを知ることになります。その後、このルールには何度も助けられました。

高校に進学してからは幼馴染との付き合いの中で、私は欠席三分の一ルールも教えてもらう幸運（？）に恵まれます。丸一日休むこともありましたが、嫌いな科目（授業）だけ抜け出すという秘策も教えてもらいました。当時はどこでもそうだったと思いますし、今でもそうではないかと想像しますが、私が入学した高校では朝一時間目から点呼、つまり一人ひとりの名前を呼んで出席を確認することはありませんでした。二時間目以降も含めて空いている席があれば、その時間の担当教員が「欠席」者を確認するというやり方でした。そのため伝統的なさぼり方があり、自分の机と椅子を教室の外に出してしまう、つまりは空席をなくすという方法が受け継がれていました。まさに「欠席」とは、「席」を「欠く」と書くわけです。私が高校生活を送った一九七〇年代には、伝統校と言われるような旧制中学校の歴史をもつ学校にこうしたやり方が残っていました。おそらく高校三年間で私の「欠席」数（正確には欠時間数）はトップクラス（いやワーストクラス？）だったと思います。その結果として、三分の一ルールを超えてしまった欠席によって「履修」が認められず、進級のための修得単位不足で原級留置、いわゆる留年になった同級生が何人かいました。

私にとって不思議だったのは、同級生たちがこの「見込み点」ルールや欠席三分の一ルールについてほとんど知らなかったことです。このことは卒業後の同窓会でも確認しました。そうしたルールなど気にならないくらい、普段からよく出席していて定期試験など休んだこともない同級生ばかりだったようです。ちなみにこの同級生の中には「皆勤賞」（私の学校では精勤賞と言っていました）がたくさんいました。高校三年の一年間で九〇人（実に生徒全員の約四分の一）もいましたが、そのうちの半数以上（四六人）は、なんと三年間の皆勤でした。こうした中にいたのですから、私の欠席は目立ったわけだと思いました。この体験、つまり自分だけが欠席ルールを知っていて、というよりも知る必要があって、同級生たちはまったく無関心、それどころか滅多に休まなかったということも本書執筆の動機になっています。

この「欠席」が多いという私の学校生活は大学まで続き、後に拙著（保坂、二〇〇九年）では次のように記しました。「小学校教員の両親のもと、東京下町の教員住宅に生まれる。小中学校、高校、大学と欠席の多い学生生活を送る（著者略歴の一部引用）」。これは後にSNSで拡散されてしまいました。加えて大学では四年生を二回（留年）経験し、大学院（博士課程）は中退しました。「留年・休学・中途退学」という三セットのうちの二つは経験したことになります。とはいえ、あるいはだからこそ、こうした経験は大学教員となってからとても役に立ちました。先の略歴では次のように続けました。「ゼミにはユニークな＝「問題」学生が多く集まり、全員が揃って卒業することが稀と言われる」。実際、ゼミ生が全員卒業するのは四年に一回という状態が続き、「オリンピックイヤー」などと揶揄されていました。それだけではなく、自分の経験から私は、一斉授業で「問題行動」となる学生たちの「欠席」（遅刻・早退を含めて）に寛容で理解ある教員でいられました。それだからこそ、ゼミ生全員が揃って卒業できたのが四年に一回だったのかもしれません。また、多くの大学院生（修士課程・博士課程）の指導教員も務めましたが、「休学」をする院生がたくさんいました。中には入学前に事情が変わり、入学と同時に休学という院生もいましたが、さすがにこの場合の手続きは手間がかかりました。大学教員以前の学生相談所相談員の経験も生かして、大学での留年・休学・中途退学の手続き（ルール）に精通していったということもあります。より具体的に言うならば、相談員時代に大学四年間は四年の留年（同じ学年を二回できる）に加えて休学も最大四年できるので、可能ならば一二年間いられるということを知りました。これを踏まえると修士課程（二年）は最大で六年間、博士課程（三年）は最大で九年間在籍可能ということになります。私は実際にそうした院生を相当数担当しました。加えるならば、現職教員のように働きながら夜間大学院に通う社会人院生のために、長期履修制度（最大六年間在籍可能・授業料は二年分を分割）ができたので、それを利用して修士課程でも最大八年間在籍可能となり、そうした院生も担当しました。なお、二〇一六年千葉大学の教職大学院開設時点では、他の教職大学院の長期履修制度は最大四年間のところがあるだけでした。

「欠席」が多いにも関わらず長い学生生活を送った私は、大学院から教育相談を学ぶことになりました。その実習時代に初めて担当した相談が不登校（当時は「登校拒否」と言われていた）の中学生でした。そこからスタートして、たくさんの不登校と言われる児童生徒とその保護者に会ってきました。この児童生徒や保護者の教育相談を担当した経験では、休学した高校生にはほとんど会ったことがありません。そうした例が少ないというだけではなく、休学という制度すら知らない、あるいは考えたことがないという高校生がほとんどでした。そして、教員も休学という制度を伝えていないことが気になっていました。先に記した本書執筆の動機に、こうした高校・大学における休学制度への関心が加わって、私は「休むこと」に対してこだわり続けてきたのだと思います。

千葉大学教育学部に勤務するようになってからは、自分のクラス（学校）に不登校の児童生徒がいるという教員からの相談が主となっていきます。それと同時に、不登校に関わる調査研究のチームに参加することが多くなり、そうした研究をまとめて二〇〇〇年に『学校を欠席する子どもたち――長期欠席・不登校から学校教育を考える』を公刊するに至ります。そして、こうした調査研究を通して、私自身が小中学校に通っていた頃（一九六〇～七〇年代）こそ欠席率が一番低かった、つまりは皆がよく学校に通って欠席しなかった時代であることに気づきます。当時すでに私は、この時代が日本の高度経済成長期と一致しており、社会全体が「休むこと」に否定的だったことと関係があると考えるようになり、次のように記しました。「長いタイムスパンでとらえたときには、学校教育にとってこのきわめて欠席率が低かった時代の方が特異であったという見方も出てくるかもしれないと筆者は考えている」（一九六頁）。

そこから二〇年以上、「学校教育にとってこのきわめて欠席率が低かった時代」をどのように考えるかは、私のテーマとなりました。一九八〇年代以降、長期欠席・不登校は増加し続けますが、長期欠席の中の「不登校」だけに注目すること、そして「その不登校」を減らそうとする動向には常に違和感がありました。この違和感をエネルギーとし、「欠席」と「休むこと」へのこだわりを持ち続け、長期欠席・不登校を戦後教育の流れ（縦の視点）と、社会全体の動向（横の視点）から捉えることによって生まれたのが本書というわけです。

もちろん序章で記したように、コロナ禍で「休むこと」に対する意識が変わるのではないかという思いと、それでも皆勤賞が消滅しないという驚きが、本書執筆の直接的な契機でした。当初は一般向けの新書等で出せないかと模索しましたが、結果としては東京大学出版会から「教養書」として出していただけることになりました。『学校を欠席する子どもたち』以降、度々お世話になった後藤健介氏にこの度も編集を担当していただけることになったのは、私のこだわりからすれば必然だった気がしています。今回も編集の労を執っていただいた氏には心より感謝申し上げます。

二〇二三年　師走

保坂　亨

索　引

あ　行

か　行

さ　行

た　行

な　行

は　行

ま　行

や　行

ら　行

わ　行

文　献

明石順平（2019）『人間使い捨て国家』角川新書
朝比奈なを（2022）『進路格差――〈つまずく生徒〉の困難と支援に向き合う』朝日新書
東　洋（1994）『日本人のしつけと教育――発達の日米比較にもとづいて』東京大学出版会
阿部　彩（2008）『子どもの貧困――日本の不公平を考える』岩波新書
雨宮処凛（2021）『学校、行かなきゃいけないの？――これからの不登校ガイド』河出書房新社
安發明子（2023）『一人ひとりに届ける福祉が支えるフランスの子どもの育ちと家族』かもがわ出版
磯部　涼（2017）『ルポ川崎』サイゾー
稲村 博（1994）『不登校の研究』新曜社
犬飼裕一（2021）『世間体国家・日本――その構造と呪縛』光文社新書
氏岡真弓（2023）『先生が足りない』岩波書店
内田星美（2001）「明治時代における時計の普及」、橋本毅彦・栗山茂久（編）『遅刻の誕生――近代日本における時間意識の形成』三元社
内田　良（2021）『部活動の社会学――学校の文化・教師の働き方』岩波書店
内田　良（2022）「統計から見る部活動指導者の意識」『スポーツ健康科学研究』44、1-9
NHK 取材班（2021）『霞が関のリアル』岩波書店
エリクソン、エリク・H.（1977＝邦訳 2000）『玩具と理性――経験の儀式化の諸段階』近藤邦夫（訳）みすず書房
大阪過労死問題研究会（2022）『過労死・過労自殺の救済 Q&A――労災認定と企業賠償への取組み』民事法研究会
大島健彦（1988）『双書フォークロアの視点　6　しつけ』岩崎美術社
太田知彩他（2019）「中学校部活動における過熱の実態と教員の意識――学校規模に着目して」『名古屋大学大学院教育発達科学研究科紀要（教育科学）』66(2)、211-219

大田堯（1978）『戦後日本教育史』岩波書店
大田和雅絵（2017）『戦後夜間中学校の歴史——学齢超過者の教育を受ける権利をめぐって』六花出版
大野正和（2003）『過労死・過労自殺の心理と職場』青弓社
大野正和（2005）『まなざしに管理される職場（青弓社ライブラリー 42）』青弓社
大桃敏行（2020）「日本型公教育の再検討の課題」、大桃敏行・背戸博史（編）『日本型公教育の再検討——自由、保障、責任から考える』岩波書店
岡本夏木（2005）『幼児期——子どもは世界をどうつかむか』岩波新書
奥地圭子（1991）『東京シューレ物語——学校の外で生きる子どもたち』教育史料出版会
奥地圭子（2005）『不登校という生き方——教育の多様性と子どもの権利』NHK ブックス
沖原　豊（1964）「明治憲法の制定と教育」『教育学研究』31(2)、71-80
落合恵美子（2022）「男女でこうも違った『コロナ自宅療養』の収入影響——非正規ほど無給で年収 400 万未満の 4 割が収入源」東洋経済 ONLINE（https://toyokeizai.net/articles/-/615111）
小野善郎（2019）『思春期を生きる』福村出版
小野善郎（2020）『思春期の謎めいた生態の理解と育ちの支援——心配ごと・困りごとから支援ニーズへの展開—親・大人にできること』福村出版
小野善郎・保坂　亨（2012）『移行支援としての高校教育——思春期の発達支援からみた高校教育改革への提言』福村出版
小野善郎・保坂　亨（2016）『続　移行支援としての高校教育——大人への移行に向けた「学び」のプロセス』福村出版
小野善郎・保坂　亨（2023）『続々・移行支援としての高校教育——変動する社会と岐路に立つ高校教育の行方』福村出版
柿沼昌芳（2008）「学校の日常が法の裁きを受けるとき——自殺した教師の公務災害認定事件」『月刊生徒指導』2008 年 8 月号、70-73
加藤美帆（2012）『不登校のポリティクス——社会統制と国家・学校・家族』勁草書房
加藤順敏（1993）『学校に行かない・行けない子どもたち——登校拒否問題資料集』村田書店
金子　保他（1992）「民間施設における登校拒否児に対する援助指導の現状等

に関する調査研究」、坂本昇一（研究代表）『登校拒否の態様別指導法の在り方に関する研究』平成3年度科学研究費補助金（総合研究A）研究成果報告書、242-266
金子　徹（2009）「学校を欠席しがちな児童の早期発見――早期支援と学校教育相談の充実について」千葉大学大学院教育学研究科修士論文
神内伸浩（2019）『これ1冊で全部わかる！　労働時間制度と36協定』労務行政
刈谷大輔（2020）『ルポ　トラックドライバー』朝日新書
刈谷大輔（2023）「宅配ドライバーの本音――働き方改革は『形骸化』する」『Wedge』35(5)、38-41
川人　博（1992）『過労死社会と日本――変革へのメッセージ』花伝社
川人　博（2006）『過労自殺と企業の責任』旬報社
川人　博（2010）『過労死・過労自殺大国ニッポン――人間の尊厳を求めて』編書房
川人　博（2014）『過労自殺 第二版』岩波新書
上林陽治（2021）『非正規公務員のリアル――欺瞞の会計年度任用職員制度』日本評論社
北　健一（2017）『電通事件――なぜ死ぬまで働かなければならないのか』旬報社
北川邦一（1989）「都道府県立高等学校管理規則の規定の分類」『大手前女子学園（大手前女短大研集）研究集録』9、44-65
木村　元（2015）『学校の戦後史』岩波新書
清遠彩華（2023）「感染症対応における出席の取扱いに関する制度的課題――病気療養児への教育の観点から」『教育制度学研究』29、124-139
久冨善之・佐藤　博（2010）『新採教師はなぜ追いつめられたのか――苦悩と挫折から希望と再生を求めて』高文研
久冨善之・佐藤　博（2012）『新採教師の死が遺したもの――法廷で問われた教育現場の過酷』高文研
熊沢　誠（2006）『若者が働くとき――「使い捨てられ」も「燃えつき」もせず』ミネルヴァ書房
クーリエ・ジャポン（編）（2012）『海外メディアは見た不思議の国ニッポン』講談社現代新書
桑田真澄（2011）『野球の神様がくれたもの』ポプラ社

幸崎若菜（2017）「10 代女子の妊娠出産の現状と支援」千葉思春期研究会、2017 年 2 月
小国喜弘（2023）『戦後教育史――貧困・校内暴力・いじめから、不登校・発達障害問題まで』中公新書
国民教育研究所（編）（1973）『現代日本教育小史』草土文化
小林英義・小木曽　宏編（2009）『児童自立支援施設　これまでとこれから』生活書院
小松　光・ラプリー、ジェルミー（2021）『日本の教育はダメじゃない――国際比較データで問い直す』ちくま新書
小山宣宏（2022）『コロナに翻弄された甲子園――名将たちが伝えたかったこと』双葉社
近藤邦夫（1994）『教師と子どもの関係づくり――学校の臨床心理学』東京大学出版会
今野晴貴（2019）「新しい労働運動が、社会を守り、社会を変える」、木下武男他『闘わなければ社会は壊れる――〈対決と創造〉の労働・福祉運動論』岩波書店
斎藤　環（2003）『心理学化する社会――なぜ、トラウマと癒しが求められるのか』PHP
斉藤万比古（2007）『不登校ガイドブック』中山書店
佐久間亜紀（2023）「教員不足の実態とその背景――非正規教員の不足とどう関係しているのか」、山﨑洋介他（編）『教員不足クライシス――非正規教員のリアルからせまる教育の危機』旬報社
佐久間亜紀・島﨑直人（2021）「公立小中学校における教職員未配置の実態とその要因に関する実証的研究」『教育学研究』88(4)、558-572
佐藤明彦（2022）『非正規教員の研究――「使い捨てられる教師たち」の知られざる実態』時事通信社
佐藤万作子（2007）『虐待の家――「鬼母」と呼ばれた女たち』中央公論新社
澤路毅彦・千葉卓朗・贄川　俊（2019）『ドキュメント「働き方改革」』旬報社
渋井哲也（2022）『ルポ自殺――生きづらさの先にあるのか』河出新書
嶋田博子（2022）『職業としての官僚』岩波新書
荘司芳樹（2023）『図解でわかる労働基準法　2023-2024 年版』新星出版社
人事・労務（編著）（2023）『改訂新版　Q&A「労働基準法・労働契約法」の実務ハンドブック』セルバ出版

末冨　芳（編著）（2022）『一斉休校――そのとき教育委員会・学校はどう動いたか？』明石書店
妹尾昌俊（2019）『「忙しいのは当たり前」への挑戦』教育開発研究所
妹尾昌俊・工藤祥子（2022）『先生を、死なせない。――教師の過労死を繰り返さないために、今、できること』教育開発研究所
全国過労死を考える家族の会（1991）『日本は幸福か――過労死・残された50人の妻たちの手記』教育史料出版会
全国過労死を考える家族の会（1997）『死ぬほど大切な仕事ってなんですか――リストラ・職場いじめ時代に過労死を考える』教育史料出版会
千正康裕（2020）『ブラック霞が関』新潮新書
園山大祐・辻野けんま（2022）『コロナ禍に世界の学校はどう向き合ったのか――子ども・保護者・学校・教育行政に迫る』東洋館出版
高岡　健他（1992）「『登校拒否』治療に関する調査および見解」『児童青年精神医学とその近接領域』33、77-103
高崎順子（2023）『休暇のマネジメント――28連休を実現するための仕組みと働き方』角川書店
髙橋　哲（2022）『聖職と労働のあいだ――「教員の働き方改革」への法理論』岩波書店
高橋幸美・川人　博（2017）『過労死ゼロの社会を――高橋まつりさんはなぜ亡くなったのか』連合出版
高見勝利（2013）『あたらしい憲法のはなし　他二篇』岩波現代文庫
滝川一廣（1994）『家庭のなかの子ども 学校のなかの子ども』岩波書店
滝川一廣（2012）『学校へ行く意味・休む意味――不登校ってなんだろう？』日本図書センター
田口　勇（2020）『数字の嘘を見抜く本――カモにされないための数字リテラシー』彩図社
武田綾乃（2013）『響け！ユーフォニアム――北宇治高校吹奏楽部へようこそ』宝島社
武田綾乃（2015）『響け！ユーフォニアム2――北宇治高校吹奏楽部のいちばん暑い日』宝島社
玉木正之他（2023）『真夏の甲子園はいらない――問題だらけの高校野球』岩波ブックレット
千葉県教育研究所（1957）『長期欠席の子どもたち』（昭和32年度教育資料第

3号、研究紀要第33集)
角谷敏夫(2010)『刑務所の中の中学校』しなのき書房
恒吉僚子(1992)『人間形成の日米比較――かくれたカリキュラム』中公新書
鶴田想人(2023)「無知学(アグノトロジー)の現在――〈作られた無知〉をめぐる知と抵抗」『現代思想』41(7)、24-35
寺﨑昌男(1996)「日本近代学校のなかにおける時間――日常の時間制度化装置としての学校時間」『立教国際シンポジウム近代日本における時間の概念と経験』立教大学
東京都立教育研究所相談部分室(1992)「登校拒否生徒への対応に関する研究」『東京都立教育研究所紀要』29、225-269
冨田竹三郎(1953)「漁村における長期欠席の現象」『講座教育社会学Ⅳ』東洋館出版社、272-286
長岡利貞(1995)『欠席の研究』ほんの森出版
中澤篤史(2014)『運動部活動の戦後と現在――なぜスポーツは学校教育に結び付けられるのか』青弓社
中澤篤史(2017)『そろそろ、部活のこれからを話しませんか――未来のための部活講義』大月書店
中嶋哲彦(2021)「地方自治と全国一斉休校――指示・要請・指導助言」『日本教育行政学会年報』47、190-193
中谷　昇(2004)「学校における児童虐待対応について」『月刊生徒指導』2004年6月号、12-17
中西　享(2023)「『お願いだから分かってほしい』運送業者の社長が激白」『Wedge』35(5)、20-24
中原　淳(2018)『残業学――明日からどう働くか、どう働いてもらうのか?』光文社新書
中村　豊(2023)「F市内公立小学校で発生したいじめ重大事案の調査報告書」『月刊生徒指導』2023年1月号、56-59
名児耶　理(2019)「文化部(中学・高校)における問題」、岡崎勝・赤田圭亮(編)『教員の働き方改革――わたしたちのホンネで語ろう』日本評論社
西野功泰(2023)「地域人材を生み出すために」小野善郎・保坂亨(編)『続々・移行支援としての高校教育』福村出版、174-199
西本郁子(2001)「子どもに時間厳守を教える――小学校の内と外」、橋本毅彦・栗山茂久(編)『遅刻の誕生――近代日本における時間意識の形成』三

元社
野村正實（2018）『「優良企業」でなぜ過労死・過労自殺が？――「ブラック・アンド・ホワイト企業」としての日本企業』ミネルヴァ書房
橋本毅彦・栗山茂久（編）（2001）『遅刻の誕生――近代日本における時間意識の形成』三元社
林　陽一（2021）「法曹領域における人材育成――嵐の中の法科大学院」、保坂亨他『人材育成に関する調査研究――専門職の養成と任用後の育成に関する研究』子どもの虹情報研修センター 2020（令和 2）年度研究報告書
パッサン、ジェフ（2017）『豪腕――使い捨てられる 15 億ドルの商品』バーバリーコリンズ・ジャパン
広尾　晃（2019）『球数制限――野球の未来が危ない！』ビジネス社
広瀬裕子（2021）「『コロナ下』での一斉休校――その時何があったのか（2）（東京都公立中学校校長小澤雅人氏ヒアリング記録 その 2）『専修大学社会科学研究所 月報』700、66-89
広田照幸（1999）「学校と家族の関係史――葛藤論的視点から」、渡辺秀樹（編）『変容する家族と子ども』教育出版
ブリントン、メアリー・C.（2022）『縛られる日本人――人口減少をもたらす「規範」を打ち破れるか』中公新書
藤井健人（2024）「教育経験格差――不登校・定時制の『その後』に待ち受けるもの」『月刊生徒指導』2024 年 4 月号、54-55
文化庁（2019）「文化部活動の実態把握に関する調査」結果
保坂　亨（2000）『学校を欠席する子どもたち――長期欠席・不登校から学校教育を考える』東京大学出版会
保坂　亨（2009）『“学校を休む”――児童生徒の欠席と教員の休職』学事出版
保坂　亨（2010）『いま、思春期を問い直す――グレーゾーンにたつ子どもたち』東京大学出版会
保坂　亨（2011）「初任者教員をめぐる状況」、明石要一・保坂　亨（編）『初任者教員の悩みに答える』教育評論社
保坂　亨（2012）「精神的困難を抱えた初任者についての事例検討」、保坂　亨（研究代表）「現職教員の研修（中間報告）」（平成 23-25 年度科学研究費補助金報告書）
保坂 亨（2013a）「長期欠席の中の『危険な欠席』と『行方不明』」、酒井　朗（研究代表）「学校に行かない子どもの教育権保障をめぐる教育社会学的研

究」（平成 22-24 年度科研費報告書）
保坂　亨（2013b）「『行方不明』の子どもたち」『子どもの虹情報研修センター紀要』11、1-13
保坂　亨（2014）「脱落型不登校と『危険な欠席』、『行方不明』」『青少年問題』69、10-17
保坂　亨（2015）「居所不明児童生徒の実態と学校教育」『子ども虐待とネグレクト』17(1)、28-33
保坂　亨（2019）『学校を長期欠席する子どもたち――不登校・ネグレクトから学校教育と児童福祉の連携を考える』明石書店
保坂　亨（2020）「教員をめぐる状況変化――教員のメンタルヘルス」、千葉大学教育学部教員養成開発センター（編）『新・教育の最新事情（第 3 版）』福村出版
保坂　亨（2021-22）「連載『学校を休むこと』をめぐって」『月刊生徒指導』2021 年 4 月号～ 2022 年 3 月号
保坂　亨（2022）「コロナ禍（2020 年度）の欠席状況」『月刊生徒指導』2022 年 1 月号、44-47
保坂　亨（2023a）「『学校を休むこと』への意識変化――皆勤賞ウェブアンケート結果から」『月刊生徒指導』2023 年 3 月号、30-31
保坂　亨（2023b）「高校教育の進級・卒業問題」、小野善郎・保坂　亨（編）『移行支援としての高校教育――変動する社会と岐路に立つ高校教育の行方』福村出版
保阪正康（1982）『大学医学部――〔続〕医師の誕生・国家試験の実態報告』現代評論社
堀尾輝久（1997）『現代社会と教育』岩波新書
前川喜平他（2018）『前川喜平　教育の中のマイノリティを語る』明石書店
前田健太郎（2014）『市民を雇わない国家――日本が公務員の少ない国へと至った道』東京大学出版会
真金薫子（2010）「教職員のメンタルヘルス①　実はあいまいな精神疾患の基準、復職時期の見極めも難しく」『週刊教育資料』1142、20-21
松下茂典（2019）『円谷幸吉　命の手紙』文藝春秋社
三戸祐子（2001）『定刻発車――日本社会に刷り込まれた鉄道のリズム』交通新聞社
三菱 UFJ リサーチ＆コンサルティング（2021）「令和 3 年度『仕事と生活の

調和』の実現及び特別な休暇制度の普及促進に関する意識調査報告書」
宮口誠矢（2020）「就学義務制の再考」、大桃敏行・背戸博史（編）『日本型公教育の再検討——自由、保障、責任から考える』岩波書店
森岡孝二（2013）『過労死は何を告発しているか——現代日本の企業と労働』岩波書店
森田洋司（1991）『「不登校」現象の社会学』学文社
森部英生（2007）「休暇・休職となった場合の法的対応」、真仁田昭他（編）『児童心理6月号臨時増刊　教師のストレス対処ハンドブック』61(9)、72-78
柳川悠二（2022）『甲子園と令和の怪物』小学館新書
柳　治男（2005）『〈学校〉の歴史学』講談社
山崎洋介他（編）（2023）『教員不足クライシス——非正規教員のリアルからせまる教育の危機』旬報社
山住正己（1987）『日本教育小史——近・現代』岩波新書
山野則子（2018）『学校プラットフォーム——教育・福祉、そして地域の協働で子どもの貧困に立ち向かう』有斐閣
山本宏樹（2008）「不登校公式統計をめぐる問題」『教育社会学研究』83、129-148
労働調査会出版局（2020）『年次有給休暇制度の解説とQ&A』労働調査会
労務リスクソリューションズ（2020）『労働時間を適正に削減し休日・休暇を正しく運用する法』アニモ出版
渡辺　努（2022）『世界インフレの謎』講談社現代新書
Wedge編集部（2023）「最後の暗黒大陸——[2024年問題]に光を灯せ」『Wedge』35(5)、14-46

政府答申・調査報告書・統計資料等

医師の働き方改革に関する検討会（2017）「第1回資料3「医師の勤務実態等について」」
学校不適応対策調査研究協力者会議（1992）「登校拒否（不登校）問題について」
神奈川県教育委員会（2014）「中学校・高等学校生徒のスポーツ活動に関する調査報告書」
経済企画庁（1991）「個人生活優先社会をめざして」

経済産業省・国土交通省・（財）自由時間デザイン協会（2002a）「休暇改革は『コロンブスの卵』――12 兆円の経済波及効果と 150 万人の雇用創出」（平成 14 年 6 月）
経済産業省・国土交通省・（財）自由時間デザイン協会（2002b）「休暇制度のあり方と経済社会への影響に関する調査研究委員会報告書」、前掲「休暇改革は『コロンブスの卵』――12 兆円の経済波及効果と 150 万人の雇用創出」
厚生労働省（2016）「過労死等の防止のための対策に関する大綱――過労死をゼロにし、健康で充実して働き続けることのできる社会へ」
厚生労働省 HP「労働時間等の設定の改善」
厚生労働省 HP「働き方・休み方改善ポータルサイト」
厚生労働省 HP「監督指導による賃金不払い残業の是正結果（令和 3 年度）」
厚生労働省（2022）「令和 4 年就労条件総合調査の概況」
厚生労働省 医政局 医事課 医師等働き方改革推進室（2012）「医師の働き方改革について」（令和 3 年度 第 1 回医療政策研修会及び地域医療構想アドバイザー会議）
スポーツ庁（2018）「平成 29 年度 運動部活動等に関する実態調査 報告書」
中央教育審議会（2019）「新しい時代の教育に向けた持続可能な学校指導・運営体制の構築のための学校における働き方改革に関する総合的な方策について」（平成 31 年 1 月）
中央教育審議会（2021）「令和の日本型学校教育の構築を目指して――全ての子供たちの可能性を引き出す、個別最適な学びと、協働的な学びの実現」（令和 2 年 1 月）
テレワーク等の柔軟な働き方に対応した勤務時間制度等の在り方に関する研究会（2023）「最終報告」（令和 5 年 3 月）
栃木県 県立高等学校入学者選抜制度改善検討委員会（2023）「栃木県立高等学校入学者選抜制度の在り方について」（令和 5 年 3 月 1 日）
内閣府 仕事と生活の調和推進室「仕事と生活の調和（ワーク・ライフ・バランス）統括文書― 2007 ～ 2020 ―」
不登校問題に関する調査研究協力者会議（2003）「今後の不登校への対応の在り方について」
不登校に関する調査研究協力者会議（2016）「不登校児童生徒への支援に関する最終報告――一人一人の多様な課題に対応した切れ目のない組織的な支援の推進」

文部省（1947）『あたらしい憲法の話』
文部省（1952）『教育統計18　長欠児童特集：長期欠席児童生徒の環境とその実態』
文部省（1954～1960）『公立小学校・中学校長期欠席児童生徒調査』
文部省（1964）『学校基本調査』
文部省（1983）『生徒指導研修資料第12集（生徒指導資料第18集）』
文部省（1992）『学制120年史』ぎょうせい
文部科学省（2004）「現在長期間学校を休んでいる児童生徒の状況及び児童虐待に関する関係機関等への連絡等の状況について——都道府県教育委員会を通じ公立小中学校について調査した結果」『月刊生徒指導』2004年6月号、42-45
文部科学省（2012）「学校教員統計調査（平成22年度）」
文部科学省（2015）「学校教員統計調査（平成25年度）」
文部科学省（2018）「学校教員統計調査（平成28年度）」
文部科学省（2021）「学校教員統計調査（令和元年度）」
文部科学省（2017）「平成28年度公立学校教職員の人事行政の状況調査について」
文部科学省（2018）「平成29年度公立学校教職員の人事行政の状況調査について」
文部科学省（2019）「平成30年度公立学校教職員の人事行政の状況調査について」
文部科学省（2020）「令和元年度公立学校教職員の人事行政の状況調査について」
文部科学省（2021）「令和2年度公立学校教職員の人事行政の状況調査について」
文部科学省（2022）「令和3年度公立学校教職員の人事行政の状況調査について」
文部科学省（2023）「令和4年度公立学校教職員の人事行政の状況調査について」
文部科学省（2015）「『児童生徒の安全に関する緊急確認調査の結果を踏まえた措置に係る調査』結果について」『教育委員会月報』27(2)、36-40
文部科学省（2018）「いわゆる『教員不足』について」
文部科学省（2020）「令和元年度　児童生徒の問題行動・不登校等生徒指導上

の諸課題に関する調査結果について」
文部科学省（2021）「令和 2 年度　児童生徒の問題行動・不登校等生徒指導上の諸課題に関する調査結果について」
文部科学省（2021）「令和 2 年度　児童生徒の問題行動・不登校等生徒指導上の諸課題に関する調査結果の概要 」（令和 3 年 10 月 13 日）
文部科学省（2022）「令和 3 年度　児童生徒の問題行動・不登校等生徒指導上の諸課題に関する調査結果について」

法令・条例・政令・ガイドライン・規則等

「日本国憲法」（昭和 21 年憲法）
「教育基本法」（昭和 22 年法律第 25 号）及び同改正（平成 18 年法律第 120 号）
「学校教育法」（昭和 22 年法律第 26 号）
「学校教育法施行規則」（昭和 22 年文部省省令第 11 号）
「労働基準法」（昭和 22 年法律第 44 号）
「学校保健安全法」（昭和 33 年法律第 56 号）
「労働安全衛生法」（昭和 47 年法律第 57 号）
「公立の義務教育諸学校等の教育職員の給与等に関する特別措置法」（昭和 47 年法律第 77 号）
「労働時間等の設定の改善に関する特別措置法」（平成 4 年法律第 90 号）
「短時間労働者及び有期雇用労働者の雇用管理の改善等に関する法律」（平成 5 年法律第 76 号）
「過労死等防止対策推進法」（平成 26 年法律第 100 号）
「感染症の予防及び感染症の患者に対する医療に関する法律施行令」（平成 10 年政令第 420 号）
「良質かつ適切な医療を効率的に提供する体制の確保を推進するための医療法等の一部を改正する法律の施行に伴う経過措置を定める政令」（平成 3 年政令 301 号）
「仕事と生活の調和（ワーク・ライフ・バランス）憲章」（平成 19 年 12 月策定、平成 22 年 6 月 29 日仕事と生活の調和推進官民トップ会議改定）
「仕事と生活の調和推進のための行動指針」（平成 22 年 6 月 29 日仕事と生活の調和推進官民トップ会議改定）
「過労死等の防止のための対策に関する大綱」（平成 27 年 7 月 24 日閣議決定、平成 30 年変更）

厚生労働省「労働時間等見直しガイドライン（労働時間等設定改善指針）」（平成 20 年厚生労働省告示第 108 号、平成 30 年 10 月 30 日 一部改正）
スポーツ庁・文化庁（2022）「学校部活動及び新たな地域クラブ活動の在り方等に関する総合的なガイドライン」（令和 4 年 12 月）
文部科学省（2020）「新型コロナウイルス感染症に対応した持続的な学校運営のためのガイドライン」
文部科学省 初等中等教育局健康教育・食育課（2020）「学校における新型コロナウイルス感染症に関する衛生管理マニュアル——学校の新しい生活様式」
千葉県教育委員会（1979）「県立高等学校管理規則」（昭和 54 年 4 月 1 日　教育委員会規則第 1 号）
千葉市教育委員会（1964）「千葉市立高等学校管理規則」（昭和 39 年 5 月 18 日 教育委員会規則第 5 号）

保坂　亨
千葉大学名誉教授・教育学部グランドフェロー。
1956 年生まれ。東京大学大学院教育学研究科博士課程単位取得中退。東京大学教育学部助手（学生相談所専任相談員）、千葉大学教授等を経て現職。主著に『学校を欠席する子どもたち』（東京大学出版会、2000 年）、『“学校を休む”児童生徒の欠席と教員の休職』（学事出版、2009 年）、『いま、思春期を問い直す』（東京大学出版会、2010 年）、『初任者教員の悩みに答える』（教育評論社、2011 年）、『学校を長期欠席する子どもたち』（明石書店、2019 年）、『移行支援としての高校教育』（福村出版、2012、続 2016 年、続々 2023 年）、ほか。

学校と日本社会と「休むこと」
「不登校問題」から「働き方改革」まで

2024 年 4 月 26 日　初　版
2024 年 8 月 20 日　第 3 刷

［検印廃止］

著　者　保坂《ほさか》　亨《とおる》
発行所　一般財団法人　東京大学出版会
代表者　吉見　俊哉
153-0041 東京都目黒区駒場 4-5-29
https://www.utp.or.jp/
電話　03-6407-1069　Fax　03-6407-1991
振替　00160-6-59964
組　版　有限会社プログレス
印刷所　株式会社ヒライ
製本所　牧製本印刷株式会社

ISBN 978-4-13-053097-2　Printed in Japan

保坂　亨　著
いま，思春期を問い直す
グレーゾーンにたつ子どもたち
二八〇〇円

佐治守夫
岡村達也
保坂　亨　著
カウンセリングを学ぶ　第2版
理論・体験・実習
二八〇〇円

竹内常一　著
子どもの自分くずしと自分つくり
新装版
二六〇〇円

ここに表示された価格は本体価格です．御購入の際には消費税が加算されますので御了承下さい．